1590년 통신사행과 귀국보고 재조명

한일관계사학회 편

景仁文化社

발간사 ▌

올해는 1592년, 임진왜란이 일어난 지 420주년이 되는 해이다. 이와 관련하여 여러 단체에서 주관하는 학술회의가 많이 열리고 있다. 우리 한일관계사학회에서는 임진왜란 발발 직후부터 현재까지 논쟁의 주제가 되고 있는 1590년 경인통신사행의 귀국보고에 대한 문제를 새로운 시각에서 객관적이고 종합적으로 재조명하는 학술대회를 기획하였다. 특히 경인통신사의 귀국보고 문제는 전쟁의 원인을 둘러싼 주요한 논쟁거리로서 사실의 왜곡, 후대에 잘못 전승된 부분, 당쟁론과 식민사관의 연관성, 역사교육의 문제 등과 밀접하게 연관되어 있었기 때문에, 학술대회를 통해서 이 문제를 집중적으로 재검토하려 하였다.

이 책은 2012년 9월 7일에 한일관계사학회 20주년을 기념하기 위해 한국 프레스센터에서 열린 학술대회 〈임란직전 庚寅通信使行과 歸國報告 再照明〉에서 발표한 원고를 수정 보완하여 종합토론과 함께 단행본으로 엮은 것이다.

기조 강연으로 신복룡 전 건국대 석좌교수의 〈조선조 인물사 연구에서의 세 가지 錯視 — 학봉 김성일의 경우〉를 실었다. 주제발표로는 먼저 임진란 직전의 동아시아 정세를 고찰한 명지대 한명기 교수의 〈16세기 중후반 동아시아 정세〉를 실었다. 이어 경인통신사행의 활동과 김성일의 귀국보고를 재조명한 청주대 민덕기 교수의 〈경인통신사행과 일본의 대응〉과 전북대 하우봉 교수의 〈김성일의 일본인식과 귀국보고〉를 실었다. 그리고 김성일에 대한 사림의 평가 및 역사기술의 문제를 다룬 한국학중앙연구원 김학수 교수의 〈조선후기 사림계의 김성일에 대한 인식과 평가〉와 서울과학기술대 김돈 교수의 〈경인통신사행에 대한 역사기술과 역사교육의 문제점〉을 실었다. 마지막으로 발표논문에 대한 종합토론의 내용을 녹취하여 부록으로 첨부하였다.

이 책의 출간을 통해서 경인통신사의 귀국보고에 대한 오해와 편견을 바로잡고, 임진왜란 직전의 국내외 정세를 보다 객관적으로 파악할 수 있을 것으로 기대한다.

끝으로 학술대회를 기획하고 책이 나오기까지 모든 일을 도맡아 해주신 하우봉 교수님과 출판을 위해 수고하신 경인문화사 한정희 사장님 그리고 편집진 여러분께 감사의 말씀을 드린다.

2013년 4월
한일관계사학회 회장 한문종

목 차

학술회의 종합토론   219

학술회의 토론문

조선조의 인물을 바라보는 몇 가지 錯視
-鶴峰 金誠一의 경우-

신복룡*

역사가는 역사를 그릇되게 바라보는
민중의 눈으로부터 백내장을 제거해주는
안과의사의 노릇을 해야 한다.[1]
—젤딘(Theodore Zeldin)

역사학자들은 그 '시대'를 잊고
다만 그 '결과'만을 바라보고
역사를 평가할 수 있다.[2]
—이승연

---

* 前 건국대학교 석좌교수
1) John Tosh, *The Pursuit of History*, London : Longman House, 1991, p. 21.
2) 이승연, 「조선조 『주자가례』의 수용 및 전개 과정」, 『전통과 현대』(12), 2000, 164쪽.

1. 머리말

귀한 자리에 불러주신 厚誼에 깊은 감사를 드리면서도 이 자리는 저에게 너무 과분하여 송구스러운 마음을 금할 수 없습니다. 학술회의의 기조 발표라는 것이 본디 덕망과 학문이 높은 분들이 하는 일인데, 나이만 먹었을 뿐 이룬 것도 없는 제가 강호의 同學들 앞에서 학회의 첫 시간을 장식하는 데 대하여 여러분의 양해를 구하고자 합니다. 아울러 학회 안에도 훌륭한 분들이 많이 계심에도 불구하고 저를 불러주신 것에 대해서도 謙辭의 말씀을 드리고 싶습니다.

주최 측으로 강연 부탁을 받았을 때, 잠시 막막하여 주저하다가, 문득 이 나라의 역사를 다시 쓸 주제는 되지 못하지만, 적어도 잘못 쓴 역사를 바로 잡고 싶다는 제 역사학의 일관된 문제 의식을 이런 자리에서 발표해 보는 것도 의미 있는 작업이라고 생각하여 이 자리를 수락하였습니다. 저는 비록 전공이 정치학이기는 하지만 분류사로서의 정치사를 공부하는 사람으로서 특히 傳記學은 저의 중요한 관심사였던 것이 이 자리에 부름 받게 된 이유가 아닌가 생각됩니다.

그러나 조선조 인물사라는 주제가 그리 만만한 것은 아닙니다. 왜냐하면 인물사는 한국 역사학의 세 가지 禁忌 사항으로 되어 있는 지방색이나 문중(門中)이나 종교의 문제를 피해가기 어려운 주제이기 때문이었습니다. 그럼에도 한국의 전기학에 대해서 일말의 召命意識을 가지고 있는 저로서는, 민중으로부터 그들의 눈을 흐릿하게 가리고 있는 백내장을 제거하는 안과의사의 역할을 하는 것도 역사학도로서 의미 있는 일이라고 생각한 지는 오래 되었습니다. 이런저런 생각을 해가며 제가 이 발표를 수락한 주제넘음을 넓은 마음으로 이해해 주시고, 임진왜란 420주년을 맞이하면서 그 시대의 아픔을 온 몸으로 껴안고 살아야 했던 한 지식인 학봉 김성일 선생의 고뇌와 그를 둘러싼 오랜 논쟁에 대한 저의 부족

한 所懷를 들으시면서, 함께 한 시대를 고민해 볼 수 있는 기회를 가지시
기 바랍니다.

2. 실체적 진실 :
1590년 3월 초하루에 무슨 일이 있었나?

역사학을 공부하다 보면, 영국의 문필가 스코트(Charles P. Scott)의 주장
처럼, "역사의 해석은 다양할 수 있지만 사실은 신성한 것"[3]이며, 실체적
진실을 밝히는 것은 역사가의 제일의 책무임을 더욱 절실하게 느끼게 됩
니다. 따라서 임진왜란의 발발과 관련하여 학봉의 일본 使行과 復命의
문제는 당시의 정황을 가감 없이 재구성해보는 일에서부터 시작해야 합
니다.

이미 잘 알려진 바와 같이 正使 黃允吉과 副使 김성일이 일본에 도착
한 것은 1590년(庚寅) 4월이었습니다. 일본에 상륙하여 학봉이 읊은 첫
시에 이르기를,

> 더럽도다. 오랑캐들 풍속은 거칠고
> 信義는 본디부터 소홀히 아네.
> 이웃 나라 사귀는 道는 안중에도 없어
> 배타고 온 사신 감히 업신여기네.[4]

라고 한 것을 보면, 정통 주자학의 학통을 이어 받은 사대부의 눈에 비친
일본의 모습이 무례하고 천박한 데 대한 마음고생이 심했음을 알 수 있습
니다. 스스로 대국의 사신으로 자처했던 그로서는 일본의 외교적 缺禮를

---

3) E. H. Carr, *What is History?* London : Macmillan Co., 1961, p. 4.
4) 『鶴峯集』(2)詩 有感.

견디기 어려웠고, 入京한 지 5개월이 지나도록 도요토미 히데요시(豊臣秀吉)를 만날 수 없다는 사실에 대한 불쾌감을 견디기 어려웠습니다.5) "왜에게 전달하는 것은 글씨도 서투름을 보여서는 안 된다."는 심정으로 寫字官 李海龍을 데려갈 정도로 세심했던6) 사신으로서는 일본의 그와 같은 응접에 굴욕감을 느낄 수밖에 없었을 것입니다. 더구나 면담이 어려워지자 일본 관헌에게 뇌물을 주자는 의견이 나왔을 때 그는 심한 自愧感을 느꼈습니다.7) 일본 측에서는 일행을 달래고자 교토(京都)의 관광을 권유했으나 "왕명을 마치지 못했으니 관광을 할 수 없다"고 거절했습니다.8)

사신의 일행은 우여곡절 끝에 히데요시에게 왕명을 겨우 전했고, 왕명을 전달한 지 4일 만에 倭都를 떠났고, 왜도를 떠난 지 반 달 만에 답서를 받았습니다. 그런데 답서의 말이 공손하지 않아 가득 늘어놓은 말은 으르고 협박하지 않은 것이 없었습니다. 심지어는 閣下니 方物이니 入朝니 하는 말을 쓰기까지 하여 조선을 凌蔑함이 극도에 이르렀습니다. 1백 년 만에 모처럼 통신사로 갔다가 얽매어 곤욕을 당한 것이 거의 1년이었는데, 끝내는 나라를 모욕하는 글을 받들고 돌아가 임금에게 보고하게 되었으니 사신의 마음이 어떠하였겠습니까? 그러나 황윤길은 事端이 생길까 염려하여 끝내 문제를 들어내려 하지 않았습니다.9)

문제는 이들이 귀국하여 복명하는 데에서부터 발생했습니다. 『선조실록』과 『선조수정실록』에 미묘한 차이를 보이고 있는 것은 사실이지만 이 두 자료와 柳成龍의 『징비록』을 토대로 하여 당시의 상황을 재구성해보면 다음과 같습니다. 황윤길은 부산에 도착하자마자 파발 편에 그간의 실정과 정황을 서울에 알리면서 "반드시 兵禍가 있을 것"이라고 했습니다. 그와 같은 국가의 중대사를 御前이 아닌 파발 편에 보고한 것이

---

5) 『鶴峯集』(5)書 答黃上使允吉(庚寅).
6) 『鶴峯集』(2) 詩 寫字官 李海龍에게 주다 並書.
7) 『鶴峯集』(2) 詩 有感 時同行有賣買事.
8) 『鶴峯集』附錄(2) 行狀.
9) 『鶴峯集』(2) 書 與黃上使.

지혜로운 일이었는지, 또 그런 식의 보고가 당시의 민심에 얼마나 심각
한 영향을 끼쳤는지에 대해서는 논란의 여지가 있을 수 있습니다.

　사신의 일행이 귀경하여 복명할 때 왕이 그들을 불러 하문하니 황윤
길은 지난날의 致啓 내용과 같이 "병화가 있을 것"이라고 아뢰었고, 김
성일은 아뢰기를, "그러한 정황을 발견하지 못했는데, 정사 황윤길이 장
황하게 아뢰어 인심이 동요되게 하니 事宜에 어긋납니다."라고 복명하였
습니다. 일본에 갔을 때 황윤길 등이 겁에 질려 체모를 잃은 것에 분개하
여 있던 학봉으로서는 "서인들이 세력을 잃었기 때문에 인심을 흔들려고
저러는 것"이라고 생각했습니다.

　그 자리를 떠나 유성룡이 김성일에게 말하기를, "그대가 황윤길의 말
과 고의로 다르게 말하는데 만일 병화가 일어나게 되면 어떻게 하려고
그러시오?" 하니, 학봉이 대답하기를 "나도 어찌 왜적이 나오지 않을 것
이라고 단정하겠습니까? 다만 온 나라가 놀라고 의혹될까 두려워 그것을
풀어주려 그런 것입니다."라고 하였습니다.[10)]

　그 후 4년의 세월이 흘러 선조는 왜 학봉이 그때 그렇게 말했을까를
이야기하던 끝에 아마도 학봉이 히데요시의 거짓 계략[僞計]에 속아서
그렇게 말했을 것이라고 짐작하는 말을 했습니다. 이에 곁에 있던 이항
복(李恒福)이 아뢰기를, "신은 성일과 잘 알지 못하는 처지이지만, 그때
함께 정원에 있으면서 물어보았더니 김성일도 왜구의 침입을 깊이 걱정
하였습니다. 다만 '남쪽지방 인심이 먼저 요동하니 내가 비록 장담해서
진정시켜도 오히려 의심을 풀지 않을 것'이라 하였습니다. 그의 말은 이
를 염려한 것이니 어전에서 아뢴 것은 반드시 잘못 啓達된 것일 것입니
다."[11)]라고 하였습니다.

<hr>

10) 『선조실록』 24년 3월 1일(정유); 『선조수정실록』 24년 3월 1일(정유); 『징비록』
　　신묘년 봄.
11) 『선조실록』 28년 2월 6일.

3. 당쟁론의 그늘

이상의 사실은 이른바 庚寅年의 사신 일행이 귀국을 전후하여 복명한 전후사입니다. 황윤길과 김성일의 진심이 어디에 있었든, 결과적으로 전쟁은 일어났고 兵禍에 대한 책임이 거론되었을 때 김성일은 朝野의 공격으로부터 무사할 수가 없었습니다. 공격은 그의 정적이었던 서인으로부터 시작되었습니다. 그리고 그 앞에는 隱峰 安邦俊이 있었습니다. 전라도 보성 출신으로서 成渾과 鄭澈에게 私塾한 그는 평생 벼슬을 하지 않고 재야에 있었던 서인의 논객으로서 왜란이 일어나자 호남 의병을 이끌고 싸운 바도 있었습니다. 그는 김성일의 사행에 대하여 가장 먼저 그리고 가장 격렬하게 비판했던 사람이었습니다. 그의 말에 따르면, "당시 書契 가운데에는 上國을 무시하는 언사가 너무 많아 받아 쓸 만한 말이 한 구절도 없었는데 학봉은 이로 말미암아 후일에 죄를 받을까 두려워하여 교묘하게 꾸며낸 것이며, 조정이 김성일을 善使로 삼아 당상관으로 승진시키고 방비하던 모든 조직과 구조를 모조리 파기하였다."는 것이었습니다.

안방준에 이어 象村 申欽이 다시 학봉을 공격했습니다. 임진왜란 이전에 병조좌랑을 지냈고 임진왜란 당시에는 삼도순변사 申砬의 종사관이었던 그는 "부사 김성일이 한 길로 왜가 쳐들어오지 않으리라고 말하니 조정이 그의 말을 믿고 당장 편한 길을 택하여 한 장수도 뽑지 않고 한 병정도 훈련시키지 않음으로써 적으로 하여금 바다를 건너오게 만들었다."[12]고 주장함으로써 임진왜란의 개전 책임을 김성일에게 물었습니다.

그런데 여기에서 한 가지 주목할 사실은 동인의 계열에서도 학봉의 복명을 받아들이지 않았다고 하는 사실입니다. 곧, 세월이 흘러 동인이 南人과 北人으로 나뉘자 남인의 논객[13]이었던 경상관찰사 金時讓이 임

---

12) 『象村稿』(33) 說 備倭說.

란 책임자로서의 김성일을 문책했습니다. 그의 논리에 따르면, "왜적이 모든 국력을 기울여 침략하자 종묘사직을 지키지 못하고 民生이 주륙되는 데에 이르렀으니, 병화의 참혹함이 옛날부터 임진년과 같은 적은 없었는데 이는 김성일이 요령을 얻지 못한 탓이었다."고 질책하면서 "이것을 專對라고 함이 옳겠는가?"[14]라고 묻고 있습니다. 이런 점에서 볼 때 경인년 사절의 복명이 서로 다른 것이 꼭 당색 때문이었다고 볼 수 없음이 분명했고 이는 시국을 바라보는 견해의 차이였을 뿐입니다. 그럼에도 학봉의 논리나 그를 반대했던 서인의 논리는 마치 당색의 산물인 것처럼 오랜 세월에 걸쳐 한국사를 業障처럼 눌러왔습니다.

이러한 黨議가 왜곡과 확대재생산을 통해 한국사의 지배적 가치로 인식된 것은 한국의 망국과 일본의 조선 침탈의 논리를 당의에서 찾으려는 식민사학의 집요한 공격 때문이었습니다. 그리고 그 앞에는 식민사학의 원조인 시데하라 히로시(幣原坦 : 1870~1953)가 있었습니다. 대한제국의 學政參與官으로 1900년에 조선에 들어와 1906년까지 활약한 그는 도쿄(東京)제국대학의 박사학위 논문인『韓國政爭志』(1907)를 씀으로써 조선 당쟁사에 대한 식민지 사학의 기틀을 마련한 인물이었습니다. 그는 훗날 臺灣帝國大學 총장까지 지낼 만큼 영향력이 컸던 인물이었으므로[15] 그의 주장은 선악을 떠나 그 시대의 주류 사학으로 자리 잡고 있었습니다. 시데하라의 논리에 따르면, 한국의 정치는 유사 이래로 私權의 싸움이었기 때문에 조선 사람의 오늘의 상태를 이해하려면 그 원인을 과거의 당쟁사에서 찾는 것이 옳다는 것이었습니다.[16]

한국식민지사학이 정점에 이른 것은 하야시 다이스케(林泰輔 : 1854~

---

13)『黨議通略』仁祖朝~孝宗朝.
14)『大東野乘』金時讓, 涪溪記聞.
15) 시데하라 히로시(幣原坦) 생애와 활동에 대해서는, 崔惠珠,「幣原坦의 고문 활동과 한국사 연구」,『國史館論叢』(79), 과천 : 국사편찬위원회, 1998을 참조함.
16) 幣原坦,『朝鮮政爭志』, 東京 : 三省堂, 1907, 1쪽(敍言).

1922)의 글이 발표되었을 때였을 것입니다. 도쿄제국대학(東京帝國大學) 고
전강습과를 졸업하고(1887) 도쿄고등사범(東京高等師範) 교수를 지낸 그는
본디 한학자이자 甲骨文字의 권위자로『上代 한자의 연구』로 1913년에
박사학위를 받았습니다. 그러던 그가 전공도 아닌『朝鮮史』(1892),『朝鮮
近世史』(1901),『朝鮮通史』(1912)라는 일련의 저술을 통하여 明治·大正 연
간의 조선사 연구를 주도한 것도 기이한 일이었습니다. 특히 그의『조선
통사』는 한국을 통사적으로 기술한 최초의 일본 서적으로서 당시로서는
한국사를 이해하는 지침서라는 평가를 받았습니다.

하야시는『조선통사』의 제11장에서 당쟁을 하나의 독립된 장으로 기
록함으로써 당쟁에 관한 식민지 사학을 주도했습니다.[17] 당쟁이 한국사
를 서술하면서 15개 장으로 이루어진 교재의 한 개 章을 차지한 데에서
부터 당쟁에 대한 그의 과장은 시작되었습니다. 오늘의 주제와 관련하여
이 책을 주목하는 이유는, 그가 곧 황윤길과 김성일의 문제를 당쟁의 논
리로 해석함으로써 임진왜란의 발발로부터 조선의 초전 패배의 문제를
김성일의 책임으로 돌렸다는 사실 때문입니다.

하야시의 논리에 따르면, 김성일은 동인이고 황윤길은 서인이어서 각
기 그 당을 비호하여 의견이 紛紛하였고, 그와 같이 해외의 정황을 보고
하면서 사실 여부에 관계없이 다만 당론에 따르는 폐단이 극심하였다는
것입니다. 더 나아가 그는 당시에 유성룡이 김성일을 두둔한 것도 사실
과 다르며, 이런 점에서 유성룡도 정직하지 않은 사람(曲筆)이었다고 말
하고 있습니다.[18] 아마도 이 말은 尹根壽가 유성룡을 평가하면서 "서애
가 공평하지 못하다"고 한 말(『石室語錄』)을 인용한『燃藜室記述』[19]을 보

---

17) 하야시 다이스케(林泰輔)의 식민지사학과 그 허구에 대해서는, 崔在錫,「1982년
    하야시 야스스케(林泰輔)의『조선사』비판」,『고대한일관계사 연구 비판』, 경인
    문화사, 2010, 27~41쪽, 참조.
18) 林泰輔,『朝鮮通史』, 東京 : 富山房, 1912, 316~320쪽.
19)『燃藜室記述』(15) 宣祖朝故事本末 임진왜란 임금의 행차가 西道로 播遷가다

고 인용한 것 같습니다. 그들의 주장인즉 당쟁은 진실로 국가의 안위나 민생의 평화나 근심[休戚]에 관해서는 걱정한 바 없이 오로지 사사로운 이익을 위해 다툰 것에 지나지 않는다는 것이었습니다.[20]

조선조 당쟁사에 대하여 가장 비논리적이며 모욕적인 글을 쓴 사람은 호소이 하지메(細井肇 : 1886~1934)였습니다. 그는 『나가사키(長崎)신문』의 기자로서 1907년에 한국에 들어와 조선의 역사를 공부하면서 征韓論者인 黑龍會의 우치다 료헤이(內田良平)의 합방 촉진 운동에도 깊이 관여했습니다. 1911년에 귀국한 그는 『주간아사히(朝日)신문』과 『도쿄아사히(東京朝日)신문』의 기자로 활약하다가 1919년에 다시 조선에 입국하여 3·1운동을 취재했습니다. 이후 그는 서울에 체류하면서 自由討究社라는 출판사를 설립하여 식민사학의 논리를 본격적으로 전개했습니다.[21] 호소이 하지메의 논리의 핵심은, 한국인들이 그토록 당쟁에 집착한 것은 인 "조선인의 몸에는 더러운 피[黝血]가 섞여 있기 때문"[22]이라는 것이었습니다. 너무도 혐오스럽고 모욕적이어서 입에 담기조차 민망스러운 이 亡種의 논리는 매우 집요하고도 오랫동안 한국사를 이해하는 일본의 視角으로 자리 잡고 있었습니다.

그러다가 1922년 12월, 일본이 조선의 병합을 합리화할 수 있는 조선사를 쓰기 위해 총독부 훈령 64호로 「朝鮮史編修委員會規程」을 발표하면서 政務總監 아리요시 주이치(有吉忠一)를 그 위원장에 겸직시키고 중추院 의장 李完用의 주도로 한국의 젊은 학자들을 선발하여 편수 위원으로 임명한 것은 한국 사학사에서 중요한 의미를 갖는 것입니다. 이들에 의해 1938년에 완간된 『朝鮮史』 전35권은 식민사학의 원전이 되었기 때문입니다.

조선사편수회의 핵심 작업을 수행한 인물은 오다 쇼고(小田省吾)였습니

---

20) 林泰輔, 『朝鮮通史』, 411쪽.
21) 黑龍會 編, 『東亞先覺志士記傳』(下), 東京 : 原書房, 1966, 101~102쪽.
22) 細井肇, 『朋黨·士禍の檢討』, 自由討究社, 1926, 4~5쪽.

다. 그는 도쿄제대(東京帝大) 출신으로서 경성제대(京城帝大) 예과부 교수와
조선총독부 視學官을 역임했으며, 1925년에 조선사편수회가 창설될 때에
는 총독부 사무관의 자격으로 조선사편수회 창립 위원이 되어 식민사학
의 정립에 깊이 관여했습니다.[23] 그의 주장에 따르면 당쟁이야말로 한국
을 가장 명료하게 표현하는 것이기 때문에 당쟁을 이해하는 것이 곧 한국
을 이해하는 것이라는 논리였습니다. 그리고 당쟁의 논리를 확대하여 임
진왜란도 결국 당파 싸움이 빚은 비극이라는 데에로 귀결시키고 있습니
다.[24] 당쟁 때문에 조선조가 멸망했다는 주장은 식민지 사학자들이 마지
막으로 하고 싶었던 말이며 식민사관의 결론에 해당되는 부분입니다.

이후 임진왜란의 개전과 패전에 대한 책임을 당쟁에 귀결시키려는 일
본 식민지사학은 일본의 공식 입장으로 굳어져 오늘날에 이르러서도 일
본군 참모본부의 공식 戰史인 『日本戰史朝鮮役』(1978)에서도 "동서 붕당
의 相爭에 따른 김성일의 거짓 보고가 개전과 패전의 중요 원인이었음"
을 摘示하고 있습니다.[25]

당쟁이라는 이름의 정치적 논쟁은 정말로 망국적이었을까? 이에 대한
정치학적 해석은 종래의 그것과 다릅니다. 이미 栗谷이 지적하고 있는
바와 같이, 黨議란 그 시대로서 존재할 수 있었던 최고의 정치적 公論이
었을 뿐입니다. 그의 말에 따르면 "공론이 조정에 있을 때 나라가 다스려
지고, 공론이 민간에 있으면 그 나라가 어지러워지며, 만약 위아래 모두
에 공론이 없으면 그 나라가 망했다"고 합니다. 그가 보기에 "이른바 동
인이란 무리는 연소한 신진을 가리키며, 이른바 서인이란 무리는 선배
舊臣을 가리키는 것이니, 마땅히 돌보고 보살펴 변하지 말며 결점을 감

---

23) 조선총독부조선사편수회 편, 『조선사편수회사업개요』, 1938, 30~31쪽.
24) 小田省吾, 「李朝朋黨を略敍して天主教迫害に及ぶ」, 『靑丘學叢』(1), 1930.
   1, 4쪽; 小田省吾, 「李朝黨爭槪要」, 『朝鮮』(101), 朝鮮總督府, 1923, 44~46,
   61쪽; 小田省吾, 「洪景來叛亂の槪略と其の動機に就て」(上), 『靑丘學叢』(8),
   1932. 5, 93쪽.
25) 日本軍 參謀本部 編, 『日本戰史 朝鮮役』, 東京 : 村田書房, 1978, 18~19쪽.

싸고 장점을 드러내야 할 것이요, 멀리 배척하여 그 마음을 잃어서는 안 된다."[26]는 것이었습니다.

　당쟁에 대한 저의 평소의 소견을 말씀드린다면, 당의가 활발했던 肅宗朝에 민중의 삶은 가장 평화로웠고, 이른바 蕩平策이라는 이름으로 조정에서 당의가 사라진 純祖·憲宗·哲宗의 시기가 조선왕조의 落照의 시기였다는 점은 결코 우연이 아니라는 것입니다. 이런 점에서 본다면 당쟁 론이야말로 식민지 사학의 최대 피해자이며 굴곡된 역사였다고 저는 생각하며,[27] 오늘의 주제와 관련하여 말씀드린다면, 임진왜란의 초전 실패나 황윤길과 김성일 사이에 벌어졌던 의견의 차이를 당쟁의 논리로 설명하려는 것은 아직도 이 땅에 식민사학의 유산이 엄존하고 있음을 보여주는 餘毒이 아닐 수 없습니다.

4. 역사학자들

　이와 같이 황윤길과 김성일의 의견이 달랐던 사실을 당색(黨色)으로 설명하려는 논리는 이 땅에 광복이 찾아온 뒤에도 쉽게 지워지지 않았다는 데 문제의 어려움이 있습니다. 이 문제에 대한 한국 사학계의 입장은 다음과 같은 몇 가지로 나누어 볼 수 있습니다.

---

26) 『栗谷全集』(7) 疏箚(5) 「代白參贊仁傑疏」 : 「臣又竊念 公論者有國之元氣也 公論在於朝廷 則其國治 公論在於閭巷 則其國亂 若上下俱無公論 則其國亡 何則在上者 不能主公論 而惡公論之在下也 防之口 而治其罪 則其國未有不亡者也 … 今日可用之士 皆入東西之目矣 其所謂東者 則多指年少新進 而志於爲善 勇於謀國 誠心方誠 此當誘掖扶植 宰制裁成 而不可排抑 以沮其志也 其所謂西者 則多指先輩舊臣 而經歷變故 力去權姦 功在社稷 此當眷待無替 刮垢磨光 而不可疎斥 以失其心也」

27) 이에 관한 자세한 논의는, 신복룡, 「당쟁에 대한 새로운 이해」, 『한국정치사』, 박영사, 2003, 157~178쪽 참조.

한국의 근대 史學史에서 임진왜란과 관련하여 황윤길과 김성일의 갈등을 최초로 거론한 학자는 黃義敦이었습니다. 황윤길의 문중 族孫이었던 그는 일제 시대에 大成學校와 徽文義塾에서 국사를 가르치면서 중등학교 국사교과서를 편찬했고 해방 후에는 동국대학교에서 국사학을 연구한 한국사의 일세대 학자였습니다. 그는 자신의 저서『신편 조선 역사』(1923)에서 "柳成龍·李山海 등 당시에 득세한 東人輩가 김성일의 편을 들어[右袒] 군사 시설[武備]을 모두 부수고[盡罷] 조정의 모든 대신들[滿朝]이 마음을 놓아[晏然] 태평한 꿈[昇平夢]에 취하여 들어 누었다[醉臥]."[28] 고 기록함으로써 임진왜란의 책임이 김성일에 있다고 지적했습니다.

황의돈의 그와 같은 필치에는 存在拘束性(Seinsgebundenheit)과 같은 고충이 담겨 있습니다. 黃喜의 학맥을 잇는 명문의 후손으로서 황의돈이 문중 어른인 황윤길에 대한 崇慕의 정을 갖는다는 것이 허물이라 할 수는 없습니다. 그런 점에서 사신의 복명 사실을 설명하는 과정에서 황의돈은 황윤길의 입장을 비호했고, 결과적으로 그의 말처럼 전쟁이 일어났다는 점에서 그를 비난할 수는 없을 것입니다. 그러나 그는 조정에서의 복명을 기록하는 데에서 더 나아가 유성룡과 이항복의 증언도 함께 다루는 襟度가 필요했습니다. 역사가가 균형 감각을 잃으면 역사를 굴절시킬 수 있습니다. 역사가 심판의 기능을 갖는 것은 사실이지만 그 해석의 중요한 논거가 되는 부분을 누락함으로써 주제가 되는 인물을 定罪하거나 "탓의 場"에 머무르는 것은 正道가 아니기 때문입니다

둘째로는 斗溪 李丙燾의 입장입니다. 그의 주장에 따르면, 황윤길은 서인이요, 김성일은 동인이었기 때문에 이렇게 말이 일치하지 않았다고 말하지만, 이에 대한 자신의 생각은 다르다는 것입니다 아무리 당쟁이 심한 때이기로서니 그토록 중대한 사안을 당색으로 말미암아 거짓말을 했을까? 라고 그는 반문하고 있습니다. 그는 학봉의 소견이 잘못된 것이지

---

28) 황의돈,『신편 조선 역사』, 以文堂, 1923, 128~129쪽.

만, 자신이 보기에 히데요시의 태도가 허장성세와 같이 보였기 때문에 이로써 너무 상하의 인심을 자극시키는 것이 옳지 않다고 생각하여 그렇게 말했다는 것입니다. 이때 김성일과 동문인 유성룡은 "설령 히데요시가 쳐들어온다 해도 두려워할 것이 없을 듯하다." 하여 너무도 인식이 부족한 말을 하였고, 이에 대하여 많은 사람들은 반신반의 하여 無事를 爲主로 하던 당시이므로 국방에서도 그다지 긴급한 적극적 조치를 취하지 않은 책임이 있다는 것입니다.[29] 이병도의 논리는 다른 이론들처럼 당쟁론에 바탕을 두고 있는 것은 아니지만 김성일과 유성룡에게 개전 책임을 묻고 있다는 점에서 다른 학자들의 논리와 크게 다를 바가 없으며, 건국 이후 한국 사학교육계를 지배해온 이른바 두계사학의 비중을 고려할 때 학봉에 대한 부정적 시각의 형성에 크게 작용한 바를 부인하기는 어렵습니다.

셋째로, 이병도의 저술에 뒤를 이어 1961~1962년 사이에 출간된 진단학회의 『한국사』는 통사로서의 방대함과 필진의 무게로 말미암아 한국 사학계의 주류를 이루기에 충분한 것이었습니다. 이 전집 가운데 임진왜란 편의 필자인 李相佰의 논리를 들어보면, 학봉의 복명이 한 편으로는 닥쳐올 위급에 대비할 필요를 역설한 것이요, 또 한 편으로는 인심을 동요시키지 않고자 하는 데 있었다 하더라도 동서의 파쟁이 尤甚하던 당시에 사실 여하를 불문하고 자기 당의 사절을 비호한 결과였음을 분명히 하고 있다는 점에서 이병도와는 다른 논리를 전개하고 있습니다. 그의 주장에 따르면 "요행을 바라던 당시의 조정은 김성일의 복명에 반신반의하는 가운데 一縷의 낙관으로 김성일의 의견에 기울어져 苟安 無事를 바라면서 이에 앞서 각 도에 명령하여 방비를 강화케 하던 것도 중지하였다."는 것이었습니다.[30] 국방의 장비 강화를 중단하였다는 그의 주장이 어디에 논거를 두고 있는지는 명확하지 않습니다.

---

29) 이병도, 『국사대관』, 보문각, 1957, 407쪽.
30) 진단학회 편, 이상백 지음, 『한국사 : 근세전기편』, 을유문화사, 1980(초판 1962), 602~603쪽.

넷째로, 그 후 임진왜란사 연구의 최대 거작이라 할 수 있는 李炯錫의
『임진전란사』 세 권이 1974년에 출간되었습니다. 자료와 記述의 방대함
으로 학계를 놀라게 한 이 책에서 필자는 황윤길과 김성일의 문제를 거
론하면서 하야시 다이스케의 논리를 인용하여 임진왜란의 개전과 패전
책임을 黨禍로 설명한 것은 놀라운 일이었습니다.[31]

끝으로, 1970년대~1980년대 초에 들어오면서 국사편찬위원회는 『한
국사』 25권을 발간하는데, 이를 추진한 사람은 위원장 李鉉淙이었습니
다. 공교롭게도 전집 중의 임진왜란사를 직접 집필한 그는 임진왜란의
개전 책임을 당쟁과 황윤길-김성일의 당파심에 물음으로써 官撰 사학으
로서의 임진왜란에 대한 정부의 입장을 분명히 못 박았습니다. 그의 논
리에 따르면 "겹치는 사화에다가 선조 8년에는 지배층이 동서분당으로
나뉘어져 나라의 운명이 위험 속으로 빠져들고 있었다. 크게 변해가는
동양의 국제 정세를 제대로 파악하지 못한 채 오직 明나라에 대한 친선
관계만으로 모든 것을 해결하려고 생각했던 위정자들의 좁은 견해는 권
력 싸움과 당파 조직으로 일관하고 있었고, 더욱이 16세기 말에 접어들
면서 일본의 변동을 살피기 위해 일본에 통신사까지 파견하였으나 그들
의 상반된 보고만으로는 정확을 기대할 수도 없었거니와 그와 같은 위험
스러운 보고에도 불구하고 장차 다가올 일본 침략의 대비책을 강구하지
않았다."[32]는 것입니다.

여기에서 한 가지 짚고 넘어가야 할 사실이 있습니다. 그것은 다름이
아니라 사정이야 어찌 되었든, 왜란 직전까지 조선은 전쟁에 대비하지
않은 것이 사실이었고, 이것이 전적으로 김성일의 복명서의 책임이었을
까? 하는 점입니다. 이에 대해서는 두 가지 사실을 그 대답으로 제시할
수 있습니다. 첫째로 전쟁 대비를 하지 않은 것은 복명서의 내용과 관계

---

31) 이형석, 『임진전란사』(상), 신현실사, 1974, 101쪽.
32) 이현종, 「외족의 침구 : 16세기 후반기 동아의 정세」, 『한국사(12) : 조선 : 양반
    사회의 모순과 대외 항쟁』, 탐구당, 1981, 277~279쪽.

없이 그 당시 조정 대신들의 경륜과 판단에 따른 것이며, 더욱이 그 당시
가 전제 군주 시대였음을 고려한다면 그 판단의 최종 책임은 선조에게
귀책되어야 한다는 사실입니다.

둘째로 전쟁에 대비하지 않은 것은 그 시대의 보편적 정서였지 복명
의 인물이었던 김성일만의 책임은 아니라는 사실입니다.. 시대 조류로 볼
때 개국 200년이 지난 1590년대의 조선조는 왕조에 대한 싫증과 피로가
나타나기 시작한 때였습니다. 막스 베버(Max Weber)의 지적처럼 "피로의
시대가 지나가고 나면 평화가 가지는 의미가 그리 절박하지 않습니다."[33]
나태와 안일, 그리고 무의미한 논쟁과 지리한 拮抗이 그 시대를 지배하게
되는데, 이런 상황에서는 건전하고 슬기로운 논쟁이 빛을 잃기 쉽습니다.

이와 같은 시대 상황에 대한 고려를 소홀히 한 채 이상에서 살펴본
저술들은 한국 현대사를 지배하던 주류사학자들의 저작이었다는 점에서
그와 다른 논리의 전개라는 것은 상상할 수도 없을 만큼 어려운 작업이
었고, 그런 상황 속에서 임진왜란에 대한 동인과 김성일의 개전 책임은
고쳐지지 않는 정설처럼 사학계를 지배해 왔습니다.

5. 역사소설과 텔레비전 사극

여기에서 사태를 더욱 악화시킨 것은 그와 같은 사학계의 연구 결과
를 토대로 한 역사소설과 텔레비전 사극이 국민들의 사고를 고착화시키
는 데 큰 몫을 했다고 하는 사실입니다. 동서고금을 막론하고 역사적 사
실들은 소설과 극본의 중요한 자료가 되어 왔습니다. 독자들이 딱딱하고
사변적인 논문이나 학술 서적보다는 쉽고 흥미로운 역사소설을 통하여
역사의 지식을 넓혀 간다는 것은 조금도 이상할 것이 없습니다.

---

33) Max Weber 저, 박봉식 역, 『직업으로서의 정치』, 박영사, 1977, 109쪽.

그러한 현상을 보여주는 예로서, 한국인들이 어떤 매체를 통하여 역사 지식을 얻는가에 관한 통계를 살펴보면, 신문이 38.8%, 텔레비전과 라디오의 사극 및 교양 프로가 33.1.%, 시사 잡지가 9.2%, 역사 소설이 8.3%, 전문 서적이 7%, 역사 강좌가 3.2%로 나타나고 있습니다.[34] 이를 다시 정리해 보면, 한국인들의 41.4%가 역사소설이나 텔레비전 사극을 통하여 역사 지식을 얻고 있다는 계산이 나옵니다. 이는 전문 서적이나 역사 강좌를 통하여 역사를 아는 것보다 네 배가 더 많습니다.

이럴 경우에 문제가 되는 것은 소설이나 사극이 담고 있는 역사적 사실이 과연 얼마만큼 진실에 가까운가 하는 문제인데, 그 대답은 결코 긍정적일 수 없다는 데 문제의 심각성이 있습니다. 이를테면 한국의 역사소설가들은 설화(story)와 역사학(history)의 거리를 너무 멀리 떼어 놓았습니다. 李光洙-朴鍾和-李殷相-崔仁旭으로 이어지는 역사소설가와 辛奉承을 정점으로 하는 사극작가들이 역사 보급에 기여한 공로는 결코 작은 것이 아니었습니다. 그러나 그들은 실체적 진실을 좀 더 고민했어야 합니다. 春秋筆法과 朱子學的 節義에 익숙해진 한국의 소설 문학은 세상사를 善惡의 이분법으로 재단함으로써 어떤 역사적 사실에서 누구는 나쁜 사람이고 누구는 義人이라는 구도의 설정을 選好했습니다. 예컨대 이광수의 『端宗哀史』를 시발로 하여 전개된 소설 문학은 悲憤慷慨함을 바탕에 깔고 선악의 논리로 역사를 재단함으로써 역사의 犧牲羊을 배출했습니다.

오늘의 주제가 되고 있는 임진왜란과 사신들의 복명에 관한 묘사도 그와 같은 정형을 벗어나지 못하고 있습니다. 이를테면, 박종화는 그의 소설 『임진왜란』(1966)에서 황윤길과 김성일의 복명 장면을 소상하게 묘사하면서, 두 사람이 최후까지 어전에서 다투었던 이유는 황윤길은 서인의 당파요, 김성일은 동인의 당파였기 때문이라고 설명합니다. 더 나아

---

34) 金춤, 「현대사에 관한 한국인의 인지도 여론 조사」, 『중앙일보』 1995년 1월 9일자 참조.

가서 그는 "김성일은 나라 일을 하러간 사람이 아니라 서인 황윤길을 반대하기 위하여 간 사람으로서 적의 정세를 짐작했으면서도 다만 황윤길의 서인측을 반대하기 위하여 반대를 끝끝내 주장하는 모습"을 보여주고 있습니다. 그는 어전 회의의 마지막 장면을 설명하면서 유성룡의 증언을 첨가하고 있는 것은 사실이지만, 그것은 같은 당파였기에 하지 않을 수 없었던 "어리뻥뻥한 일"이라고 끝을 맺고 있습니다.[35]

최인욱의 『성웅 이순신』(1971)은 이순신의 성인화 과정을 유념하면서, 그렇게 훌륭한 인물이 있었는가 하면 김성일과 유성룡과 같은 동인들이 허위 보고를 함으로써 임진왜란이라고 하는 "불의의 변을 당하게 되었다."[36]고 설명합니다. 임진왜란의 발발을 당색으로 몰아가면서 그 앞에는 김성일의 책임이 있다고 말하는 점에서는 이은상의 『성웅 이순신』(1975)도 예외가 아니었습니다.[37] 최근의 작품으로서 화제를 불러 일으켰던 김훈의 『칼의 노래』(2007)는 조금 시각이 다릅니다. 그도 김성일은 동인이었고, 황윤길은 서인이었다는 사실을 지적하고는 있지만, "당시의 김성일 등의 동인들은 선조의 腺病質的(신경쇠약증) 성격을 자극해서 국내 정치를 아수라장으로 만들어버리는 사태를 피해가면서 전란에 대비하려 했던 것으로 볼 수도 있다."[38]고 말함으로써 김성일의 고뇌를 대변하고자 했습니다.

최근의 일련의 사극 작품 가운데에서 이 문제와 관련하여 주목할 작품은 아마도 윤선주 극본의 KBS의 대하드라마 『불멸의 이순신』(제42회분, 2005. 1. 23. 방영)이었을 것입니다. 이 극본은 임진왜란에서의 김성일의 책임을 묻는 데 가장 준열한 작품이었던 것으로 보입니다. 당색을 보이며 갈등하는 어전 회의의 모습, 당론에 따라 선조의 표정이 바뀌고 이

---

35) 박종화, 『임진왜란』(1), 을유문화사, 1966, 60쪽.
36) 최인욱, 『성웅 이순신』, 을유문화사, 1971, 16·67쪽.
37) 이은상, 『성웅 이순신』, 삼중당, 1984, (초판 1975) 30~32쪽.
38) 김훈, 『칼의 노래』, 생각의 나무, 2007, 398쪽.

를 바라보며 일희일비하는 무리들의 표정 변화, 난감해 여기는 여러 신하들, 시선을 피하는 김성일의 모습, 이러한 상황에 곤혹스러워하는 유성룡의 심리 묘사 등을 통하여 작가는 암묵적으로 개전과 패전의 책임을 김성일에게로 돌리려 했습니다.

이 일자에 방영된 끝 부분에서 김성일은 유성룡과의 대화에서, "막고 싶었네. 병화의 조짐을 유포시켜 민심을 교란하고 우리 동인들을 또다시 정치적으로 고립시키려는 저들의 음모를 깨고 싶어… 전란이 일어나지 않는다고 내 어찌 장담할 수 있단 말인가?"라고 말함으로써 당파심이 이 사건의 본질임을 분명히 했습니다. 그의 말 가운데, "우리 동인들을 또다시 정치적으로 고립시키려는 음모"라 함은 그 앞선 해인 1589에 일어난 鄭汝立의 사건을 의미하는 것으로 보입니다.

역사가 역사학자의 전유물이 아닌 바에야 사극이나 역사 소설에서 역사물을 다루는 것은 잘못된 것이 아니며 비난받을 일도 아닙니다. 또 소설과 사극은 그 장르가 가지는 특성상 흥미와 劇的인 이야기의 전개 등의 문제가 있기 때문에 반드시 正史만을 대상으로 하고 정사대로 써야만 할 이유도 없습니다. 소설은 어디까지나 소설이고 사극은 사극일 뿐입니다. 따라서 필자의 選好나 독자의 嗜好 또는 그 시대나 그 사회의 유행이나 흥미에 따라서 사극과 소설은 정사가 보지 못하거나 중요하게 취급하지 않는 부분을 대상으로 삼을 수도 있고 그 전개 과정에서 虛構가 있을 수도 있습니다.

그러나 그것이 아무리 소설적 공간이요, 사극의 무대라 할지라도 독자나 시청자의 흥미에 영합하기 위해 지나치리 만큼 史實을 곡해하거나 중요도의 우선 순위를 顚倒해서는 안 될 것입니다. 왜냐하면 역사가가 사실에 충실한 것은 미덕이기 이전에 신성한 의무이기 때문입니다.[39] 어느 면에서 보면 대중 소설은 학술 서적보다 더 영향력이 컸습니다. 이런

---

39) E. H. Carr, *What is History?* p. 5.

점에서 역사 소설이나 사극의 작가도 일말의 책임과 역사 의식을 가져야
합니다. 이는 적어도 사극이나 역사 소설이 역사적 사실을 크게 벗어나
는 일이 있어서는 안 됨을 의미하는 것입니다. 셰익스피어(W. Shakespeare)
나 시바 료타로(司馬遼太郎) 또는 한국문학사에의 洪命熹의 작품, 그리고
현대 작가 중의 崔仁浩의 작품이 人口에 膾炙되는 이유가 허구적 재미
때문만은 아닐 것입니다. 그들은 어느 역사학자 못지않게 역사에 관해
공부하고 고뇌한 사람들이었으며, 역사학과 문학을 뛰어 넘어 양자를 접
목시킨 사람들이었습니다.

한번 대중의 머릿속에 잘못 정형화된(stereo-typed) 인물평이 올바른 평
가를 받는 데에는 학술 공간에서는 1세기가 걸렸고, 소설의 공간에서는
반세기가 넘게 걸렸습니다. 그러나 그나마도 빠른 것이고 다행한 일입니
다. 그러한 卑下 속에 九天에서 신음하는 冤魂의 후손은 한국사에 여럿
이 있습니다. 저는 이 글을 쓰면서, "단 한 사람이 가슴에 억울함을 품어
도 천지의 기운이 막힌다."[40]는 姜一淳의 말을 여러 번 되뇌었습니다.

6. 결론 : 역사에서의 화해와 解冤

이제까지의 글에서 저는 이 일련의 사건을 되도록 객관적으로 기록해
보려고 노력했습니다. 그러나 영국의 역사학자 트래버-로퍼(Travor-Roper)의
말을 빌리면, "역사가가 역사를 쓸 때에는 어쩔 수 없이 그 주제에 대한
연민을 품게 된다."[41]고 합니다. 그런 점에서 저도 이 주제에 어떤 연민에
빠지지나 않았을까 하는 점을 깊이 유념하면서 이제 저는 위와 같은 실체
적 진실에 근거하여 다음과 같이 저의 소견을 결론으로 피력하고자 합니다.

---

40) 『大巡典經』「公事」 3 : 29; 「敎法」 1 : 31.
41) E. H. Carr, *What is History?* p. 20.

첫째로 조선조 시대의 지식인들, 특히 오늘의 주제가 되고 있는 학봉의 대일 인식에 대한 저의 소견을 정리해보면, 그들이 결코 일본에 대하여 안일한 생각을 가졌었다고 보고 싶지는 않습니다. 申叔舟가 『海東諸國記』에서 밝히고 있는 바와 같이, 조선조의 지식인들은 일본의 무장을 결코 소홀히 생각하지 않았고,[42] 만성적인 두려움과 기피심리(xenophobia)를 가졌던 것이 사실입니다. 신숙주가 죽을 때 성종이, "할 말이 있느냐?"고 물으니 숙주의 말이, "원컨대 국가에서 일본과 화친을 끊지 마소서." 하였고, 성종은 이 말을 옳게 여겨 부제학 李亨元과 서장관 金訴을 일본에 사신으로 보냈던 것이 당시의 정책이요 판단이었습니다.[43] 그래서 그들의 대일정책의 기조는 어루만짐[慰撫]과 修好 그리고 내정의 정비라는 데에 일관된 합의를 느끼고 있었습니다. 따라서 敵情을 관찰하는 데 김성일이 실수했을 것이라는 논리는 사실과 많이 다를 수 있습니다. 황윤길이 본 것을 김성일도 보았을 것입니다.

둘째로, 문제의 핵심은 학봉이 왜 사실과 다르게 복명했는가 하는 문제입니다. 이 부분에 대해서는 그가 유성룡이나 이항복에게 한 말의 진정성을 믿어야 한다고 저는 생각합니다. 그는 어전에서, "오늘에 우리가 두려워해야 할 것은 섬 오랑캐들에게 있는 것이 아니라 민심에 있다."[44]는 의견을 여러 번 피력한 바 있고, "지금은 나라가 피폐하여 백성의 원성이 들판에 가득하여 실로 등에 땀이 흐르는 현실"[45]을 걱정하고 있었습니다. 그는 사신들이 부산에 상륙하자마자 곧 왜병이 쳐들어올 듯이 파발을 보내고 이로 말미암아 민심이 동요되는 것을 바라보면서 "이래서는 안 된다"는 확신을 가졌고 그래서 민심을 安穩시키려 했던 것은 사실입니다.

국가의 중요한 정책 결정 과정에서 김성일이 문제를 사실대로 공론화

---

42) 申叔舟, 『海東諸國記』 序.
43) 『燃藜室記述』(15) 宣祖朝故事本末 임진왜란 임금의 행차가 西道로 播遷가다.
44) 『鶴峯集』 附錄(3) 神道碑銘 : 玉堂에 올린 箚子.
45) 『鶴峯集』(3) 箚子 請停築城仍陳時弊箚.

하지하지 않은 것은 실수였으며, 그런 점에서 보는 이에 따라 그에게 책임을 물을 수는 있습니다. 그러나 그가 진실로 바랐던 것은 민심의 안정이었으며, 전쟁과 같은 국가 대사는 알 만한 사람끼리 알아서 처리할 일이지 여럿이 모여 크게 떠들 일이 아니라고 그는 생각했을 것입니다. 이와 관련해서는 두 사람의 상반된 견해의 본질적 의미를 최종적으로 판단했어야 할 宣祖의 무능함에 어쩌면 더 큰 책임이 있을 수 있습니다. 그러나 그의 반대파들과 역사학자들은 그 자리에 이어서 일어났던 유성룡과 이항복의 증언을 누락한 채 어전 회의의 장면만을 부각함으로써 역사 기록의 균형을 잃었다는 비판을 피해가기 어렵게 되었습니다.

셋째로, 한 인물에 대한 역사적 평가는 그의 진심과 동기 그리고 그의 마지막 행적을 고려하여 평가되어야 한다고 저는 생각합니다. 막상 왜란이 일어나고 경상우도 병마절도사로 있던 학봉을 옥에 가두도록 명령이 떨어졌을 때 그는 자신의 운명을 걱정하는 기색이 없이 오히려 경상감사 金睟에게 적을 막을 방책을 일러주는 모습을 보여 老吏 河自溶은 "자기 죽는 것은 걱정하지 않고 오로지 나라 일만을 근심하니 이 사람이야말로 참다운 충신이다."라고 말했습니다.[46]

그 후 김성일의 진심을 안 선조는 그의 잘못을 용서하고 그에게 경상도 招諭使를 제수하여 왜병을 막는 데 힘쓰도록 당부했습니다. 김성일은 竹山과 咸陽 등에서 격문을 돌리고 金沔, 鄭仁弘, 홍의 장군 郭再祐 등의 도움을 받아 의병을 이끌고 진주성을 지키면서 軍政에 노심초사하였으며, 역질에 걸린 백성들을 돌보다가 전염되어 진중에서 일생을 마쳤습니다. 그는 일상 생활에서도 군장을 풀지 않고 지성으로 관군과 의병 사이를 조화시켜 경상도 일대를 보전한 공이 컸으며, 죽을 때까지 사사로운 일을 말하지 않았고 그의 아들 혁(㳒)이 함께 병중이었으나 한 번도 돌아보지 않았습니다.

---

46) 『懲毖錄』, 上.

아마도 임진왜란과 학봉의 사신 복명 문제를 가장 가까이서 바라보면서 고민했던 사람은 芝山 曺好益이었으리라고 저는 생각합니다. 임진왜란 당시 召募官이자 折衝將軍으로서 선조의 신임이 두터웠던 그는 훗날 세월이 흘러 領相 梧里 李元翼에게 다음과 같은 편지를 보냈습니다. 저는 그의 편지를 읽어드리는 것으로 저의 글을 마치고자 합니다.

"학봉은 성품이 엄정하였으므로, 다른 나라[일본]에 사신으로 가서 다른 무리(異類)들과 교제하면서 서로 허물없이 지내는 것을 원하지 않아 의리로써 자주 다투었습니다. 그렇기 때문에 저 나라에 가 있었지만 서로 隔阻하기가 胡와 越 같았으니, 왜국의 사정을 아는 것이 같은 일행들과는 많이 달랐을 것입니다. 그러나 이미 왜국의 서신을 보고 난 뒤에는 비록 저들이 허세를 부려 위협하는 것이라고 의심하면서도 어찌 염려하는 마음이 없었겠습니까? 그런데 東萊에 도착하여 일행들이 지레 이 사실을 누설하여, 미처 복명하기도 전에 온 나라가 흉흉하여 內變이 일어나려고 하였습니다. 그러므로 그렇게 진정시키는 말을 하여 급한 환란을 구제한 것일 뿐이지 그 뜻이 어찌 다른 데 있었겠습니까? 어떤 사람들은 또 말하기를, '학봉이 왜국에 있을 때 아무런 일이 없는데도 사단을 일으켜 왜인을 격노시켜 禍亂을 불러왔으므로, 그 죄를 면하고자 하여 병화가 있으리라는 것을 알면서도 말하지 않았다.' 하는데, 이 말은 너무나도 지나칩니다. 만약 왜적들이 반드시 침범해 올 것을 학봉이 알았더라면, 그 당시에는 비록 말하지 않았다고 하더라도 끝내 이를 숨겼겠으며, 말하지 않은 죄를 또 면할 수 있겠습니까? 이것은 삼척동자라도 알 것인데, 학봉이 그렇게 하였겠습니까?[47]

감사합니다.

---

47) 『芝山先生文集』(2)書 答李梧里元翼.

참고 문헌

1. 단행본

Carr, E. H., *What is History?*(London : Macmillan Co., 1961.

Tosh, John, *The Pursuit of History*(London : Longman House, 1991.

Weber, Max 저, 박봉식 역, 『직업으로서의 정치』, 박영사, 1977.

김훈, 『칼의 노래』, 생각의 나무, 2007.

박종화, 『임진왜란』(1), 을유문화사, 1966.

細井肇, 『朋黨・士禍の檢討』, 自由討究社, 1926.

이병도, 『국사대관』, 보문각, 1957.

이은상, 『성웅 이순신』, 삼중당, 1984, 초판 : 1975.

이형석, 『임진전란사』(상), 신현실사, 1974.

日本軍 參謀本部 編, 『日本戰史 朝鮮役』, 東京 : 村田書房, 1978.

林泰輔, 『朝鮮通史』, 東京 : 富山房, 1912.

조선총독부조선사편수회 편, 『조선사편수회사업개요』, 1938.

진단학회 편, 이상백 지음, 『한국사 : 근세전기편』, 을유문화사, 1980, 초판 1962.

최인욱, 『성웅 이순신』, 을유문화사, 1971.

幣原坦, 『朝鮮政爭志』, 東京 : 三省堂, 1907.

황의돈, 『신편 조선 역사』, 以文堂, 1923.

黑龍會 編, 『東亞先覺志士記傳』(下), 東京 : 原書房, 1966.

2. 논문

金杏, 「현대사에 관한 한국인의 인지도 여론 조사」, 『중앙일보』 1995년 1월 9일자.

小田省吾, 「李朝黨爭槪要」, 『朝鮮』(101), 朝鮮總督府, 1923.

小田省吾, 「李朝朋黨を略敍して天主敎迫害に及ぶ」, 『靑丘學叢』(1), 1930.

小田省吾, 「洪景來叛亂の槪略と其の動機に就て」(上), 『靑丘學叢』(8), 1932.

신복룡, 「당쟁에 대한 새로운 이해」, 『한국정치사』, 박영사, 2003.

이승연, 「조선조 『주자가례』의 수용 및 전개 과정」 『전통과 현대』(12), 2000.

이현종, 「외족의 침구 : 16세기 후반기 동아의 정세」, 『한국사(12) : 조선 : 양반
사회의 모순과 대외 항쟁』, 탐구당, 1981.

崔在錫, 「1982년 하야시 야스스케(林泰輔)의 『조선사』 비판」, 『고대한일관계사
연구 비판』, 경인문화사, 2010.

崔惠珠, 「幣原坦의 고문 활동과 한국사 연구」, 『國史館論叢』(79)(과천 : 국사편
찬위원회, 1998.

3. 원전

『大巡典經』; 『黨議通略』; 『大東野乘』 金時讓, 『涪溪記聞』; 『象村稿』;
『선조수정실록』; 『선조실록』; 申叔舟, 『海東諸國記』; 『燃藜室記述』;
『栗谷全集』; 『芝山先生文集』; 『懲毖錄』; 『鶴峯集』.

임진왜란 직전 동아시아 정세

한명기*

1. 머리말

1590년(선조 23) 일본에 갔던 通信使行의 副使 金誠一(1538~1593)은 동행했던 書狀官 許筬에게 다음과 같은 서한을 보냈다.

> 지금 와서 볼 때 우리나라는 중국과 같고 島倭들은 사실상 오랑캐입니다. 大國의 사신으로서 '하찮은 오랑캐[小醜]'에게 굴복하여 그들의 능멸과 무례함을 보고서도 오히려 그것을 치욕으로 여기지 않고, 도리어 중한 체모를 하찮고 사소한 것으로 여기니, 이것은 또한 春秋의 뜻과 다르지 않겠으며 또한 漢儒의 소견과 다르지 않겠습니까. 이것이 바로 내가 이른바 '하나만 알고 둘은 모르며 기러기발을 아교로 붙이고서 비파를 타는 격'이라고 이르는 것입니다…… 우리들이 개돼지의 소굴에 들어와서 개돼지와 뒤섞여 형세가 고단한데 그 위태로움이 심하다고 할 수 있습니다.[1]

---

* 명지대학교 사학과 교수

[1] 金誠一, 『鶴峰集』 권5, 「答許書狀筬」. "以今觀之 本朝猶中國也 島倭實蠻夷也 以大國之使 屈辱於小醜 見其陵蔑無禮 而猶莫之恥 反以體貌之重 爲薄物細故 其亦異乎春秋之義矣 其亦異乎漢儒之見矣 此吾所謂知一不知二 膠柱鼓瑟者也…… 吾輩入犬豕之窟 與犬豕雜處 形單勢孤 其危可謂甚矣"

위에서 보이듯 서한 속에 담긴 김성일의 對日認識의 내용은 몹시 격하다. 그들을 '도이[島倭]', '하찮은 추물[小醜]'이라고 지칭했는가 하면 심지어는 '개돼지[犬豕]'라고도 표현했다. 그러면서 조선을 일러 '中國'이라 하고 자신들을 '大國의 사신'이라고 표현했다. 적어도 위의 서한에 나타난 내용과 인식을 고려하면 '중국의 사신'이자 '대국의 사신'으로 자임하는 김성일 등이 '무례한 개돼지의 소굴'에 들어와 체모를 유지하는 것은 참으로 어려운 일일 수밖에 없었다. 나아가 그런 '오랑캐'들을 상대로 使命을 원활히 수행한다는 것 자체가 애초부터 내키지 않고 불가능한 일일 수밖에 없었다.

그렇다면 일본을 蠻夷로 여기고 있던 김성일의 日本觀은 어디서 연유한 것일까? 결론적으로 말하면 위에 보이듯이 한편으로는 일본을 '오랑캐'로 경멸하고, 다른 한편으로는 스스로를 '중국'으로 여기는 인식은 김성일 혼자만이 가지고 있었던 것이 아니라는 점이다. 김성일과 같은 시대를 살았던 黃廷彧(1532~1607)의 발언 속에서도 유사한 인식을 발견할 수 있다. 황정욱은 도요토미 히데요시(豊臣秀吉)에게 보내려고 했던 檄書에서 일본을 가리켜 '바다 밖에 위치한 군더더기에 불과한 나라'이자 '중국이 諸侯의 반열에 끼워주지도 않는 나라'라고 규정했다. 그러면서 '예의와 문물이 中華를 방불케 하는 조선이 이웃에 없다면 일본은 우물 안의 개구리'일 수밖에 없다고 설파한 바 있다.[2]

김성일과 황정욱의 인식에서 공통적으로 드러나는 것처럼 16세기 후반 무렵, 조선 지식인들은 조선을 명도 함부로 무시하지 못하는 '中華國'으로 일본을 예의를 모르는 '蠻夷國'으로 인식하고 있었다. 그런데 두 사람이 조선을 '중화'로 자임하고 일본을 '오랑캐'로 여기는데 주요한 근거

---

2) 黃廷彧, 『芝川集』 권3, 「檄日本國關白書」. "乾坤定位 上下判矣 萬國區分 內外別矣 貴國邈在海中 天地間一疣贅之域 自三代以來 未嘗紀土貢而采國俗 絶不許齒錄於侯服 幸而弊邦與之爲隣 禮義文物 侔擬中華 貴國舍弊邦 則一步無可往之地 耳無所聞 目無所見 不過井底蛙耳"

로 거론되었던 것은 조선과 명의 특수 관계였다. 箕子가 受封했던 이래 '예의의 나라'였던 조선에 대한 명의 예우는 극히 각별하여 이제는 조선이 '명의 內服'이 되고 '부자관계'가 되었다는 황정욱의 인식[3]이나 '畏天의 恭敬으로써 끊임없이 神京을 오가며 事大함으로써 조선과 명이 부자관계가 되었다'는 김성일의 인식[4]은 사실상 동일하다.

이 같은 상황, 즉 외부 세계를 보는 시선의 중심이 주로 '중화국'이자 '부모국'인 명나라 쪽을 향하고 '오랑캐'인 일본을 치지도외하고 있던 상황에서는 일본의 실체를 있는 그대로 바라보는 것이 결코 쉽지 않은 일이었다. 그것은 김성일이나 황정욱 등 개인의 문제라기보다는 16세기 중반 이래 조선 지식인들이 갖고 있던 일반적인 경향이라고 할 수 있다. 사실 15세기까지만 해도 조선 지식인들의 일본 인식은 상대적으로 유연했다. 거듭된 倭寇 피해 때문에 갖게 된 부정적인 인식도 물론 존재했지만, 일본을 '풍속이 순후하고 善과 義를 제대로 아는 나라'로 보는 긍정적인 인식도 분명히 있었다.[5] 즉 15세기까지만 해도 조선 지식인들의 일본에 대한 인식은 다면적이고 유동적인 모습을 보이고 있었다.[6]

---

3) 黃廷彧, 『芝川集』권2, 「答日本書契」. "惟我東國 卽殷太師箕子受封之舊也 禮義之美 見稱中華凡幾代矣 逮我皇明混一區宇 威德遠被 薄海內外 悉主悉臣 無敢違拒 貴國亦嘗航海納貢 而達于京師 況樊邦世守藩封 執壤是恭 侯度罔愆 故中朝之待我也 亦視同內服 赴告必先 患難相救 有若家人父子之親者 此貴國之所嘗聞 亦天下之所共知也"

4) 金誠一, 『鶴峯集』권5, 「擬答宣慰使平行長」. "我朝之與貴國 事勢之不相接 旣如前所云云者 而況皇明乃我朝父母之國也 我殿下畏天之敬 事大之誠 終始不貳 故北望神京 天威咫尺 玉帛之使 冠蓋相望 此實天下之所共聞知也 貴國今雖絶和 數十年前 曾有觀周之使 豈不知我邦一家於天朝乎"

5) 徐居正, 『四佳文集』권5, 「送李直提學可行奉使日本詩序」. "日本氏在扶桑之域 極天下之陬 雖鯨濤萬里 有跋涉之艱 然其國處東 稟天地之元之春之仁之氣 風俗淳古 好善樂義 可與有爲也 今則與我脩好 有同一家 諸島聞風 亦相率款附 使船來往 有同內地"

6) 하우봉, 「일본과의 관계」, 『한국사』 22, (국사편찬위원회) 所收, 1995, 406~408쪽; 韓明基, 「15~17世紀 朝鮮知識人の對日認識槪觀」, 『鏡の

그렇다면 김성일을 비롯한 16세기 후반 지식인들의 대일인식이 이렇게 硬化되었던 배경은 무엇인가? 그것은 15세기 이래 조선을 둘러싼 안팎의 정세 변화 과정에서 비롯된 것이다. 구체적으로는 조선 내부의 정치적 격동과 그와 맞물린 사상 지형과 대외인식의 변화, 당시 동아시아의 중심국가인 명과 조선 관계의 흐름과 변화 추이, 또 명과 몽골·명과 여진·명과 일본 등의 관계 추이에 따라 형성된 것이다. 이제 임진왜란 발생 직전 동아시아 정세의 추이를 개관해 보기로 한다.

2. 16세기 조선의 정치 상황과 士林의 집권

1) 15세기 후반 士林들의 진출 배경과 활동

조선의 士大夫들은 왕조 개창 이후 격동과 혼란을 수습하는 과정에서 성리학을 배타적인 국가 敎學으로 활용했다. 특히 鮮初의 사대부들은 애초 朱熹가 제창한 정통론을 강조하는 성리학과는 달리 元代에 출사했던 許衡 類의 성리학도 수용하고 漢唐儒學에 대해서도 비교적 포용적인 입장을 취했다. 그런 분위기에서 世宗代에 이르면 禮樂과 文物을 정비하고, 愛民과 安民을 강조하면서 권력의 독단을 지양하고 왕권과 신권이 균형과 조화를 이루는 治世를 이룩하는 성과를 거두었다.[7]

세종대 크게 진전된 儒敎政治는 世祖代를 거치면서 흔들리고 있었다. 세종대 왕도정치 실현을 위한 기반으로서 중시된 集賢殿을 혁파하고 經筵를 폐지한 것이 대표적인 사례였다. 癸酉靖難이라는 비정상적인 政變을 통해 등극함으로써 명분이 취약했던 세조는 자신의 집권에 협조한 勳戚들을 앞세워 패권적이고 전제적인 방식으로 왕정을 운영하고자 시도

中の自己認識』(東京, 御茶の水書房) 所收, 2012.
7) 한영우, 『조선전기 사회사상 연구』(서울, 지식산업사), 1983.

했다. 세조는 또한 정통성이 취약한 자신의 권력을 공고히 하려는 목적
에서 '務農', '興學', '養兵' 등의 實事를 강조하면서 100만의 군대를 길
러 威力으로써 夷狄을 제압한다고 표방했다. 말하자면 그는 대내외적으
로 富國强兵을 표방하면서 위엄 있는 君主像을 추구하고자 했다.[8] 하지
만 자신에게 비판적인 言論 활동을 벌이는 신료들을 탄압했던 세조의 독
단과 전횡 때문에, 그리고 그런 그에게 영합했던 勳臣들의 득세에 밀려
名分과 節義를 강조하던 學人들의 위상은 크게 흔들릴 수밖에 없었다.[9]
　　세조의 覇政이 남긴 부정적인 유산의 여파는 컸다. 그는 찬탈 이후
자신의 집권에 협조적이었던 韓明澮, 申叔舟 등 소수의 대신들을 중심으
로 정권을 운영했고 집권 후반으로 갈수록 그들에 대한 의존도는 더욱
높아졌다. 실제 세조는 癸酉靖難 이후 43명의 靖難功臣, 44명의 佐翼功
臣, 44명의 敵愾功臣 등 수많은 공신들을 錄勳했다. 한명회, 신숙주, 鄭
麟趾 등은 여러 공신에 겹치기로 녹훈되면서 막강한 정치적 위상을 굳혔
다. 공신들이 양산되고 그들을 중심으로 정치가 운영되면서 부작용이 속
출했다. 세조가 죽은 뒤, 공신 출신의 대신들이 院相이 되어 실권을 장악
하자 왕권마저 위협받게 되는 상황이 전개되었다. 또 공신들은 왕실과의
혼인을 통해 권력 기반을 더욱 확고히 했다. 韓確은 성종의 生父인 德宗
과, 한명회는 예종, 성종과, 韓伯倫은 예종과, 尹壕는 성종과 각각 國婚
을 맺었다.[10] 그들의 권력은 막강하여 성종 연간 功臣이 아닌 사람이 정
승에 오른 경우는 없었으며 인사권의 경우도 그들이 장악하고 있었다.
더욱이 세조대에 言官들이 대부분 제거되어 공신들을 견제할만한 세력
도 마땅히 존재하지 않았다.[11]

---

8) 『端宗實錄』 권10, 단종 2년 1월 戊午. "通事金有禮回自遼東亦言 都司王祥言
　　遼東人皆言 首陽君有大將儀貌 今果撥亂反正 嘆賞不已 時 世祖以務農興學養
　　兵爲事 期於控弦百萬 威制夷狄 習陣訓兵 倭野人皆慕悅威德 爭來朝見"
9) 김태영, 「조선초기 世祖王의 學術政策」, 『朝鮮性理學의 歷史像』(서울, 경희대
　　학교 출판국) 所收, 2006.
10) 김현영, 「勳舊에서 士林으로」 『朝鮮의 政治와 社會』(서울, 集文堂), 2002, 160쪽.

주지하듯이 士林들이 조정에 진출하게 된 계기는 成宗代에 마련되었
다. 성종은 대신들의 비대해진 권력을 견제하고 자신의 왕권을 제고시키
기 위한 대체 세력으로서 사림들을 기용했다. 사림들이 조정에서 勳舊勢
力들을 견제할만한 위치까지 오르게 된 것은 대체로 1484년(성종 15) 이
후였다. 사림들은 주로 言官 활동을 통해 자신들의 정치적 입지를 확대
시키려고 노력했다. 실제로 성종대 언론권의 확대는 두드러져서 弘文館
이 새로운 言官으로 등장하고 언론 기관이 기존의 臺諫에서 三司로 확대
되는 변화가 나타났다.[12]

성종대 사림들은 세조대 覇政이 남긴 잔재와 후유증을 청산하고자 노
력했다. 金宗直과 그의 門人들로 대표되는 성종대 사림들은 『小學』을 중
시하면서 성리학이 강조하는 가치들을 실천하는데 힘쓰고, 爲己之學을
표방하면서 治心 공부에 몰두했다. 名分과 絶義를 강조했던 그들이 세조
의 집권과 패정에 비판적인 태도를 취했던 것은 당연했다. 특히 김종직
이 弔義祭文을 썼던 것은 상징적인 의미를 지니는 것이었다.[13] 사림들은
성종대 조정에서 言官은 물론 史官, 銓郎 등의 직책을 맡으며 훈구대신
들의 전횡과 부정 축재 등을 논박했다. 김종직의 문하에서 金宏弼, 鄭汝
昌 등의 도학자가 배출되고, 훗날 김굉필의 뒤를 이어 己卯士林을 대표
하는 趙光祖 등이 등장하는 것은 결코 우연이 아니었다.[14]

2) 己卯士林의 진출과 道學政治의 강조

『小學』 공부 등을 통해 修己治人의 이념을 현실 정치에서 실현하고
자 했던 김종직 등 사림들의 노력은 연산군의 거듭된 亂政과 그 과정에
서 빚어진 두 차례 士禍에 의해 좌절되었다.

---

11) 김범, 『사화와 반정의 시대』(서울, 역사비평사), 2008, 22~25쪽.
12) 최승희, 『조선전기 言論政治 硏究』(지식산업사), 2005; 남지대, 「조선 성종대의
    대간 언론」, 『韓國史論』 5, 1982; 김범, 위의 책, 2008.
13) 김태영, 「15세기 士林派의 自我意識」과 歷史意識」, 앞의 책, 2006, 268~269쪽.
14) 김태영, 위의 논문.

　16세기 초반은 중요한 전환기였다. 세조의 패정과 연산군대의 난정을 거치면서 조선왕조는 크게 동요하고 있었다. 훈척들 사이에 賄賂가 성행하고 士習이 무너졌다는 평가가 나오고 있었다. 1506년 中宗反正을 통해 연산군 정권이 무너지고 '中興'의 기운이 높아졌지만 朴元宗, 柳順汀, 成希顔 등 정변을 주도한 공신들의 행태는 과거와 크게 달라진 것이 아니었다. 이에 중종대 초반에 등장하는 趙光祖(1482~1519) 등 己卯士林들은 세조대 이래 문제가 되었던 패권적 정치 행태와 무너진 士習을 匡正하는 것을 임무로 자임했다. 그들은 김종직 등 성종 연간의 선배 士林들을 '善士'라 부르며 자신들의 학문적 연원으로서 존숭했다.[15]

　조광조 등은 時流에 흔들리지 않는 儒者 본래의 주체성을 확립하기 위해 부심했다. 그들은 그를 위해 『小學』 공부를 통해 '성인의 평상의 도리'를 체현하려 노력하고, 『心經』 강론을 통한 治心 공부에도 주력했다. 그것은 爲己의 바탕이 없는 治人의 공허함을 경계하고 『소학』을 통해 本源을 함양하고 의리를 실천하는 방향의 공부였다. 나아가 성리학의 통치이념을 현실정치에서 직접 실현하기 위해 이른바 至治主義를 추구했다. 거듭되는 士禍와 勳舊權臣들의 비리를 목도하면서 修身의 기반인 治心이 이 시기 사림들의 주요한 과제로 등장하게 된다. 그들은 또한 세조의 覇政과 연산군의 亂政이, 기본적으로 군주가 一心을 제대로 통제하지 못하고 자의적으로 권력을 행사했기 때문에 빚어진 것으로 파악했다. 사림들은 그 같은 인식을 바탕으로 군주의 마음을 바로잡는 治心을 자신들의 중요한 과제로 인식했다.[16] 나아가 三代와 같은 '至治'를 실현하려면 군주의 자질과 덕성을 함양하는 것이 절실하다고 인식하고 그것을 위해 經筵의 중요성을 강조했다.[17]

---

15) 김태영, 「己卯士林의 至治主義論」, 앞의 책, 2006, 309쪽.
16) 김태영, 앞의 책, 2006, 309쪽.
17) 李秉烋, 「士林派의 改革政治와 그 性格」, 『朝鮮前期 畿湖士林派 研究』(서울 一潮閣), 1984, 156~159쪽.

기묘사림들은 나아가 군주의 통치권과는 별도로 至治를 구현하는데 필요한 객관적 실재로서의 '道學'이 존재한다고 보았다. 그들은 '三代之治'를 실현하는 것을 왕정의 목표로 설정하고, 그것을 실현하는데 방해가 되는 장애물들을 제거하기 위해 다양한 방면에서 更張을 시도했다. 鄭夢周-吉再-金宗直-金宏弼 등을 文廟에 從祀하려고 시도했던 것, 三代의 이상을 추구하기 위한 기본 경전으로서 『小學』의 학습을 권장하기 위해 諺解를 반포한 것, 鄕約을 전국적으로 시행하려 시도했던 것, 『二倫行實』 편찬을 통해 '長幼有序'와 '朋友有信'을 강조하고 수평적인 鄕黨倫理를 고취하여 士族 중심의 향촌 지배 실현을 추구한 것, 科擧制의 문제점을 변통하려고 賢良科를 시행한 것, 宰相 중심의 통치를 지향하려고 議政府署事制의 회복을 시도했던 것, 內需司 長利와 忌晨制 혁파를 시도했던 것, 昭格署를 혁파했던 것 등이 그것이다.[18]

조광조 등은 도학정치를 추구하는데 필요한 경장을 추진하는 과정에서 철저하게 功利를 배격하는 자세를 취했다. 나아가 그들은 임금, 신하, 백성을 堯舜 시대의 君臣民으로 변화시켜야 한다는 사명감을 갖고 있었다. 즉 세조대 이래 노골화 된 왕권의 자의성, 훈척의 비리에 대한 강한 거부감을 바탕으로 善과 惡, 君子와 小人에 대한 배타적으로 峻別하고자 했던 그들의 지향 아래서는 국가와 정치, 정치와 도덕의 분화라는 입장이 자리잡기는 어려웠다. 또 그들이 개혁을 추구하면서 근본주의적 태도를 취했던 것은 군주인 중종을 피로하게 하고 신료들 사이에서 적을 많이 만드는 원인이 되었다.[19] 己卯士禍가 일어나 조광조 등이 몰락했던 것은 이 같은 배경에서 비롯되었다.

---

18) 李秉烋, 위의 논문, 1984, 136~156쪽.
19) 김태영, 앞의 책, 2006, 322~332쪽.

3) 戚臣政治와 폐해와 士林 집권의 명암

中宗反正 이후 기묘사림의 활동을 통해 言路가 확대되고 臺諫의 권력이 신장된 것은 사실이었다. 또 재야의 士類들이 조정의 時事를 논할수 있다는 인식을 확산시키고, 국왕이 자의적으로 권력을 행사하는 것을견제하고 다양한 차원의 개혁 요구와 그 실천 노력 등을 통해 士林이 勳舊를 대신하여 정권의 담당자가 될 수 있다는 가능성을 보여주었다. 하지만 己卯士禍를 통해 조광조 등이 몰락하면서 그들이 시도했던 개혁은원 위치로 돌아가고, 이후 사림의 정치적 기반은 다시 위축되었다.

기묘사화 이후 南袞, 沈貞, 金安老 등 權臣들이 권력을 장악하면서실세했던 사림파의 세력은 中宗 末과 仁宗代에 잠시 회복되는 조짐을 보인다. 하지만 명종의 즉위와 함께 李芑, 尹元衡 등이 주도한 乙巳士禍,곧이어 벌어진 良才驛壁書事件 등을 계기로 조정에 남아 있던 士林系인사들은 다시 심각한 정치적 타격을 입을 수밖에 없었다.[20]

이후 明宗代(1545~1567)에는 윤원형을 비롯한 戚臣들의 전횡이 이어졌다. 尹元衡 등은 권력과 부를 한손에 거머쥐고 갖가지 비리와 문제점을 드러냈다. 그들이 人事權을 좌지우지하면서 청탁이 폭주했다. 특히지방관과 兵使, 水使 등의 무관직의 경우 척신들에게 청탁 등을 통해 제수되는 경우가 많았다. 자연히 이들은 부임지에서 자신들을 발탁해 준척신과 대신들의 私利를 도모하는데 앞장섰다.[21]

16세기 후반 척신들이 권력을 사유화하면서 자행했던 사회경제적 비리의 폐해는 심각했다. 그들은 屯田의 사유화, 防納 행위를 통한 謀利, 海澤개발과 民田의 탈취, 使行을 통한 私貿易 가담, 柴場의 折受 등을 거리낌없이 자행했다. 윤원형은 특히 권력을 이용하여 土地를 확보하는데 몰두했다. 수락산을 통째로 折受하여 柴場을 삼고 지역의 거주민들을 내쫓고 땔감 관련 이권을 독점하는 횡포를 자행했다. 나아가 聖節使 등으로 명에 가면서 富商들을 대동하여 비단 등을 무역하고 막대한 이익을 챙겼다. 또 자파 인물을 東萊府使에 제수하여 일본인들과 密貿易을 벌이는 등 손대지 않는 이권이 없을 정도였다.[22] 이들 척신들의 인사권 전횡은 기강의 문란과 부정을, 권력을 이용한 사적인 致富는 국고의 고갈과 민생의 파탄을 초래했다. 급기야 1565년(명종 20) 8월, 大護軍 鄭礩은 명종에게 올린 疏에서 '명종의 권력이 尹元衡 등 外戚보다 아래에 있다'고 통탄하고 윤원형 등을 가리켜 '宗社와 臣民의 怨讐'라고 극언을 했을 정도였다.[23]

비록 1565년 이후 尹元衡 등이 사라지면서 權奸은 제거되었지만 그 후유증은 심각했다. 오랜 弊政의 여파 때문에 조정에서는 公道가 사라지고 여염에서는 民冤이 쌓여도 호소할 곳조차 없는 현실에서 冤氣가 솟아올라 災變으로 나타난다고[24] 하는 것이 당시의 분위기였다.

1567년 宣祖가 즉위하면서 사림들은 중앙 정계의 주역으로 등장했다. 사림들은 명종조의 권신들, 그리고 그들과 밀착했던 부류들을 조정에서 대부분 축출했다. 나아가 선조 원년 趙光祖, 權橃, 李彦迪 등 士禍 때문에 화를 입었던 선배 사림들을 議政에 추증했다. 이어 乙巳士禍를 계기로 쫓겨났던 白仁傑(1497~1579), 柳希春(1513~1577), 盧守愼(1515~1590), 金鸞祥(1507~1570) 등도 復官되어 조정으로 다시 돌아오게 되었다.[25]

---

22) 李宰熙, 위의 논문, 1993, 107~120쪽; 金恒洙, 「宣祖 初年의 新舊葛藤과 政局動向」, 『國史館論叢』 34.

23) 『明宗實錄』 권31, 명종 20년 8월 辛巳. "大護軍鄭礩上疏曰 竊惟 賊臣尹元衡久憑肘腋 罪盈惡積 國人之欲斷於漸臺者 非日非月…… 元衡所犯無非可殺之罪 而只以竄謫請之者 蓋有所斟酌也…… 嗚呼 國家者 祖宗之國家 豈殿下所得以私之也 殿下屢分權柄於外戚 反出其下 竊爲殿下惜焉 臣意 外戚於宗社臣民 實爲仇讐"

24) 『明宗實錄』 권33, 명종 21년 윤 10월 甲辰. "四方沈霧 史臣曰 當是時 權奸雖曰剪除 而朝廷之上 公道蔑如 疵政尙多 閭閻之下 民冤鬱滯 無所控訴 以致冤氣騰空 災沴荐仍"

선조대 사림들은 조정의 중심 세력으로 자리 잡았지만 그들이 오랫동안 염원해 왔던 王道政治와, 그것을 실현하기 위해 절실했던 각종 更張들을 시행하는 일은 결코 쉽지 않았다. 우선 당시 조정에는 척신정치에 간여했던 구세력들이 잔존하고 있었기 때문이다. 또 국왕 선조는 사림들이 추구하는 혁신에 대해 적극적인 태도를 보이지 않았다. 조정에 다시 등용되었던 백인걸, 유희춘, 노수신, 김난상 등도 사림들의 지향에 적극적으로 동조하는 자세를 보이지 않았다. 이 같은 상황에서 사림계가 추구하는 혁신 노력은 벽에 부딪힐 수밖에 없었다. 급기야 1575년 무렵에는 척신정치와 연관된 구체제의 청산 방향을 놓고 사림들이 東人과 西人으로 分立하는 상황까지 빚어진다.[26]

척신정치의 종식, 선조의 즉위, 사림들의 집권을 계기로 '새로운 시대'의 도래에 대한 기대와 열망이 높아졌지만, 현실은 그에 미치지 못하는 상황에서 李珥는 "상이 임어한 지 3년이 지났지만 신하들은 모두 因循의 습속에 얽매여 道學은 땅에 떨어지고, 인심은 이익만 좇으며 간사한 무리는 틈을 엿보고, 조정에는 直言하는 자가 적어 紀綱이 무너지고 있다'고 당시 분위기를 통탄했다. 이이는 당시 조선 사회가 시급히 해결해야 할 사회경제적 과제로 貢案과 軍籍의 개정, 州縣의 통폐합, 監司의 久任 등을 내세웠다.[27] 하지만 선조의 소극적인 태도와 東西分黨이라는 정치적 파란 속에서 왕도정치와 更張의 실현은 결코 용이한 일이 아니었다.

成渾 또한 更張의 시급함을 역설했다. 그는 1581년(선조 14) 올린 상소에서 당시 상황을 "정치가 흐트러지고 백성들은 恒産이 없는데 賦役이 너무 과중하다"고 당시 상황을 진단했다. 성혼은 그 이유를 연산군 시절 祖宗의 貢法이 무너졌음에도 이후 貢案 개정을 미뤄왔기 때문이라고 진

---

25) 金恒洙, 앞의 논문, 82~86쪽.
26) 金恒洙, 앞의 논문.
27) 李珥, 『經筵日記』 선조 2년 9월; 김태영, 「士林정치와 栗谷의 王政 期必論」, 앞의 책, 2006, 446~459쪽.

단했다. 그러면서 대신을 책임자로 하는 革弊都監을 설치하여 전국의 戶
口와 田結의 다과를 살핀 뒤, 小縣들은 서로 병합하고 冗官을 혁파해야
한다고 강조했다. 성혼은 "천하의 禍亂은 民心의 이반에서 비롯되는 것
이고 민심의 이반은 賦役의 煩重에서 기인한다"며 건국된 지 200년 쯤
지난 당시야말로 개혁을 통해 민심을 다시 붙들어야 하는 시기라고 강조
했다.[28] 성혼 또한 이이와 비슷한 문제의식을 갖고 있었던 셈이다.

하지만 東西分黨 이후 黨議가 격화되는 와중에 貢案 개정과 같은 개
혁안은 쉽게 실현될 수 없었다. 급기야 성혼은 임진왜란 발생 직전인
1590년, 다시 올린 장문의 상소에서 당시를 '偏黨과 變故 등으로 인해
國紀와 朝綱이 붕괴되는 위기상황'으로 규정하고 防納의 폐단 등 貢法
관련 문제점을 개혁하여 '養民'을 시급히 꾀해야 한다고 강조했다. 그는
더 나아가 당시 조선을 뒤흔들었던 '鄭汝立 사건'이 기본적으로는 苛斂
誅求에서 비롯되었다는 것, 그것이 진압되었음에도 백성들 사이에서 '난
을 꾀하려는[思亂]마음'이 그치지 않아 정여립의 죽음을 애석해 하는 풍
조마저 존재하고 있다는 현실을 보고한 바 있다.[29]

이렇듯 선조의 즉위와 사림의 집권 이후에도 척신정치의 잔재가 제대
로 청산되지 않고 경장이 제대로 이루어지지 않은 상황에서 임진왜란이
발생하자 조선은 심각한 위기 상황으로 내몰리게 된다. 開戰 초에 서울이
함락되고 선조가 의주까지 파천해야 했던 것은 그것을 웅변하는 대목이
었다. 하지만 전란이 일어나고 土崩의 위기 상황이 발생하게 된 원인에
대한 분석을 놓고 선조와 신료들의 입장은 미묘하게 차이가 났다. 선조는

---

28) 成渾, 『牛溪集』 권2, 「辛巳封事」.
29) 成渾, 『牛溪集』 권3, 「庚寅封事」. "臣聞逆賊包藏禍心 積有年歲 廣行詿誘 每
　以愛民之言 感動愚氓 愚氓翕然信之 從亂如流 此由州縣不能宣布朝廷德意 誅
　求無厭 奪其衣食 使之飢寒而死 所以求一朝賖死之地 以至此耳 是以逆賊旣誅
　而民之思亂未已 或以爲汝立未死 或以爲其死可惜 或以爲大兵將起 或以爲反
　狀未明 流言噂沓 道路喧傳 亦足以動搖人心 臣之所憂 不在於討賊 而在於善
　後之圖也"

그 원인을 신료들의 分黨과 黨議에서 비롯된 것으로 보았고[30], 신료들은 苛斂誅求로 인한 민심의 이반에서 원인을 찾았다.[31] 선조대가 정치적 변혁기이자 동시에 과도기임을 잘 보여주는 대목이라고 할 수 있다.

3. 16세기 明의 쇠퇴와 北虜南倭와의 갈등

1) 명의 쇠퇴와 모순

明은 15세기 중엽 이후 쇠퇴의 길로 접어들었다. 무엇보다 1449년(正統 14) 英宗이 몽골의 오이라트를 치기 위해 원정에 나섰다가 土木堡에서 포로로 잡혔던 '土木의 變'은 상징적인 사건이었다. '사상 최대의 愚擧'라고도 불릴 정도로 파장이 컸던 이 사건은 위기에 처한 명의 실상을 잘 보여준다. 영종의 정치적 무능과 宦官 王振의 전횡이 맞물려 있던 내정에 몽골의 발호라고 하는 外壓까지 겹치면서 명은 위기를 맞았던 것이다.[32]

16세기에 접어들면서 武宗 正德帝(1505~1521)가 14세로 즉위했지만, 그는 라마敎를 광신하여 逸脫에 빠진다. 결국 정치는 다시 宦官들에 의해 좌우되면서 1510년 安化王 置鐇의 반란, 1519년에는 寧王 宸豪의 반란 등이 폭발했다.

世宗 嘉靖帝(1521~1566)의 시대는 겉으로는 태평성대처럼 보였지만

---

30) 의주에서 읊었다는 다음과 같은 詩의 내용을 통해 선조의 그 같은 인식을 엿볼 수 있다. "관산의 달에 통곡하고 痛哭關山月/ 압록강의 바람에 상심하노라 傷心鴨水風/ 조정 신하들아 오늘 이후에도 朝臣今日後/ 어찌 다시 서인이니 동인이니 할 것인가 寧復更西東" (申炅, 『再造藩邦志』)

31) 成渾, 『牛溪集』 권3, 「時務便宜十五條」. "國家昇平二百年 民不知兵 倭賊則簒奪之餘 用兵累年 習於戰鬪 器械精利 我國則暴斂重征 軍民怨叛 土崩瓦解 至於未陣先潰 城門不閉 士卒不戰 爲千古所未有之羞辱 誠可痛心 士卒狃於潰散 以此爲習"

32) 三田村泰助, 『明と淸』(東京, 河出書房新社), 1990, 122~125쪽.

실제로는 격심한 동요가 벌어지고 있던 시대였다. 세종은 당장 자신의
生父 興獻王의 예우 문제를 놓고 祖法을 지키지 않아 禮制 상의 대립을
초래하고 廷臣들 사이에 정쟁을 유발했다. 이후 정치에 환멸을 느낀 세
종은 1539년부터 어전 회의에 참여하지 않고 1541년부터 道敎를 혹신하
여 隱居에 들어간다. 그가 도교에 빠져 怠政을 일삼자 일각에서는 그를
가리켜 황제가 아니라 '道士들의 우두머리'라고 여기기도 했다. 세종이
정치 일선에서 물러나려는 태도를 보이자 大學士인 嚴崇과 그의 아들 嚴
世番 부자가 발호했다. 內閣은 본래 황제의 비서실이었는데 시간이 흐르
면서 4~8명의 大學士가 권력의 중심으로 등장하게 된다. 세종의 怠政
이후 대학사 夏言과 嚴崇 두 대학사가 황제의 신임을 놓고 각축을 벌였
고, 그 과정에서 權臣정치가 출현하게 되었다. 결국 夏言에게 승리한 엄
숭의 권력이 1550년대 정점에 도달한다.[33] 嘉靖帝가 죽은 뒤 穆宗 隆慶
帝(1566~1572)가 즉위하여 치세를 도모했다. 그는 聖君의 자질을 갖고 있
다는 평가를 받았지만 얼마 되지 않아 사거하고 말았다.

  목종 이후 神宗 萬曆帝의 시대(1572~1619)가 시작되었다. 당시 명은
여러 가지 문제를 안고 있었지만, 그 가운데서도 財政問題가 심각했다.
한 예로 1568년~1569년 무렵, 명의 국가 예산은 수입 250만 냥에 지출
이 400만 냥으로 적자가 누적되는 상황이었다. 그 같은 상황을 야기한
구조적인 요인 가운데 하나로 親藩 문제가 있었다. 명 태조 주원장은 26
명의 아들과 16명의 딸을 두었는데 이후 이들 宗室들은 국가의 藩屛으
로 인식되어 대대로 엄청난 國恩을 입었다. 親王의 적장자는 왕세자가
되어 친왕으로 세습되고 나머지 아들들은 郡王에 봉해지거나 鎭國將軍,
輔國將軍, 奉國將軍 등으로 책립되어 평생 녹을 받았다. 극단적인 예에
따르면 晉王의 제3자 慶成王의 경우 아들만 100명이었다. 그들이 모두
성장하여 자신의 왕위를 이었던 장자를 빼고 99명이 鎭國將軍에 봉해졌

---

33) 三田村泰助, 위의 책, 1990. 王天有·高壽仙, 『明史, 一個多重的時代』(臺北, 三
    民書局), 2008.

다. 실제로 1569년(隆慶 3)에는 宗室의 수가 2만 8천여 명에 이르렀다. 이
들에게 지급되는 비용은 어마어마하여 1562년(嘉靖 41) 어사 林潤은 "京
師에 공급하는 稅米가 400만석인데 親藩에게 지급하는 봉록이 853만석"
이라고 증언한 바 있다. 일부 친번 세력은 국가가 주는 봉록이 적다며
반란을 일으키는 등 문제는 날로 심각해지고 있었다.[34]

만력제의 즉위와 함께 대학사의 우두머리 격인 首輔 자리에 오른 張
居正(1525~1582)은 일련의 개혁 정치를 통해 명의 衰運을 일시적으로나
마 돌려놓았다. 그는 환관 馮保와 결탁하여 권력을 공고히 한 뒤 言官들
을 억압하여 獨裁의 기반을 마련했다. 장거정은 이어 大運河 수송 능력
의 개선, 冗官의 정리, 滯納 세금의 징수, 隱田의 적발, 토지조사(丈量) 실
시 등을 통해 재정 문제를 획기적으로 개선시켰다. 나아가 만주 지역에
서는 李成梁을, 북경 방면에서는 戚繼光을 중용하여 몽골의 위협을 감소
시키는 데 성공했다. 이 때문에 일각에서는 장거정의 개혁 정치를 통해
망해가던 명의 歷年이 72년 정도나 늘어났다는 평가가 나오기도 한다.[35]
하지만 또 다른 일각에서는 그가 환관과 결탁하고 언론을 탄압함으로써
향후 환관들이 발호할 토대를 열어준 것, 자신의 권력을 유지하기 위해
申時行과 같은 무기력한 인물을 內閣에 끌어들인 것, 누르하치와 결탁했
던 李成梁과 같은 인물을 무장으로 기용한 것 등을 들어 張居正의 집권
이 오히려 명의 붕괴를 촉진시키는 遠因이 되었다고 평가한다.[36]

2) 北虜南倭의 시대

명이 이렇게 쇠퇴의 조짐을 보이는 상황에서 몽골의 위협은 항상적으
로 문제가 되었다. 15세기 중반 에센이 이끄는 오이라트는 朝貢貿易의
확대를 촉구하면서 명에 수차례 침공했다. 이미 언급했듯이 英宗은 1449

---

34) 萩原淳平, 『明代蒙古史硏究』(京都, 同朋社出版), 1980, 248~250쪽.
35) 朱東潤, 『張居正大傳』(西安, 陝西師範大學出版社), 2009,
36) 三田村泰助, 위의 책, 1990, 211~215쪽.

년 그들을 직접 토벌하려다 포로가 되는 치욕을 겪었다. 당시 오이라트
는 북방에서 명과 티무르 제국을 잇는 무역 루트를 장악했거니와 명이
허가했던 조공무역의 규모가 자신들의 성에 차지 않았기 때문에 계속 침
공을 감행했다. '土木의 변' 이후 명은 長城을 정비하고 北邊의 防禦 체
제를 강화했다. 한편 1462년 타타르가 河套 지역을 침략하자 명은 이 지
역에 總制三邊軍務를 두어 토벌 정책을 추진했다. 1547년 명의 大學士
夏言은 曾銑을 보내 河套 지역을 수복했다. 그러나 더 이상의 성과가 나
오지 않자 權臣 嚴嵩은 夏言을 탄핵하고 曾銑을 소환하여 사형에 처하
도록 재가를 받아낸다. 嘉靖 연간 이어진 몽골 타타르의 침략은 이렇게
무장들의 비극을 부르는 도화선으로 자리 잡고 있었다.[37]

　嘉靖 중반에는 타타르의 알탄 칸(1507~1582)의 세력이 커지면서 매년
중국에 침입했다. 다얀 칸의 손자이자 '징기스칸의 직계'임을 표방했던
그는 뛰어난 전략가였다. 이미 1530년대부터 朝貢을 요구하며 명을 침략
하여 물자를 약탈하고 漢人들을 납치했다. 특히 1542년(嘉靖 21) 大同 지
역으로 침입하여 山西를 중심으로 13衛 38州縣을 휩쓸면서 20만 이상의
주민을 살해하여 명을 공포 속으로 몰아넣었다. 당시 명의 변방에는 자
발적으로 長城을 넘어 알탄의 휘하로 귀순하는 農民, 白蓮敎徒, 도망 군
인들이 적지 않았다. 빈궁한 생활, 과도한 세금과 요역, 지방관들의 침학
등에 시달렸던 그들 가운데는 몽골 지역으로 들어가 알탄의 비호 아래
板升이라 불리는 중국식 城郭都市를 건설하는 사람들도 있었다. 판승에
는 '千頃의 良田에 수만의 漢人이 거주했다'고 하거니와 漢人 스스로 몽
골의 지배 아래로 들어가는 기현상이 연출되고 있었다.[38]

　16세기 몽골이 명의 北邊을 수시로 침공했던 배후에는 交易 문제가 자
리잡고 있었다. 알탄 칸은 1548년 大同, 宣府 등지를 침략했다. 대학사 嚴
嵩은 알탄의 침략이, 夏言이 河套를 차지했기 때문이라고 탄핵하여 황제

---

37) 和田淸, 「明代の蒙古と滿洲」, 『東亞史論藪』(東京, 生活社) 所收, 1943.
38) 萩原淳平, 『明代蒙古史硏究』(京都, 同朋社出版), 1980, 262~272쪽.

는 하언을 살해하기에 이른다. 1550년(嘉靖 29)에는 알탄 칸이 大同, 古北
口를 넘어 通州까지 진격해 옴으로써 北京을 포위했다. '庚戌의 變'으로
불리는 이 사건을 계기로 과거 '土木의 變'에 못지않은 위기 상황이 전개
되었다. 명은 알탄을 회유하기 위해 1551년 馬市를 개설했다가 1년 만에
다시 중단했다. 그러자 알탄 칸의 침략은 이후 20년 가까이 거듭되었다.[39]

   알탄 칸과 명의 관계는 1570년(隆慶 4) 알탄의 손자 다이친 에제(把漢
那吉)가 명에 투항하면서 전기를 맞는다. 명은 알탄 칸에게 손자를 돌려
주는 조건으로 板升에 거주하고 있던 漢人 반역자들을 송환하라고 요구
했다. 알탄 칸은 요구를 받아들여 趙全 등 명 출신 귀순자 9명을 압송했
다. 명이 다이친을 송환하자 알탄 칸은 명에 대한 침략을 중지하겠다고
약속했다. 알탄은 명과 和平을 유지하고 馬市를 개설할 경우 얻을 수 있
는 경제적 이익에 주목했다. 마시에서 교역하는 물자는 약탈이나 板升에
거주하는 한인 노동력을 통해 얻을 수 있는 것과는 질적으로 다른 것이
었다. 명과의 교역을 통해 얻은 직물 등 고급 제품은 西域 지역과의 교역
에 활용하여 또 다른 이익을 얻을 수 있었다. 알탄은 명과의 거래를 통해
손자의 송환은 물론, 평화와 마시까지 얻어낼 수 있었다.[40]

   1571년 명은 알탄 칸을 順義王으로 책봉하고 馬市를 허용함으로써
和議가 이루어졌다(隆慶和議). 이어 1575년(萬曆 3) 명은 알탄이 거주하고
있는 곳에 歸化城이라는 호칭을 하사했다. 귀화성 주변에는 수만의 한인
이 알탄의 지배 아래 농경에 종사하는 상황이 전개되었다. 명은 "알탄의
忠順함을 가상히 여겨 책봉한다"고 운운했지만, 몽골 측의 시각은 달랐
다. '명에 조공하러 왔지만 결코 복종의 자세를 보이지 않았다'는 것이
그들의 주장이었다. 그것은 명의 책봉 체제 아래 있었던 다른 국가나 지
역들과는 전혀 다른 모습이었다.[41]

---

39) 王天有·高壽仙, 앞의 책, 2008, 256~258쪽.
40) 萩原淳平, 위의 책, 1980, 273~276쪽.
41) 森川哲雄, 「モンゴル人の中國にする(中華)意識の變遷(明~淸)」, 『東アジア

명이 몽골의 침략을 막기 위해 부심하고 있을 무렵 동남 지역에서도 심각한 대외 문제가 빚어지고 있었다. 이른바 後期倭寇가 이 지역에서 발호함으로써 朝貢과 海禁을 축으로 전개되던 명의 대외정책의 기조를 뒤흔들고 있었던 것이다. 그런데 後期倭寇의 발호 과정에는 일본의 海賊들 뿐 아니라 福建과 浙江 등지의 土豪와 沿海民으로 대표되는 중국인, 大航海時代의 흐름을 타고 남지나해, 동지나해까지 진입해온 포르투갈인들까지 가세하여 무역의 이익을 놓고 국경을 초월하는 상황이 전개되고 있었다. 그리고 이 같은 상황을 추동했던 것은 명에서 생산된 견직물과 생사였고, 신대륙과 일본에서 채굴된 銀이었다.[42]

1401년 일본의 將軍 足利義滿이 朝貢하자 명은 勘合貿易을 허용했다. 10년에 1차례 進貢하되 선박은 2척이고 軍器는 휴대할 수 없다는 규정 등이 마련되었다. 일본 상인들은 朝賀, 謝恩, 獻俘, 告訃 등의 명목으로 사절을 자주 보내 10년 1貢의 제한을 돌파하려고 시도했다. 10년 1공의 제한으로는 점증하는 무역 욕구를 주체할 수 없었던 것이다.

嘉靖 연간에 이르러 왜구 문제는 심각한 양상으로 치닫게 되었다. 일본이 戰國時代라는 군웅 할거의 시대로 진입하면서 각지의 大名들은 戰費 마련 등을 위해 무역의 이익이 필요했다. 하지만 명과의 무역권을 사실상 將軍이 독점하고 있던 현실에서 여타 大名들은 그 이익을 기대하기 어려웠다. 바로 이런 배경에서 각 지역의 大名들이 무장 상단을 조직하여 중국 연해에서 밀무역을 벌이게 된다. 한편 동남 연해 지역의 商工業이 날로 번영하고 있던 당시 상황에서 명의 연해민들은 상품 판매를 위한 출구가 절실했다. 당연히 海禁은 넘어서야 할 장벽으로 다가왔다. 복건과 절강 등지의 豪族이나 상인들 가운데는 왜구와 결탁하여 사무역을 벌이는 자들이 늘어날 수밖에 없었다. 명의 李光頭, 許棟, 王直, 徐海 등 해상들은 거함을 건조하여 도서 지역을 중심으로 밀무역을 벌이거나 약

日本―交流と變容』(九州大學 總括ワークショップ 報告書), 2006.

42) 岸本美緒, 「東アジア・東南アジア傳統社會の形成」, 『岩波講座 世界歷史』 13 所收, 1998.

탈을 자행했고 왜구들과 결탁하는 일이 잦아졌다. 이 같은 배경에서 왕직이나 서해 등은 중국인들에 의해서는 '漢奸'으로 일본인들에 의해서는 '중일 교류의 유공자'로 인식되는 등 다면적인 이미지로 기억되었다.[43]

1523년(嘉靖 2) 寧波에서 발생한 大內氏와 細川氏 사이의 爭貢을 둘러싼 갈등과 紹興 주변에서 발생한 폭동은 왜구 문제가 더욱 심각해지는 도화선이 되었다. 명은 이 사건을 계기로 市舶司를 철폐하고 海禁 조처를 더욱 엄중히 했다. 하지만 인위적인 억제를 통해 당시 폭발하고 있던 교역의 욕구를 막을 수는 없었다. 1547년 閩浙 지역의 海防 업무를 맡기 위해 내려와 왜구와 연결된 李光頭 등을 제거했던 朱紈이 음독자살했던 것은 그것을 상징하는 사건이었다. 그는 강경한 정책을 통해 왜구를 소탕하고 밀무역을 차단하는데 일정한 성과를 거두었지만 결국 閩浙 출신 관원들의 탄핵을 받아 정치적 곤경에 빠졌던 것이다. 주환의 자살 이후 왜구는 더욱 창궐하게 되었고, 1550년대 중반에 이르면 徽州, 南京 등지까지도 위협받는 상황이 빚어졌다. 왜구는 결국 1560년대 들어 戚繼光, 兪大猷 등 무장들의 활약에 의해 세력이 크게 꺾이게 되었다. 왜구의 발호가 어느 정도 진정되자 명 조정은 1567년(隆慶 1) 海禁 조처를 해제하고 상인들의 해외 도항을 허가했다. 이제 漳州 月港 등이 무역의 거점으로 떠오르면서 대외무역은 활성화되는 상황을 맞게 된다. 이렇게 1567년의 海禁 해제와 1570년 몽골과의 和議를 통해 명은 北虜南倭의 위협으로부터 어느 정도 벗어나게 되는 전기를 맞게 된다.

4. 16세기 朝明關係와 對外認識의 추이

1) 朝明關係의 안정, 尊明意識의 확립

조선왕조 건국 직후 조선과 명은 외교적으로 심각한 갈등과 우여곡절

---

43) 尹誠翊, 「'16世紀 倭寇'의 多面的 특성에 대한 一考察」『明淸史硏究』 29, 2008.

을 겪었지만 15세기 이후 양국 관계는 정상 궤도로 진입했다. 세종대 이
래 조선이 이른바 至誠事大論을 내세워 명에 대해 충순한 태도를 취했기
때문이다. 명 또한 조선을 '충순한 藩國'이자 '예의를 아는 나라'로 인정
하면서 15세기 조선 지식인들은 그것을 자부심의 원천으로 내세우고 있
었다. 한 예로 徐居正(1420~1488)은 1477년(성종 8) '조선은 해마다 職貢
을 닦고 예의를 다하여 다른 諸侯國들이 따라올 수 없을 정도로 명의 우
대를 받는 內服 같은 나라'라는 것을 영예롭게 강조 한 바 있었다.44)

16세기 들어서도 이 같은 추세는 바뀌지 않았다. 중종대 사림의 대표
자 가운데 한 사람이었던 金安國(1478~1543)은 1534년 '조선은 箕子의
가르침과 中夏의 풍속을 계승한 禮義之國'이자 '다른 藩國은 바랄 수도
없는 明의 正統 諸侯國'이라는 자부심을 피력한 바 있다.45) 명의 신료들
또한 조선이 '공순히 事大하는 나라'이자 '예의를 지키는 나라'라는 사실
을 강조하면서 명이 조선을 배려해야 한다고 주장했다. 1521년(중종 16)
8월, 명의 山東監察御史 楊百之는 명에서 조선에 사신으로 가는 太監 출
신들이 조선 현지에서 각종 물자를 징색하여 문제를 일으키고 있다고 비
판했다. 그는 占城, 安南 등 다른 藩國에 가는 사신은 翰林이나 給事中
등 淸官을 보내는데 유독 조선에만 宦官들을 보내고 있다고 문제를 제기
했다. 그러면서 조선을 일러 다른 여러 나라보다 훨씬 뛰어난 '예의를 지
키는 나라[秉禮之邦]'이라고 평가했다. 그는 조선 국왕이 冊封을 요청하
면서도 勅使들의 물자 징색이 두려워 미루고 있다는 사실을 알리고, 중

---

44) 徐居正, 『四佳文集』 권5, 「送權花川奉使賀正詩序」. "予惟皇明御宇 薄海內外
罔不臣妾 梯航相接 然世修職貢 恪勤禮意 我朝鮮爲最 皇朝眷遇亦隆 比之內
諸侯 非諸藩所及 吁榮矣哉"

45) 金安國, 『慕齋先生集』 권11, 「送禮曹尹參議朝京師序」. "洪惟我皇明混一寰宇
統御萬邦 文軌攸同 聲教咸曁 大陽煦耀之德 無不被於普率 而震隅一區 光輝
偏厚 世荷列聖之眷 優禮之典 錫賚之蕃 有非他藩國之所得望 其一視無外之恩
實與內諸侯比者 何也 豈不以其守箕子之遺化 秉道義治禮敎 修文獻篤彝倫 謹
侯度導正統 一遵中夏之風 亘久遠而無變"

국이 遠人들을 접하는 체면을 생각해서라도 향후 조선에 보내는 사신은 進士 출신의 文官을 임명하라고 촉구한 바 있다.[46]

위와 같은 명의 긍정적 인식과 맞물려 조선은 '조선은 명의 다른 朝貢國과는 다른 존재'라는 자부심을 갖고 있었다. 1534년(중종 29), 명이 북경에 머무는 각국 사신들에게 5일에 1차례씩만 외부 유람과 교역을 허용하자 조선은 즉각 이의를 제기했다. 이전까지는 조선과 琉球 사신의 경우 다른 조공국의 사신들과는 달리 비교적 자유롭게 숙소를 나와 외부 출입을 할 수 있었기 때문이다. 조선은 국왕 명의로 명에 奏聞하여 항의했다. 그런데 上奏文의 내용이 흥미롭다. 즉 5일에 1차례만 외출을 허용하는 것은 '오랑캐 사신[虜使]'에게 하는 것이지 "'冠裳國'인 조선이 오랑캐와 같은 대접을 받는 것이 수치스럽다"고 반발했다.[47] 이 上奏를 통해 명의 조치를 뒤집지는 못했지만 조선이 스스로 '다른 오랑캐국과는 다른 나라'라고 자부했던 사실을 알 수 있다.

한편 조선을 여타의 朝貢國이나 藩國과는 다르게 대접해야 한다는 명 신료들의 주장은 계속 이어졌다. 1537년(중종 32) 명의 황태자 탄생 사실을 알리는 詔勅을 전하려고 조선에 왔던 翰林院 編修 龔用卿과 戶科 給事中 吳希孟은 '조선이 다른 夷國들과는 다르다'며 대접 또한 달리 해야 한다고 강조했다. 조선은 '禮儀之邦'이므로 향후 중국이 禮制와 관련하여 알릴 일이 있을 경우, 별도로 사신을 보내지 말고 조선에서 온 사신

---

46) 『明武宗實錄』권5, 正德 16년 8월 辛巳. "巡按山東監察御史楊百之言 太監金義陳浩奉使朝鮮 沿途搜索 遼東一處 贓私已千千餘 他處可知 今朝廷于諸藩國 如占城安南及滿剌加等處 遇有遣使 皆用翰林官 或給事中 行人銜命以往 況朝鮮比之諸國 尤爲秉禮之邦 乃獨遣內臣奉使 其辱國損威甚矣 聞朝鮮國王久欲請封 畏使臣之分索惟之차 故其國中有一次受封五羊告乏之語 非所以尊中國服遠人也 乞今後遣使朝鮮 皆于文職中擇進士出身者充之 不宜使內臣辱國命"
47) 『明世宗實錄』권169, 嘉靖 13년 11월 己巳. "先是 四夷貢使至京師 皆有防禁 五日一出館 令得游觀貨易 居常皆閉不出 唯朝鮮琉球使臣防禁頗寬而已 亦令五日一出 至是 朝鮮國王李懌以五日之禁 乃朝廷所以對虜使而已 爲冠裳國恥 與虜同 因禮部以請 詔以其禁"

이 귀환할 때 들려 보내면 될 것이라고 주장했다.[48] 조선이 명의 칙사를 대접하는데 들이는 노고를 줄여주자는 배려에서 나온 주장이었다. 공용경 등은 실제로 1537년 3월, 조선에서 中宗을 만난 뒤 그의 예의를 찬양하는 시를 지어 올린 바 있다.

임금 된 지 오래어 東藩을 진압하고　　　　握符久已鎭東藩

충효로 국가를 계승하여 울타리가 되었네　　忠孝承家作屛翰

나라 법도는 아직도 周의 예악을 보존하고　　國度尙存周禮樂

文章은 여전히 漢의 의관을 지키는구나　　　文章猶守漢衣冠

⋯⋯

碧蹄에 이르니 왕이 정승, 승지를 이어 보내 기다리네

　　　　　　　　　至碧蹄 國王連遣議政承旨等來候

재상과 諸官들이 멀리 와서 맞이하고　　　　國相諸官遠候迎

관반도 있어 이미 인정 많도다　　　　　　　更兼館伴已多情

어진 왕의 천자 생각은

해바라기 마음처럼 간절하고　　　　　　　　賢藩戀闕葵心切

황제의 끼치는 은덕은 한낮의 햇살 비치듯　　聖主敷恩晝日傾

⋯⋯

조선이 예의 지킨 유래가 오래니　　　　　　朝鮮秉禮由來舊

箕子의 도리로 가르친 명성을 알겠네　　　　應識箕疇道敎聲[49]

공용경은 위에서 자신들을 공순하고 극진하게 맞이하는 조선의 태도에 감격하고, '周의 예악과 漢의 의관을 보전한 나라'라고 조선을 찬양했다. 나아가 번국 조선이 명을 생각하는 자세가 '해바라기처럼 절실하다'고 칭송하고 있다.

이렇게 중종대에는 명에 대한 조선의 극진한 사대의 자세와 그에 대한 명의 인정이 맞물려 조명관계가 더할 나위 없이 우호적인 국면으로

---

48) 『明世宗實錄』 권?, 嘉靖 16년 9월 庚寅.

49) 『中宗實錄』 권84, 중종 32년 3월 庚寅.

진입했던 것으로 보인다. 일각에서는 중종 연간을 아예 명에 대한 조선의 인식 자체가 바뀐 시기로 보기도 하거니와[50] 16세기 초중반을 지나면서 조선과 명의 관계는 그야말로 '특수 관계'의 수준으로 진입한 것으로 여겨진다.

중종대 조선이 명에 대해 이렇게 공순한 자세를 취하고 나아가 존명의식을 확립하게 된 배경과 관련해서는 주목해야 할 것들이 적지 않다. 우선 거론할 것은 세조대의 覇政과 연산군의 亂政과 맞물려 나타난 勳戚들의 비리와 士禍의 참혹함을 목도하면서 사림들이 보였던 성리학에 대한 배타적인 집착이다. 그것은 趙光祖 등이 道敎의 醮祭와 관련된 昭格署를 혁파한 것에서 명백히 드러난다. 16세기에 들어와 조선 儒者들의 성리학 이해 수준이 크게 높아져 李滉과 李珥 등의 단계에 오면 독자적인 성리학 관련 저술을 남길 수 있는 수준까지 도달했다.[51] 그런데 당시 성리학에 대한 이해는 주로 宋學을 기준으로 하는 것이었다. 正統과 異端을 엄격히 구분하는 송학 중심의 학풍에서는 老莊이나 陽明學을 배격하고 朱子學만을 존숭하는 경향이 두드러질 수밖에 없었다.[52] 정통에 집착하는 생각은 자연스럽게 中華와 夷狄을 엄격히 구분하는 방향으로 나아가고 명에 대한 존숭은 그 귀결이었다.

16세기 명에 대한, 구체적으로는 漢族에 대한 조선의 극단적인 존숭의식을 웅변적으로 보여주는 것은 단연 『童蒙先習』의 내용이다.

---

50) 계승범은 1543년 명의 山東巡按御史 胡汝輔가 조선에서 병력을 동원하여 建州女眞을 치자는 의견을 제시했을 때 조선 조정이 보였던 적극적인 반응을 근거로 이같이 주장했다. 즉 중종대에는 對明事大를 아예 조선의 국익과 동일시했다는 것이다. 그 원인으로는 反正을 통해 등극했던 중종이 왕권 보위를 위해 명의 협력을 받아야만 했던 취약한 상황에 있었던 것, 小中華意識이 확산된 것, 주자학의 배타적 화이관 등을 거론했다. (계승범, 「파병 논의를 통해 본 조선전기 對明觀의 변화」, 『大東文化研究』 53, 2006, 329~339쪽)

51) 김항수, 「16세기 士林의 性理學 이해」, 『韓國史論』 7, 1981.

52) 김항수, 위의 논문, 1981, 172쪽.

"오랑캐 元이 宋을 멸망시키고 세상을 통일하여 歷年이 백년에 이르니 오랑
캐의 융성함이 이 같은 적이 없었다. 하늘이 더러운 덕을 혐오하여 大明이 중천
에 떠오르니 성스럽고 신령스런 후손들이 계승하여 천만년에 이를 지어다."⁵³⁾

16세기 초반에 저술된 『童蒙先習』은 『千字文』을 갓 뗀 學童들의 修
身書이자 歷史書이다. 그런데 중국 역사를 서술한 가장 마지막 부분인
總論에서 언급된 위의 내용은 의미심장하다. '오랑캐' 元의 '더러운 德'
에 대한 혐오와 '위대한' 明의 '영원성'에 대한 믿음이 확고하다. 당시는
명이 實在하고 있던 시대였다. 幼年의 학동들은 이제 초학 단계에서부터
명을 존숭하고 명(-漢族) 중심의 종족적 화이관을 머리속에 깊이 각인시
키게 된 것이다.⁵⁴⁾

16세기 들어 尊明意識이 굳어지는 배경에는 이렇게 정통과 이단을 엄
격히 나누고자 하는 입장이 자리 잡고 있었다. 그것은 궁극적으로는 覇道
政治와 王道政治, 悖倫과 倫理, 夷狄과 中華, 邪道와 正道, 勳戚과 士林
을 峻別하는 것과도 맞물려 있던 것으로 보인다. 조선 지식인들 스스로
'조선은 여타 藩國과는 질적으로 다른 번국'으로 자부하면서 명에 대한
존숭의식을 강조했던 것은 조선 스스로 '中華'가 되기를 지향하는 몸짓이
기도 했다. 그런데 진정한 '중화'가 되려하면 모든 행동거지가 명분과 의
리에 부합해야 했다. 그러나 모든 것을 명분과 의리에 맞추려한다면 내정
과 외교 등 현실의 實事를 처리할 때 문제점을 야기할 수도 있다. 그 같은
딜레마를 여실히 보여주었던 사례가 이미 1518년(중종 13)에 나타난 바 있
다. 구체적으로는 여진족 추장 束古乃를 포획하는 문제를 놓고 벌어진 논
란이었다.

53) 朴世茂, 『童蒙先習』, 「總論」. "胡元滅宋 混一區宇 綿歷百年 夷狄之盛 未有若
此者也 天厭穢德 大明中天 聖繼神承 於千萬年"
54) 한명기, 「병자호란 직후 대청인식의 변화 조짐」, 『정묘·병자호란과 동아시아』 所收,
(서울, 푸른역사), 2009, 365~368쪽.

속고내는 1512년(중종 7) 甲山으로 쳐들어와 노략질을 벌인다. 그가 1518년 다시 몰래 침입하자 조정에서는 대신들을 중심으로 '智慮가 있는 武將'으로 알려진 防禦使 李之芳을 급파하여 포획하려고 시도하기로 결정한다. 그런데 趙光祖는, 비밀 계책을 써서 그를 붙잡으려는 시도가 원칙에 어긋난다고 하여 반대했다.[55] 중종은 결국 조광조의 의견을 받아들인다.[56] 이제 속고내를 계책을 써서 포획하는 여부를 놓고 벌인 조광조와 대신들의 입장을 좀 더 자세히 살펴보자.

> 趙光祖가 "이 일은 속임수요 바르지 않으니, 왕자가 오랑캐를 막는 도리가 아닙니다. 바로 벽을 뚫고 울을 넘는 좀도둑과 같은데, 당당하고 거룩한 조정에서 일개 요사스럽고 추한 오랑캐 때문에 감히 도적의 꾀를 행하여 나라를 욕되게 하고 위엄을 손상시키는 것을 알지 못하니, 신은 부끄럽게 여깁니다" 하니, 상이 즉시 명하여 다시 의논하여 보내지 않기로 하자, 좌우에서 다투어 아뢰기를, "兵法에는 奇와 正이 있고 오랑캐를 막는 데는 정도와 권도가 있으니, 형편에 알맞게 일을 처리해야지 한 가지를 고집하여 논의할 것이 아닙니다…… 병조판서 유담년이 아뢰기를, "밭가는 것은 사내종에게 묻고 베 짜는 것은 계집종에게 물으라'는 말이 있습니다…… 조정의 계책이 이미 정해졌으므로 경솔히 변경할 수 없습니다." 하였다. 그러나 상이 그래도 듣지 않자, 정승들이 모두 불평을 품고 파했다.[57]

오랑캐를 사로잡는 用兵 문제도 正道를 사용해야 한다는 조광조의 입장과, 용병을 위해서는 때로 奇에 입각한 權道를 사용할 수 있다는 대신

---

55) 『中宗實錄』 권34, 중종 13년 8월 癸未.
56) 김태영은 이 사건을, 사림들이 用兵 문제 또한 王道와 仁義에 맞춰 시행하려 함으로써 결국에는 文弱으로 흐를 가능성이 높았다고 비판한 바 있다. (김태영, 앞의 책, 2006, 336쪽)
57) 金正國, 『思齋集』 권4, 「摭言」.

들의 입장 차이가 극명하다. 모든 문제를 '正道'에서 접근하려는 조광조 등의 지향 자체는 이해할 수 있다. 하지만 당시 조선 주변에서 벌어지고 있었던 외부의 상황은 '정도'만 갖고서는 해결될 수 있는 것이 아니었다.

2) 임진왜란 직전 尊明意識의 제고와 夷狄觀의 硬化

스스로를 '중화'로 자부하는 의식에 걸맞게 '이적'에게도 정도로써 대할 것을 강조했던 16세기 조선 지식인들의 태도는 명에 대해서도 마찬가지였다. 그들은 때로 자신들이 목도했던 명의 현실이 기대했던 것과 다를 경우, 가차 없는 비판을 쏟아내기도 했다. 한 예로 1574년(선조 7) 북경에 使行했던 許篈과 趙憲은 당시 명에서 陽明學이 성행하고 王守仁이 문묘에 從祀되어 있다는 사실에 놀라 그것을 맹렬히 비난했다. 그들은 명을 '天子의 나라'로 존숭하면서도 주자학이 아닌 이단의 학풍이 '중화의 본고장'에서 횡행하고 있다는 사실을 받아들일 수 없었다. 16세기 중엽 이후 조선의 지식인들은 이미 중화인 그 이상의 '中華人'으로 등장했던 것이다.[58]

그렇다면 16세기 중반 '北虜南倭'가 발호하던 상황에서 조선은 어떤 태도를 취했던가? 당시 명을 괴롭히던 '북로'와 '남왜' 가운데 조선에도 여파를 남긴 것은 주로 '남왜', 즉 후기 왜구와 관련된 파장이었다. 이 무렵 조선 또한 농업생산력이 발전하고 교환의 욕구가 커지면서 각지에 場市 등이 발달했다. 나아가 일부 權貴와 富商大賈들과 연결된 역관이나 상인들을 중심으로 일본 銀을 명으로 가져가 私貿易을 벌여 명의 綵緞 등을 중개무역하거나 국내 시장에 판매하여 막대한 이익을 챙기고 있었다.[59] 특히 1530년대 이후 생산이 격증했던 일본 은의 존재는 조선에도

58) 夫馬進, 「萬曆二年朝鮮使節の「中華」國 批判」, 『山根教授退休記念明代史論叢』 (東京, 汲古書院), 1990, 565~568쪽.

59) 韓相權, 「16세기 對中國 私貿易의 전개」, 『김철준박사회갑기념사학논총』(서울, 지식산업사), 1983.

분명 영향을 미쳤다. 당장 일각에서는 일본인들이 은 등을 조선 역관들을 통해 요로에 뇌물로 제공하면서 조선의 내부 정보를 빼내 가고 있다는 현실을 지적하며 안보상의 우려를 제기하고 있었다.[60]

일본 은의 생산이 늘어나면서 1530년대 이후 일본 열도와 중국의 강남 사이에는 거대한 交易 루트가 형성되었고, 때로는 이 루트를 왕래하는 선박들이 한반도 연안에 출몰하거나 漂着하는 경우가 있었다. 조선은 荒唐船이라 불리는 이 선박과 승조원들을 처리하는 문제를 놓고 고민해야 했다. 한 예로 1555년 達梁 주변에는 70여 척의 倭寇船團이 나타났는데, 여기에는 왜구 뿐 아니라 상당수 漢人들도 타고 있어서 조선은 明人인지 倭人인지 판명하지 못해 해적 대책이 난관에 봉착하기도 했다.[61]

조선은 이 곤혹스런 상황에서 표류해 온 荒唐船들을 대체로 명에 송환했다. 1553년(명종 8)의 경우, 영의정 尚震은 표류해온 왜인 가운데 倭寇로 의심되는 자와 그들과 함께 있던 唐人들도 '왜인과 더불어 모의하여 이익을 도모한 자[與倭同謀同利者]'이자 '중국의 叛賊'으로 규정하여 그들을 배에 소지하고 있던 물품과 함께 北京으로 송환하는 것이 명에 대해 事大하는 도리에 합당하다고 주장했다.[62] 당시 조선 신료들은 일본인들에 대한 심문을 통해 명나라 상인들이 일본의 博多 등지에 거주

---

60) 曺植, 『南冥集』 권2, 「禦倭之策」. "譯官傳命 古之專對之任也 倭人欲探國家微意 賂以物貨 金銀犀珠 磊落委積 譯士分其所賂於承傳內侍 廟筭方劇於龍床而漏說已屬於蠻耳 內不能禁 一介竪走 而外能制百狡兇逆乎 於是 國無人矣 賊入無人之境 抑已晩矣 侵凌困辱 固其宜矣"
61) 村井章介 著, 손승철·김강일 譯, 『동아시아 속의 한일관계』(서울, 경인문화사), 2007, 261~262쪽.
62) 尚震, 『泛虛亭集』 권4, 「漂流唐倭人具由奏聞爲當議」. "近日漂到我境諸船 安知非作賊奔敗者未暇占候風汛 而致漂散 而唐人之潛居彼土 與倭同謀同利者 亦是中國之叛賊 王法所必誅 以此見之 前後入擒之倭 幷其軍器 具由奏達朝廷 於事大之道甚當 時 黃海道倭船入賊 左議政尚某 爲委官推鞫 傳于政院曰 今見倭人三甫羅古羅招辭則大槩承服矣 以我國事大之義 明知其作耗於上國 而不爲奏聞乎 依領左相議 具由奏聞可也"

하고 있다는 것과 이들이 일본인들과 함께 중국인들과 교역을 벌이고 있
다는 사실을 알고 있었다. 하지만 교역을 벌이는 자체보다는 이들이 明
의 海禁令을 어기고 '外夷의 땅'으로 들어가 무역을 벌이고 자국 사정을
누설했다는 것을 문제 삼았다. 따라서 조선의 입장에서는 이들을 '倭奴'
와 함께 북경으로 박송하여 '명의 奸細輩들이 外夷와 私通한다'는 사실
을 명 조정이 알게 함으로써 海禁을 더더욱 강하게 유지하도록 해야 한
다는 것이 중요하다고 보았다. 다만 명에 이들을 송환하고 관련 사실을
통보한 것 때문에 명 연안에서 海防을 담당하는 관원들의 근무 태도에
문제가 있었다는 사실이 드러나서 이들이 조선에 원한을 품을 지도 모른
다고 우려했다. 즉 그들이 언젠가 중국 연안에 표류할 지도 모르는 조선
漂流民들에게 보복하지나 않을까 걱정할 뿐이었다.[63]

　조선이 이렇게 '왜노'와 그들과 私通한 唐人들을 송환하자 명은 당연
히 조선의 충순함을 찬양한다.[64] 조선은 16세기 중반 이른바 後期倭寇가
주체가 되어 벌이던 밀무역 때문에 동남 지나해 주변이 '펄펄 끓고 있던'
상황에 경제적 논리가 아닌, 철저하게 尊明을 강조하는 정치적 논리로
대응하고 있었다. 어쩌면 그것은 오로지 명이라는 존재만을 바라보는
'외길 외교'라고도 할 수 있었다. 그것은 1477년 이래 일본 본토에 사신

---

63) 李浚慶, 『東皐遺稿』 권4, 「下海唐人奏聞便否議」. "臣某議 伏見三浦羅古羅等
　　招辭 有曰 唐人百餘名 來居于博多州 又曰 泊船海中 潛使唐人私通 而持物貨
　　交易云 私自下海之禁 著在中朝令甲 而此輩違禁下海 來居外夷之地 至於交通
　　買賣 走透事情 軍機重事如鐵丸火砲等物 無不敎習 擾害我邊邑 侵及上國 利
　　害甚關 將此事意及唐人主事者之名 幷與擒獲倭奴 付奏赴京使臣之行 轉達施
　　行 使中朝得知姦細之徒交通外夷 漏泄軍機等項情僞 申勅守禦備倭等官 益嚴
　　隄備 禁斷交通之路 則庶絶將來之患 第念中國遉南一帶之地 我國之船 亦多漂
　　泊之時 今若奏聞此事 而邊將或被不謹防閑之罪 異日我國之船 飄到其地 邊將
　　等忿於我國奏發隱情 恐有讎殺之患 微臣愚曲之慮 亦及於此 伏惟上裁"
64) 『明世宗實錄』 권308, 嘉靖 25년 2월 壬寅. "朝鮮國署國事李峘遣使臣南洗健
　　朴莆等 解送下海通番犯人顏容等六百一十三人至邊 上嘉其忠順 賜白金五十
　　兩 文綺四襲 洗健朴莆幷賞以銀幣 容等悉漳泉人 詔福建巡按御史治之"

을 보내지 않았던 것과 함께 당시 조선 주변에서 벌어지고 있던 대외 정
세의 변화 양상을 제대로 인식하는데 걸림돌이 될 수밖에 없었다.

이같은 상황에서는 조선 지식인들이 일본 등 '오랑캐' 국가를 바라보
는 인식 자체가 명이 일본을 바라보는 시각을 기준으로 삼았을 개연성이
높다. '변함없이 정성스런 事大를 통해 얻은 명과의 특수 관계'는 이제
父子關係이자 '一家' 차원으로 까지 승화되어 다른 '외이'들과는 차원이
다르다는 것이 조선 지식인들의 인식이었다.65) 나아가 조선과 명의 관계
는 과거 新羅와 唐, 高麗와 宋과의 관계와도 질적으로 다른 것이었다.
이런 인식을 갖고 있는 현실에서 일본이 명에 거역하거나 도전하는 것은
상상조차 할 수 없는 일이었다. 임진왜란 발생 직전 '征明嚮導'를 운운했
던 도요토미 히데요시의 國書가 왔을 때, 梁大樸(1544~1592)이 격분하여
일본 使臣의 목을 치라고 요구했던 것은 당연했다.66)

나아가 명과 '부자관계'이자 '일가'인 조선이 일본과 사통할 리도 없
지만, '사통'했다는 의심을 사는 것조차 있을 수 없는 일이었다. 일본이
조선에 대해 '假道入明' 운운하는 것을 방치할 경우, 과거 唐이 李勣과
蘇定邦을 보내 高句麗와 百濟를 問罪했던 것처럼 명이 조선을 問罪할
지도 모른다고 우려했던 것 또한 충분히 수긍할 수 있는 것이었다.67) 이

---

65) 金誠一,『鶴峯先生集』권5,「擬答宣慰使平行長」. "我朝之與貴國 事勢之不相
接 旣如前所云云者 而況皇明乃我朝父母之國也 我殿下畏天之敬 事大之誠 終
始不貳 故北望神京 天威咫尺 玉帛之使 冠蓋相望 此實天下之所共聞知也 貴
國今雖絶和 數十年前 曾有觀周之使 豈不知我邦一家於天朝乎"
66) 梁大樸,『靑溪集』권3,「請斬倭使書上松江鄭相國」. "仄聞倭使又來留東平館
而賊奴書中有今天下歸朕一握 率兵超入大明國 易吾朝風俗…… 聞不勝心崩
http://news.kukinews.com/article/view.asp?page=1&gCode=ent&arcid=000702
8961&code=41181111&cp=nv1肝裂 我之於皇朝 義則君臣 恩猶父子 非羅麗
之於唐宋比也"
67) 趙憲,『重峰集』권8,「請斬倭使疏」. "況此秀吉假道射天之惡 不啻滿住 而飛
辭陷我之術 當不止於中樞資級矣 若天朝不悟其姦 盛發唐朝之怒 則當有李勣
蘇定邦之師 來問濟麗之罪矣 聖主將何以謝過 臣民將何以免死乎"

같은 입장은 그야말로 왜란 발발 직전인 1591년 '일본이 명을 침략할 가
능성이 있다'는 정보를 명에 보고하면서도 명이 조선과 일본의 사통 여
부를 추궁할까봐 우려했던 것에서도 명백히 드러난다. 1591년 崔岦
(1539~1612)은 명에 보낸 倭情奏文에서 일본의 속성을 부정적으로 묘사
한 뒤, '조선이 그들과 친하게 지내려는 것은 본심이 아니며, 통절히 끊
지 못하고 羈縻하는 것은 邊方 백성들을 휴식시키기 위한 것'이라고 변
명한 바 있다.[68]

궁극적으로 이처럼 극단에 이른 尊明意識은 '조선이 명을 위하려다가
먼저 희생되었다'는 논리로 발전하게 된다. 즉 "倭奴들이 無道하게 상국
인 明을 침범하려 하므로 조선이 義理에 따라 배척했다가 명 대신 침략을
받았다'는 것이다.[69] 이러한 인식이 확대될 경우 '명은 자신을 위해 희생
한 조선을 구원해야 할 의무가 있다'는 논리로 발전하게 되는 것이다.

5. 맺음말

16세기 조선의 정치적 상황과 그와 맞물린 대외인식을 창출하고 형성
하는데 주도적인 역할을 했던 주체는 士林이었다. 이들은 세조대 자행된
覇政과 연산군대 빚어진 亂政을 경험하면서, 또 그 과정에서 희생을 치
르면서 하나의 신념을 갖게 되었던 것으로 보인다. 성리학이 강조하는

---

68) 崔岦, 『簡易集』 권1, 「辛卯奏十月二十四日奉教製」. "臣竊照 日本一種 邈在
滄溟 伊性輕狡 以舟楫爲技能 以寇掠爲生理 近如小邦沿邊 遠如上國海徼 出
沒比比 爲民吏患 固已久矣…… 小邦與伊國 雖並處日域 此爲西北陸連華夏
彼爲東南極海一方 水道相望 尙有數千里之上 帆風飄忽 不與伊同 反覆變態
非我欲親 伊每一面竊發作耗 一面稱款往來 故無其常矣 小邦惟不能痛絶 則微
有以羈縻 庶少休息邊民而已"
69) 『宣祖實錄』 권34, 선조 26년 1월 戊午. "上手書答示曰 倭奴不道 要犯上國 小邦
君臣 據義斥之 遂觸其怒 先被兇鋒 今蒙聖天子恤小之仁 特發兵來援 皇恩罔極"

修己治人의 가르침을 현실에서 제대로 관철시켜야 한다는 것과 그러려면 임금, 신하, 백성을 그야말로 堯舜 시대의 君臣民으로 변화시켜야 한다는 것이었다. 조광조 등이 추구한 道學政治는 이러한 배경에서 시도되었던 것으로 여겨진다. 비록 그들이 중간에 정치적으로 좌절했지만, 세조대 이래 왕권의 자의성, 훈척의 비리에 대한 강한 거부감을 바탕으로 善과 惡, 君子와 小人 등을 엄격하게 峻別하고자 했던 그들의 지향은 16세기 중반 이후의 사림들에게 그대로 계승된 것으로 보인다. 그것은 궁극적으로는 覇道와 王道, 悖倫과 倫理, 邪道와 正道, 勳戚과 士林, 夷狄과 中華를 峻別하는 것과도 맞물려 있었다.

중종대 이후 명에 대한 지극한 사대와 극단의 존숭 관념이 굳어지고 여타 국가를 '오랑캐'로 하시하는 방향으로 夷狄觀이 硬化되었던 것 또한 이 같은 배경과 맞물려 있었다. 모든 更張을 성리학적 專一性에 입각하여 추진하려 하는 입장에서는 對外政策의 방향이나 用兵에서도 功利的인 요소를 철저히 배격하려 했다. 명종대 윤원형으로 대표되는 戚臣政治의 심각한 폐단을 경험한 뒤부터 이 같은 자세는 더욱 더 굳어질 수밖에 없었다.

16세기 중반은, 중국의 강남을 비롯하여 남쪽과 북쪽에서 銀을 둘러싼 상업적 경쟁이 심화되어 이른바 北虜南倭와의 갈등과 대립이 심화되는 시기였다. 朝貢을 받아들이고 馬市를 열어달라는 몽골의 협박과 침략, 海禁이라는 정치적 장벽을 넘어 중국의 상품과 일본의 은을 교환하려 했던 倭寇의 도전과 발호 속에서 한반도 주변 해역의 남과 북은 '펄펄 끓고' 있었다. 물론 조선 또한 그 같은 상업적 흐름의 한 축에 다리를 걸치기는 했지만, 이 같은 흐름 속에서 시종 일관 '事大'와 '尊明'이라는 시각으로 외부 세계의 변화에 접근하고자 했다. 그리고 그 과정에서 조선을 '여타 번국과는 질적으로 다른 禮儀之邦'으로 자부하면서 명을 '一家'이자 '부모국'으로 존숭했다. 그리고 조선이 '명이 유일하게 인정하는 번국'이라는 사실이야말로 여타 번국이나 化外之國을 하시하는 자존심의 기반이 되었다. 즉 명의 눈으로 명 이외의 여타 세계를 바라보려 했던 것이다.

16세기 중반은 명 중심의 기존 동아시아 질서가 흔들리는 가운데 조선과 일본의 향후 행보가 극적으로 달라지기 시작했던 시기였다. 주지하듯이 일본에 조총이 전래되었던 1543년을 전후하여 조선에서는 書院이 창립되고 賜額書院이 등장한다. 양국의 행로가 극적으로 대비되기 시작했던 것이다. 조선은 철저한 文治의 길로 일본은 오로지 武備의 방향으로 나아갔다.

'명의 嬌子'라는 자부심에 尊明意識으로 무장했던 조선은 化外之國 일본의 행보에 별로 주목하지 않았다. 조선의 상국이자 '패권국' 명이 존재하는 한, 나아가 그들과 '특수한 관계'를 유지하는 한 일본의 행보 변화는 문제될 것이 없었다. 그 같은 생각은 이미 기묘사림 단계에서부터 굳어진 것이자 당시 대다수 조선 지식인들의 생각이었다. 조선은 '중화국'답게 '오랑캐'들을 正道로써 교화해야 할 의무가 있었다. 이 같은 인식의 배경을 염두에 둔다면, 일본에 使行을 다녀온 이후 일본의 침략 가능성의 可否 가운데 어느 것을 운운했는지는 별로 의미가 없어 보인다. 더욱이 그 같은 논란의 한가운데 서 있던 김성일에 대한 평가는 양면적이었고 그를 둘러싼 논란 자체가 다면적이고 정치적으로 해석할 여지가 많다.[70]

요컨대 임진왜란의 발생은 개인적 차원에서 막을 수 있는 문제가 이미 아니었던 사실을 엄밀하게 직시할 필요가 있는 것이다.

---

70) 金宇顒,『東岡集』권14,「經筵講義」. "(乙未) 二月六日 朝講 領事金應南知事李恒福特進李齊閔尹先覺兩司洪進李馨郁玉堂臣宇顒鄭經世承旨鄭淑夏史官辛成已閔有慶尹義立入侍 講易屯卦象曰雲雷屯止數之終也 講訖 進榻前啓辭應南言金誠一盡心嶺南之事 劉克良諸人事 當追贈云云 宇顒言 誠一爲招諭使收合義兵 盡心捍禦 倭不得大肆 而湖嶺尙有子遺 皆誠一之力也 其功甚大 上曰 此則然矣 但渠爲秀吉所欺 謂其不足畏 黃允吉則以爲可憂 此人却有見識 宇顒經世曰 誠一正直不撓 倭人敬憚云 上曰 必是欺之也 恒福曰 當時臣爲承旨 見誠一問日本事 誠一却深憂之 但云 南方防禦諸事甚煩擾 民心騷動 敵未至而將先潰 故如是言之 欲以鎭伏人心耳"

참고문헌

1. 단행본

萩原淳平, 『明代蒙古史硏究』(京都, 同朋社出版), 1980.

한영우, 『조선전기 사회사상 연구』(서울, 지식산업사), 1983.

三田村泰助, 『明と清』(東京, 河出書房新社), 1990.

최승희, 『조선전기 言論政治 硏究』(지식산업사), 2005.

村井章介 著, 손승철·김강일 譯, 『동아시아 속의 한일관계』(서울, 경인문화사), 2007.

김범, 『사화와 반정의 시대』(서울, 역사비평사), 2008.

王天有·高壽仙, 『明史, 一個多重的時代』(臺北, 三民書局), 2008.

朱東潤, 『張居正大傳』(西安, 陝西師範大學出版社), 2009.

한명기, 『정묘·병자호란과 동아시아』(서울, 푸른역사), 2009.

2. 논문

和田清, 「明代の蒙古と滿洲」, 『東亞史論藪』(東京, 生活社) 所收, 1943.

김항수, 「16세기 士林의 性理學 이해」『韓國史論』 7, 1981.

남지대, 「조선 성종대의 대간 언론」, 『韓國史論』 5, 1982.

韓相權, 「16세기 對中國 私貿易의 전개」, 『김철준박사화갑기념사학논총』(서울, 지식산업사), 1983.

李秉烋, 「士林派의 改革政治와 그 性格」, 『朝鮮前期 畿湖士林派 硏究』(1984, 서울 一潮閣).

夫馬進, 「萬曆二年朝鮮使節の「中華」國批判」, 『山根敎授退休記念明代史論叢』(東京, 汲古書院), 1990.

李宰熙, 「朝鮮 明宗代 '戚臣政治'의 전개와 그 성격」, 『韓國史論』 29 (서울대 국사학과), 1993.

하우봉, 「일본과의 관계」, 『한국사』 22, (국사편찬위원회) 所收, 1995.

岸本美緒, 「東アジア·東南アジア傳統社會の形成」『岩波講座 世界歷史』 13
　　　　所收, 1998.
김현영, 「勳舊에서 士林으로」『朝鮮의 政治와 社會』(서울, 集文堂), 2002.
김태영, 「조선초기 世祖王의 學術政策」, 『朝鮮性理學의 歷史像』(서울, 경희대
　　　　학교 출판국) 所收, 2006.
계승범, 「파병 논의를 통해 본 조선전기 對明觀의 변화」, 『大東文化研究』 53, 2006.
森川哲雄, 「モンゴル人の中國にする(中華)意識の變遷(明~淸)」, 『東アジア
　　　　日本―交流と變容』(九州大學 總括ワークショップ 報告書), 2006.
尹誠翊, 「'16世紀 倭寇'의 多面的 특성에 대한 一考察」『明淸史研究』 29, 2008.
한명기, 「15~17世紀 朝鮮知識人の對日認識槪觀」, 『鏡の中の自己認識』(東京,
　　　　御茶の水書房) 所收, 2012.

3. 원전

『端宗實錄』; 『世祖實錄』; 『中宗實錄』; 『宣祖實錄』; 『明武宗實錄』; 『明世宗
實錄』; 金誠一, 『鶴峰集』; 金安國, 『慕齋先生集』; 金宇顒, 『東岡集』; 金正國,
『思齋集』; 朴世茂, 『童蒙先習』; 尙震, 『泛虛亭集』; 徐居正, 『四佳文集』; 成
渾, 『牛溪集』; 梁大樸, 『靑溪集』; 李珥, 『經筵日記』; 李浚慶, 『東皐遺稿』; 曹
植, 『南冥集』; 趙憲, 『重峰集』; 崔岦, 『簡易集』; 黃廷彧, 『芝川集』.

경인통신사의 활동과 일본의 대응

민덕기*

1. 머리말

임진왜란을 이야기할 때 도요토미 히데요시(豊臣秀吉)에게 파견된 1590년의 庚寅通信使가 제외될 수 없을 것임에도 이 사절에 대한 시선은 곱지 않다. 1591년 초 귀국한 그들의 復命 때문에, 특히 히데요시가 침략해 오지 않을 것이라는 이른바 東人 김성일의 '不侵論' 때문에 임진왜란에 충분한 대비를 마련하지 못했다는, 극히 단선적이고 피상적인 因果論이 지금도 당쟁과 한 세트가 되어 생명력을 가지고 살아있다.

임진왜란 연구는 아직도 새로운 시각에서 재조명해 볼 수 있는 측면들을 가지고 있다. 그 하나가 율곡의 십만양병설이다. 1583년 동북방에서 니탕개의 난이 발생했을 때, 30,000騎라는 규모의 이 반란을 진압하기 위해 병조판서 율곡은 혼신의 노력을 기울였고 그 다음해 병사한다. 그럼에도 율곡의 십만양병설은 임진왜란 대비용으로 인식되어 있다. 일본사로 보아도 일본의 거국적인 조선 침략은 1580년대 前半엔 상상하기 어려운 때였다. 통일의 주체였던 오다 노부나가(織田信長)가 1582년 부하

---

* 청주대학교 역사문화학과 교수

의 배반으로 자결하는 바람에, 히데요시가 그 후계자로 부상하여 도쿠가와 이에야스(德川家康)를 臣從시키는 1586년까지 암중모색의 시기에 빠져버렸기 때문이다. 그렇다면 십만양병설은 임진왜란용이 아니라, 오히려 제2의 니탕개의 난에 대비한 동북방용이었을 것이다.[1]

경인통신사행의 副使 김성일에 대한 연구는 아직 그리 많지 않다.[2] 더구나 통신사행의 의도에 대한 구체적인 검토와 평가는 아직이라 여겨진다. 이에 본 논문에서는 김성일을 비롯한 경인통신사행이 일본측과 무엇을 가지고 왜 싸웠는가? 그 의미는 무엇인가? 등을 조선시대 前後期 통신사행에 비춰 자리매김하여 보고자 한다. 또한 경인통신사의 使命이 무엇이었는가도 살펴보고자 한다. 일본 정탐만이 아닌 듯 보이기 때문이다.

아울러 임진왜란 以前의 일본 정세가 어떻게 변모하여 가고, 경인통신사에 대해 일본은 어떻게 반응하며, 히데요시의 침략은 어떻게 이와 연동되어 전개되는가를 검토 분석하고자 한다.

---

1) 민덕기, 「이율곡의 십만양병설은 임진왜란용이 될 수 없다 -동북방의 여진 정세와 관련하여-」, 『한일관계사연구』 41, 2012.
2) 기존연구로는 아래의 연구들이 있다.
　김명준, 『임진왜란과 김성일』, 백산서당, 2005.
　김석희, 「鶴峯 金誠一論(1) -특히 그의 通信使 報告를 중심으로」, 『又軒 丁中煥博士 還曆紀念論文集』 1974.
　김정신, 「16世紀末 性理學 理解와 現實認識 -對日外交를 둘러싼 許筬과 金誠一의 갈등을 중심으로-」, 『朝鮮時代史學報』 13, 朝鮮時代史學會, 2000.
　김태준, 「鶴峯 金誠一의 日本日錄」, 『明知語文學』 8, 명지대학 국어국문학과, 1976.
　방기철, 「鶴峯 金誠一의 日本觀」, 建國大 大學院 사학과 석사학위논문, 1999.
　방기철, 「鶴峯 金誠一의 對日인식」, 『건국대 인문과학논총』 42, 2004.
　小幡倫裕, 「鶴峰 金誠一의 日本使行에 대한 思想的 考察 -학봉의 사상과 華夷觀의 관련을 중심으로-」, 『韓日關係史研究』 10, 1999.

2. 임진왜란 이전의 한일관계

임진왜란 이전 일본은 100년을 이어가던 戰國시대가 노부나가, 그리고 그 뒤를 이어받은 히데요시에 의해 끝나가고 있었다. 여기서 戰國시대란 흔히 15세기 후반부터 16세기 후반에 걸친, 이른바 1467년 오닌(應仁)의 난으로부터 무로마치 막부의 마지막 쇼군(將軍) 아시카가 요시아키(足利義昭)가 노부나가에 의해 교토에서 추방된 1573년까지를 일컫는다.[3] 이 시기 난세를 수습하지 못한 무로마치 막부의 권위는 완전하게 실추되고, 수호 다이묘(守護大名)에 대신하여 전국 각지에 전국 다이묘(戰國大名)라고 불리는 새로운 세력이 출현했다.[4]

전국시대를 마감하려 했던 자는 노부나가다. 그는 1551년 아버지의 사망으로 오와리(尾張) 영지를 상속받는다. 18세였다. 1560년 25,000의 병력으로 쳐들어온 스루가(駿河)의 이마가와 요시모토(今川義元)를 그 10분의 1의 병력으로 기습하여 죽이고(오케하자마 전투), 이로 인하여 인질에서 해방된 오카자키(岡崎)城의 이에야스와 동맹을 맺는다. 동북지역으로부터의 위협을 방어하는 역할을 이에야스에게 위임한 노부나가는 이로부터 적극적인 西進정책을 진행하여 간다.

노부나가가 1568년 쇼군 요시아키를 받들고 교토로 들어옴에 따라 전국시대의 상황은 일변한다. 노부나가는 요시아키의 명의로 전국의 다이

---

3) 오닌의 난은, 오닌 연간(1467~1469) 쇼군의 후계자 쟁탈전에 山名氏·細川氏 등의 수호 다이묘의 권력 쟁탈과 畠山氏·斯波氏의 후계자 싸움이 더하여져 일어났다. 大內氏나 若狹武田氏 등 각지의 수호 다이묘가 교토로 올라와 수도를 전쟁터로 삼은 이 싸움은 10년간이나 지속되어 교토를 초토화시켰다.

4) 수호 다이묘가 무로마치 막부에 의해 임명된, 또는 무로마치 막부를 중심으로 한 기존권위에 의존하는 측면을 가진 호족세력이라면, 전국 다이묘는 기존권위를 부정하는 약육강식의 시대에 새로 성립된 부국강병을 모토로 한 호족세력이라 할 수 있다.

묘들에게 명령을 내려 '天下人'에의 길을 걷기 시작한다. 이러한 노부나가의 전횡에 반발한 요시아키가 反노부나가派를 결집하여 노부나가 包圍網을 구축하였지만, 노부나가는 그 포위망은 각개격파하고 요시아키를 교토에서 추방한다. 이로서 1573년 무로마치 막부는 사실상 붕괴하고 織田政權이 확립된다. 이에 동북방의 에치고(越後) 다이묘인 우에스기 겐신(上杉謙信)이 맹주가 되어 1576년 反노부나가 포위망을 재구축한다.

노부나가가 다시 이들을 격파해 나가던 1582년, 오카야마(岡山)의 다카마츠(高松)城을 공격하여 모리 데루모토(毛利輝元)의 4만 군대와 싸우고 있던 히데요시로부터 원군 요청을 받게 된다. 노부나가가 이에 대응하기 위해 手下 일부병력만을 대동하고 교토의 혼노지(本能寺)로 가 체류하던 6월 2일 부하 아케치 미츠히데(明智光秀)의 모반으로 습격당하여 자결한다(本能寺의 變).

主君 노부나가의 변을 접한 히데요시는 이 사실을 은폐한 채 재빨리 데루모토와 휴전한 후 모든 휘하병력을 교토로 몰아 들이닥쳐, 6월 13일 미츠히데를 격퇴하고 교토에서의 지배권을 장악한다. 그리고 노부나가의 후계자 선정에 관여하여 織田政權 안에서 주도권을 장악한다. 1584년엔 노부나가의 盟友이며 東國에서 일대세력을 가지고 있던 이에야스가 노부나가의 차남 노부오(信雄)와 손을 잡고 反히데요시 전선을 구축하여 오자, 히데요시가 이에 전면 대응한다. 그러나 전쟁의 우열이 가려지지 못한 채 장기적 교착상태에 빠지자, 히데요시는 자신의 누이에 이어 어머니마저 이에야스에게 인질로 보내 신하로서 순종할 것을 강요했고 1586년 마침내 이에야스가 신하로 따를 것을 서약하게 된다.[5]

이보다 한 해 전인 1585년 9월 히데요시는 처음으로 조선 및 중국을 정복하겠다는 뜻을 腹心의 部將 히도쓰야나기 스에야스(一柳末安)에게 밝

---

5) 히데요시는 그 한 해 전인 1585년 3월엔 紀州를, 7월엔 10만의 군사로 四國의 長宗我部元親를 굴복시키고 있다. 그리고 8월엔 越中를 평정하고 있다.

히고 있다. 關白에 취임한지 두 달 후였다. 이로 보아 히데요시가 관백 취임 직후부터 동아시아 정복계획을 구상한 것을 알 수 있다.[6]

1586년 6월 히데요시는 규슈 출병에 즈음하여 대마도주 종씨에게 서한을 내어, 규슈 출병에 이어 조선정벌을 결행할 것이니 충성을 다하여 종군해야 할 것이라고 통보하고 있다. 이 서한에서 히데요시는 조선과의 외교적인 접촉이 아니라 단도직입적으로 조선에 대한 군사적인 정복을 선언하고 있는데, 이는 그가 당초부터 조선에 대한 군사행동을 계획하고 있었음을 시사하는 부분이다.[7]

이에 대마도주 종의조(宗義調 ; 소 요시시게)는 가신 야나가와 시게노부(柳川調信)와 유즈타니 야스히로(柚谷康廣)를 시마즈(島津)씨 정벌을 위해 20만 대군을 이끌고 사츠마(薩摩)에 진치고 있는 히데요시에게 보내 공물을 진상했다. 1587년 5월 초순의 일이다.[8] 시게노부는 이때 출병 대신 조선에서 공물이나 인질을 제출하게 하는 방법을 히데요시에게 제안하고 있다. 히데요시는 이 제안을 인정하지 않으면서도 조선국왕을 일본의 天皇宮에 來朝시키도록 명하고, 만약 직접 내조하지 않을 경우 조선에 출병하겠다는 의사를 보였다. 곧이어 종의조도 아들 종의지(宗義智 ; 소 요시토시)와 함께 규슈로 건너가 6월 7일 히데요시를 처음으로 알현하고 있다. 여기서 종의조는 조선국왕을 내조시키는 조건으로 조선출병의 유예를 청하였고 히데요시도 이를 인정했으나, 만약 입조가 지체될 경우 즉시 출병한다고 재차 통고했다.[9]

---

6) 北島万次, 『豊臣秀吉の朝鮮侵略』, 吉川弘文館, 1995, 14쪽. 임진왜란 직전의 조선·일본 간의 교섭에 대해서는 金文子, 『文祿·慶長期に於ける日明和議交涉と朝鮮』(お茶の水女子大學大學院 人間文化硏究科課程 博士學位論文)의 제1장인 「文祿期以前の對朝鮮交涉と博多商人」에 상세하게 검토되어 있다.
7) 윤유숙, 「임진왜란 발발전 한일교섭의 실태」(한국일본어문학회 학술발표대회논문집, Vol. 2006, No.7) 881쪽.
8) 中里紀元, 『秀吉の朝鮮侵攻と民衆·文祿の役 －日本民衆の苦惱と朝鮮民衆の抵抗－』, 文獻出版, 1993, 14·17쪽.

그런데 이때 내어진 히데요시의 명령서엔, 조선이 지금까지 대마도주에게 순종하고 있지만(對馬の屋形ニしたかハれ候), 내년엔 반드시 일본에 입조하라, 고 되어 있다.10) 이처럼 조선이 대마도주 종씨에게 복속되어 있다고 히데요시는 이해하고 있었다. 마치 이것은 유구가 시마즈(島津)씨에게 종속하고 있다고 본 히데요시의 시마즈·琉球관계 이해와 궤를 같이 하는 것이다.11) 그렇다면 히데요시가 조선국왕의 직접적인 來朝를 고집하고 있는 것도 조선국왕이 대마도주에 종속된 존재에 불과하다는 그의 조선관이 작용했기 때문인 듯하다. 히데요시는 조선이 대마도에 종속하고 있다고 하는 인식을 전제로 조선국왕의 來朝가 성공되면 대마도를 安堵하겠다는 것이었다.12)

종의조가 가신 야스히로를 일본국왕사라 칭하여 조선에 파견하여 히데요시의 명령을 전한 것은 1587년 9월이다. 이때 종의조를 감독하는 입장이며 그 아들 종의지의 장인인 유키나가의 경우, 자신의 경제기반을 중계무역에서 구하고 있었으므로 이를 위해서는 일본의 대외적인 평화가 무엇보다 요망되었다. 그러므로 종의조와 상의해서 히데요시의 요구인 조선국왕의 직접 來朝 요구를 숨기고 통신사의 파견 요구로 조선에 접근하기로 한 것이다.13) 이에 야스히로는, 일본에 새 왕이 나와 전국을 통합하였으므로 이를 축하하는 통신사를 파견해 달라고 조선에 요청했다. 그러나 그가 가지고 간 서한엔 '天下歸朕一握'이라 하여 '朕'이란 표현이 있었고 내용도 오만했다. 결국 요청은 거부되었고 야스히로는 빈손으로 귀국하게 되었다.

1589년 3월 히데요시는 종의지에게 조선국왕 내조가 2년이 경과하도

---

9) 윤유숙, 앞의 논문, 881쪽.
10) 中里紀元, 앞의 책, 19쪽.
11) 池內宏, 『文綠慶長の役 正編 第1』, 吉川弘文館 復刊, 1986, 58쪽.
12) 北島万次, 앞의 책, 16·20쪽.
13) 笠谷和比古·黑田慶一 共著, 『秀吉の野望と誤算』, 文英堂, 2000, 30쪽.

록 이뤄지지 않은 것을 꾸짖고, 종의지가 직접 조선으로 가 이번 여름에
라도 국왕 입조를 실현하라고 독촉했다.[14] 이 때문에 종의지는 6월 하카
타(博多) 聖福寺 승려 겐소(玄蘇)를 正使로, 자신은 부사가 되어 자신의 家
老인 시게노부를 都船主로 삼고 하카타 상인 시마이 소시츠(島井宗室) 등
25명을 일본국왕의 사절로 꾸며 데리고 조선으로 갔다. 그리고 자신들의
使命은 오직 통신사 파견이라고 강조하였다.

  이에 조선 조정에서는 논의가 일어났다. 즉 일본 교토로 가는 바닷길
을 모르기 때문이라 파견할 수 없다고 핑계대면 대마도가 길안내를 하겠
다고 나설 것이니 구실이 되지 못한다. 또한 핑계만 계속하면 일본이 이
를 수치스럽게 여겨 화친을 단절하고 조선을 침범하여 설욕하려 들 것이
고, 그리되면 변방의 걱정거리가 될 것이다. 마침 몇 년 전에 조선 叛民
沙火同을 안내인으로 고토(五島)·히라도(平戶)의 왜인들이 손죽도를 습격
한 사건이 있었으니, 그 沙火同 등을 비롯한 왜적의 압송 및 피로인의
송환을 요구하여 이를 이행하면 통신사 요청을 들어주자고 제안하기에
이르렀다.[15]

  1589년 8월말 선조가 일본국왕사를 인견하면서 조선의 조건이 전달
되었고, 종의지는 즉각 沙火同을 잡아오겠다고 약속하게 된다. 조선의
조건부 통신사 파견결정은 즉각 히데요시에게 전달되었다. 히데요시는
이로써 조선국왕이 내조하는 것으로 기뻐하고 종의지에게 그 노고를 치
하하였다.[16]

---

14) 宗義調는 1588년 사망하여 대신하여 아들 종의지가 대마도를 이어받았다. 당초
   히데요시는 조선국왕의 입조가 또다시 지연될 것을 우려하여 히고(肥後)에 入部
   한 유키나가·기요마사를 규슈의 다이묘들과 함께 조선에 출병시키려 했으나, 종
   의지가 자신이 직접 조선과 교섭하는 것을 조건으로 내걸면서 이 계획은 중지되
   었다 한다(三鬼淸一郞,「秀吉の國家構想と朝鮮出兵」[大石愼三郞編,『海外
   視点 日本の歷史8』ぎょうせい, 1986], 136쪽).

15)『선조실록』21년 11월 17일(병인).

16) 田中敏昭,「豊臣政權의 日本統合과 對馬島主 宗氏의 朝鮮交涉」『동서사학』

일본국왕사 겐소와 종의지는 서울의 동평관에 체류하면서 시게노부를 일본으로 급파해 손죽도를 습격한 왜적 및 사화동을 압송하고 피로인도 송환하게 했다. 사화동과 160명의 피로인이 조선으로 보내지고, 사화동 등이 처형되는 것은 1590년 2월 28일이다. 그리고 통신사가 서울을 출발하는 것은 3월 6일이다.[17]

3. 100년만의 모범 통신사 되려 한 경인통신사

경인통신사는 1590년 5월 1일 부산을 출발하여 대마도에 닿았고, 6월에 가서야 이키(壹岐)에 상륙한다. 수도 교토에 들어가는 것은 7월이지만, 선조의 국서를 히데요시에게 전달하는 傳命 의례는 11월 7일에 가서야 이뤄졌다. 히데요시의 답서는 11월 25일 받고, 대마도에 도착하는 것은 다음해인 1591년 1월 10일, 부산에 닿은 것은 2월 초였다.

1) 宣慰使件

대마도에 도착한 김성일이 그곳에서 선위사를 기다리고, 선위사의 마중을 받고난 후에 출발하자고 말하고 있다. 使臣이 선위사를 기다리지 않고 출발하면 그것이 전례가 되어 일본측은 아예 중앙에서 대마도 쪽으로 선위사를 보내려고도 하지 않을 것이라고 그 이유를 말하고 있다. 이

5, 1999, 107~108쪽. 종의지의 보고사항(통신사 파견)을 전달받은 히데요시는 매우 기뻐하며 "國主參洛이 寒天 때문에 부자유하여 來春에 데리고 오기 위해 그 곳에 체류한다 하니 장기간의 辛勞가 지극하다." 고 하면서 종의지의 노고를 칭찬하였다 한다. 그러나 보고문에는 분명 '高麗人의 出船'(통신사의 渡日)이라고 표현되어 있으나 히데요시는 이를 '國主參洛', 즉 조선국왕의 入貢으로 완전히 곡해하여 이해하고 있었다는 것이다(윤유숙, 앞의 논문, 883쪽).

17) 田中敏昭, 앞의 논문, 108~109쪽.

옥고 이키에 닿아서야 선위사가 기다리고 있음을 알게 되었고 선위사가 고니시 유키나가였음도 밝혀졌다.[18]

대마도 체류 중인 김성일은 황윤길에게 보낸 서한에서, 朝廷에서 내린 事目 안에 선위사를 기다려서 함께 가라는 조목도 없고 以前 사행의 기록을 보아도 그 前例는 없었지만, 100여 년이 지나 처음으로 가는 통신사인만큼 중요한 典例로 만들어야 한다, 마침 대마도에 와서야 비로소 선위사가 온다는 기별을 들었으니 기다려야 한다, 그래서 이후엔 사신이 대마도에 와 선위사의 마중을 받고서야 길을 떠나게 하여야 한다, 고 강조하고 있다.[19]

그렇다면 김성일이 의식하는 100여 년이 지나 처음 가는 통신사라는 말은 무엇일까? 1479(성종 10)년 조선은 이형원을 正使로 한 통신사를 파견했었다. 그러나 일본의 內亂과 대마도의 비협조로 일본 본토로 나아가지 못한 채 대마도에서 귀국하고 말았었다.[20]

그런데 1590년의 선위사 유키나가는 도통 통신사를 만날 생각이 없는 듯하다. 김성일이 허성에게 보낸 서한을 보자. 이키에서 선위사를 면대할 날은 마침 김성일과 허성의 조상 제삿날이었던 모양이다. 그런데 허성은 덥석 만나자고 청하며, 선위사를 만나는 것은 公的이고 조상의 제삿날을 지킴은 私的인 것이라 주장했다는 것이다. 그런데 유키나가는 사신과의 상견례를 이키에선 시모노세키에 가서 하자고 미루더니, 정작 그곳에 가선 또 몸이 아프다고 핑계를 대어 회피하고 있었단다. 이에 대해 김성일이 허성에게 말했다. 이키에선 제삿날인데도 만나보길 청하더니 시모노세키에서도 핑계 대어 상견례를 미루기만 하는 유키나가에게 아무런 대꾸도 하지 못한다고.[21]

---

18) 김성일 지음·정선용 번역, 『국역 학봉전집 3』, 민족문화추진회, 1999, 34쪽.
19) 김성일 지음·정선용 번역, 『국역 학봉전집 1』, 민족문화추진회, 1998, 318~320쪽.
20) 민덕기, 『前近代 동아시아 세계의 韓·日關係』, 경인문화사, 2007, 25쪽.
21) 김성일 지음·정선용 번역, 앞의 『국역 학봉전집 1』, 336쪽.

김성일의 『해사록』 등 관련 자료를 보아도 그후 언제 선위사 유키나가와 상견례를 하였는지, 통신사의 渡日기간에 유키나가와 사신 간에 어떤 교섭이 있었는지 전혀 알 길이 없다. 다만 히데요시의 '征明假道' 요구를 표현한 답서를 수정하여 달라는 "선위사 平行長에게 답하려던 편지"가 있었음으로 보아 김성일의 선위사에 대한 기대의 정도를 짐작하게 한다.[22]

여기서 의문스러운 점이 있다. '宣慰使'란 對日관계로 보는 한 세종대부터 보이기 시작하며, 무로마치 막부의 쇼군의 使者, 즉 일본국왕사에 대해 조선이 접대하기 위해 임시로 임명한 관직이었다. 이에 비해 일본측이 조선 사절을 선위사란 이름으로 접대한 관례는 한 번도 없다. 유사한 전례, 예를 들어 막부의 사자가 마중 나온 경우도 전혀 없다. 에도막부에 가서야 오카자키(岡崎)에 도착한 통신사에게 쇼군이 '上使'를 파견하여 문안하는 것이 보인다.[23] 그렇다면 경인통신사를 맞이하는 막부의 '선위사'를 누가 제일 먼저 생각해 낸 것일까? 전술하듯 대마도측이 먼저 선위사가 올 것이라고 기대를 가지게 한 것 같다. 그러나 이에는 100여 년이 지나 처음으로 가는 통신사인만큼 중요한 典例로 만들어야 한다는 김성일의 추근거림이 크게 작용한 듯하다.

2) 대마도주의 無禮 힐책

김성일의 『해사록』엔 대마도주 종의지를 질타하는 서한이나 내용이 많이 있다.

대마도에 체류 중인 往路의 5월 國分寺에서의 연회 때의 일이다. 종의지가 가마를 탄 채 계단을 지나서 사신이 있는 中堂까지 근접하자, 김성일이 역관을 통해 그 무례함을 지적하였고, 도주는 가마를 멨던 자에게 죄를 돌려 목을 베고는 사죄하고 있다. 또한 종의지의 문안인사 보내

---

22) 김성일 지음·정선용 번역, 앞의 『국역 학봉전집 1』, 362~366쪽.
23) 민덕기, 앞의 책, 388쪽.

는 부하가 매일 아침마다 왔는데 창 두 자루와 칼 두 자루를 앞세우고 오는 것을 김성일이 무례하다고 역관을 통해 고치게 하고 있다. 교토에 서는 통신사가 대동한 악공의 음악 연주를 종의지가 청했으나 조선측은 거절하고 있다. 使命을 받들고 왔으면서도 미처 王命을 전하지 못한 상 태에서 음악 연주를 할 수 없다는 명분 때문이었다.[24]

이외에도 김성일은 의례 문제와 관련하여 대마도주를 자주 견제하고 있다. 왜 그랬을까? 이전의 통신사에게 대마도측이 무례하게 굴었음을 김성일은 이미 파악하고 있었기 때문일 것이다. 예를 들어 1535년 중종 이 통신사의 일본 파견 여부를 묻자 좌의정 김근사가 답하는 가운데, 1479년 통신사 이형원이 渡日하려 대마도에 이르렀을 때 대마도측이 애 초와는 달리 조금도 사절을 호송할 의도가 없었고, 하사하는 물품을 받 을 때에도 뜰아래에서 절하는 庭下拜를 하지 않았다고 말하고 있다.[25] 또한 1557년 지평 유승선이 통신사 파견에 대해 명종에게 말하는 가운 데에도, 『禮曹謄錄』을 상고해 보니 1479년 통신사 이형원이 대마도에 갔을 적에 그들이 오만하게 대하여 국위를 훼손시킨 것 때문에 분을 이 기지 못해 병이 되어 죽으면서 '島夷'와 통신하는 것은 하나도 좋은 일이 없다고 전했다고 하고 있다.[26]

김성일은 도일에 앞서 이러한 대마도의 무례함을 『예조등록』 등등의 기록을 통해 파악하고 있었을 것이다. 그리고 선위사건에서 주장하듯, 100여 년 만에 통신사이므로 이후의 모범이 되어야한다는, 그러기 위해 조선국왕의 臣下 입장에 있는 대마도주로 하여금 통신사에 대해 깍듯한 대우와 예절을 보이게 하려 한 것으로 여겨진다. 그렇다면 이번 기회에 대마도주를 닦달해 조선의 藩臣으로 확실히 바로잡아야 한다는 신념을 가지게 되었을 것으로 여겨진다.

---

24) 김성일 지음·정선용 번역, 『국역 학봉전집 1』 332쪽, 『국역 학봉전집 3』 34~35· 37쪽.
25) 『중종실록』 30년 2월 22일(계축).
26) 『명종실록』 12년 1월 29일(계미).

그런데 당시 대마도주 종의지는 히데요시가 바꿔치기한 그의 手下라
는 정보가 조선에 만연해 있었다. 김성일이나 허성도 그리 믿고 있고, 유
성룡도 기존의 대마도주 宗盛長 대신 종의지로 히데요시가 바꿔쳤다고
『징비록』에서 기술하고 있다.[27] 1591년초 조헌의 상소에도, 히데요시가
대마도주 종성장의 족속을 도륙하고 자신의 심복인 종의지로 하여금 대
신하게 한 다음 대마도에다 군대를 주둔시켜 놓고 몰래 조선을 습격할
음모를 키우고 있다는 정보를 거론하고 있다.[28] 대마도의 유학자인 마츠
우라 카쇼(松浦霞沼 ;1676~1728)는 대마도와 조선과의 관계를 기록한 책
『朝鮮通交大紀』(1725년 간행)에서 대마도주를 히데요시가 교체했다는 조
선측의 기록들을 소개하고, 아마도 宗씨가 이때에 와서 '平秀吉'이라 히
데요시가 자칭한 것처럼 '平義智'라 칭했기 때문의 착각이었을 것이라고
평가하고 있다.[29] 그렇다면 히데요시에 의해 뒤바뀐 대마도주 '평의지'
를 잘 버릇 들여야 하겠다고, 김성일은 더욱 그렇게 닦달했을 것이다.

3) '來朝'문제 제기와 히데요시 답서 수정 노력

6월 16일 사카이(堺)의 引接寺에 체류하고 있을 때의 일이다. 西海島
의 유력자가 부하왜인을 시켜 예물과 음식을 가져왔으므로 조선 사신은
무심코 일행들에게 나눠먹였다. 김성일이 그날 저녁 일기를 쓰려고 낮에
가져온 예단을 확인하여 보니 '朝鮮國使臣來朝云云'이라고 써있었다.
'來朝'에 그가 깜짝 놀라 왜인이 가져온 음식 수효대로 저잣거리에서 구
입하여 되돌리며, 그 까닭을 예단의 문구가 잘못되었기 때문이라고 말하
게 했다. 그러자 그 왜인이 말하길, 漢字를 몰라 남의 손을 빌어 글을
썼기 때문이라고 사죄했다.[30]

---

27) 김성일 지음·정선용 번역, 앞의 『국역 학봉전집 1』, 329쪽; 유성룡 지음·김종권
    역주, 『징비록』, 명문당, 1987, 29쪽.
28) 『선조수정실록』 24년 3월 1일(정유).
29) 松浦霞沼 지음, 田中健夫·田代和生 校訂 『朝鮮通交大紀』, 名著出版, 1978,
    131쪽.

히데요시의 답서가 사신에게 전달되는 것은 11월 25일이었다. 그러나 후술하겠지만 답서에는 사신들로서 도저히 수용할 수 없는 표현들이 있었다. 김성일이 중심이 되어 적극 그 수정을 요구한 표현은 '閣下', '方物', '入朝' 등이었다. 이에 대해 겐소는 '閣下'와 '方物'은 각각 '殿下'와 '禮幣'로 고치겠으나 '入朝'는 '大明入朝', 즉 명나라에 입조하겠다는 의미라고 둘러대어 부분수정에 그치고 있다.[31] 실록으로 보는 한 조선 前期 쇼군이 낸 일본의 답서를 수정해달라고 요구한 적이 없다. 이때 김성일은 처음으로 답서의 수정을 요구하고 있는 것이다. 이러한 답서 수정 요청은 에도막부에 가서 前例가 되어 통신사에 의해 여러 차례 그 수정 요청이 내어지곤 하였다.

4) 대마도의 쇼니씨와 오우치씨의 멸망 은닉

통신사가 일본에 파견될 때엔 일본의 유력 다이묘들에게도 서한과 함께 예물이 지급되어 왔다.[32] 그러한 관례 때문인지 경인통신사도 쇼니씨와 오우치씨 등 6인의 다이묘에게 줄 선물을 가져갔다. 그런데 쇼니씨와 오우치씨의 영역인 시모노세키 지역을 지날 때 사신 일행은 그들이 오길 기다려 왕명을 직접 전하겠다고 하며 얼마간 기다리려 했으나 대마도측

---

30) 김성일 지음·정선용 번역, 앞의 『국역 학봉전집 2』, 10~13쪽. 『국역 학봉전집 3』, 35~36쪽. '來朝'란 아래 나라가 웃 나라에게 朝貢하러 왔다는 의미가 강하다. 대등한 나라(敵國)의 사자가 온 경우엔 '來聘'이란 표현을 쓰고 있다. 18세기 일본의 유학자 무로 큐소(室鳩巢)는 1711년의 통신사의 도일을 막부측이 來聘이라 표현 했다가 1719년의 통신사의 도일에 대해서는 來朝라 표현하고 있는 것에 대하여, '내빙'과 '내조'의 의미 차이조차도 모르는 막부 관료들의 무식한 소치라고 비난하고 있다(민덕기, 앞의 책, 390~391쪽).

31) 김성일 지음·정선용 번역, 앞의 『국역 학봉전집 1』, 354~365쪽, 『국역 학봉전집 3』, 39쪽.

32) 예를 들어 1479년 예조에서 일본국에 가는 통신사의 事目을 올렸는데, 내용 중에 사절이 통과하는 길의 一岐·小二·九州·松浦·志佐·大內氏 등에게 예물을 내려 주라고 쓰여 있다(『성종실록』 10년 3월 25일[신사]).

이 배를 출항시키는 바람에 무산되었다.[33] 사신측이 쇼니씨와 오우치씨
가 이미 멸망했다는 정보를 얻게 된 것은 교토에 들어가서였다. 이에 김
성일이 따지게 되자 대마도측은 쇼니씨와 오우치씨의 영역을 차지한 고
바야카와(小早川)씨와 모리(毛利)씨가 그 명의를 승계한 것이라며, 그들도
조선과의 무역관계를 계속하고 싶어한다고 전하였다. 이에 대해 김성일
은 대마도주에게 전하려 한 서한에서, 두 다이묘의 명의 승계의 허구를
논하고 그 두 다이묘가 대마도측을 통해 전달하게 한 조선의 서한과 예물
을 실제로 받았다면 왜 그들의 답례인사가 없느냐는 논리로 되받아치려
하고 있다.[34] 그러면 여기서 김성일이 무엇을 파악하였을까 알아보자.

1479년 예조에서 일본에 가는 통신사의 事目을 올렸는데 그 내용 중엔,
여러 巨酋나 倭로서 우리와 通信하는 자들 가운데 혹 이미 죽었는데도 거
짓 이름으로 使臣이라 칭탁하고 오는 자가 반드시 있을 것이니, 해당자의
지역을 경유할 땐 그 생존 여부를 확인토록 해야한다고 당부하고 있다.[35]
즉 이미 죽은 사람을 아직 살아있는 자라고 속여 그 명의를 빌어 조선에
무역이익을 추구하는 자들을 통신사를 통해 파악하려 하고 있는 것이다.

1535년 중종이 통신사 파견 여부를 묻자 좌의정 김근사가 답하는 가
운데, "더구나 듣기로는 지금 國王·大內·小二와 巨酋들의 사신이라고
일컬어 오는 자는 모두 중간에서 속임수를 부린 것이라 합니다. 우리나
라에서 통신사를 보내면 그 간악함이 반드시 드러날 것이므로 더욱 저들
은 조선사절을 원하지 않습니다."라고 밝히고 있다.[36] 巨酋使들은 물론

---

33) 김성일 지음·정선용 번역, 앞의 『국역 학봉전집 1』, 338쪽. 한 예로 1443년 일본
   에서 돌아온 통신사 변호문의 보고에 의하면(『세종실록』 25년 10월 13일[갑오]),
   시모노세키에서 大內敎弘이 사신을 마중 나와 '賜物'을 받는데 "뜰아래에 서서
   몸을 굽혀 맞이하고 堂에 올라가 꿇어앉아 머릴 조아리며 받았다."라고 하는 것으
   로 보아 교토에 들어가기 전에 시모노세키에서 접견하는 것이 전례였던 듯하다.
34) 김성일 지음·정선용 번역, 앞의 『국역 학봉전집 1』, 372~377쪽.
35) 『성종실록』 10년 3월 25일(신사).
36) 『중종실록』 30년 2월 22일(계축).

쇼군이 보낸 일본국왕사마저도 중간, 즉 대마도가 詐稱한 것이므로 통신사를 파견하면 이것이 탄로날까봐 대마도는 조선의 통신사 파견에 반대하고 있다는 것이다.

이와 유사한 정보는 1597년 도원수 권율의 장계에서도 보인다. 즉 어떤 일본인(賊)이 말하길, 대마도 사람들이 조선의 米穀과 재물을 탐하여 일본 사신을 詐稱하여 왔으나 때가 혼란한 戰國시대였던만큼 일본 내에서는 전혀 모르고 있었다는 것이다.[37]

그렇다면 以上에서 김성일이 파악한 것이 무엇일까 알 수 있을 것이다. 이미 멸망한 쇼니씨나 오우치씨를 건재해 있다고 거짓말하여 대마도가 그 명의로 무역이익을 차지해 왔다는 것, 두 다이묘가 이미 멸망했음을 통신사가 파악하자 이번엔 그 영역을 차지한 고바야카와씨와 모리씨가 그 둘의 명의를 승계 받아 조선과의 무역관계를 승계 받으려 한다고 거짓말하여 그 이익을 다시 확보하려 한다는 것을 알아차린 것이다. 『朝鮮通交大紀』에는 위와 같은 쇼니씨와 오우치씨의 存亡을 논한 김성일의 2통의 서한이 실려 있고, 그 두 다이묘가 멸망한 사실을 은닉하여 僞使를 보낸 이유가 대마도의 무역이익을 확보하기 위한 것이었다고 실토하고 있다.[38]

5) 대마도의 무역관계 회복 획책

김성일의 『해사록』의 「雜著」 '왜인의 禮單에 대한 기록'에는 受職왜인들이 다투어 下程(사신에게 지급되는 물품)을 바쳤다고 하고 있다.[39] 수직왜인들이 임진왜란을 예상했다면 이런 행동이 가능할까?

김성일이 대마도주에게 보내려 한 서한에서도, 대마도측이 그동안 중단된 특송선의 파송 부활, 세견선의 증가, 圖書 증가, 수직인 회복 등을

37) 『선조실록』 30년 3월 30일(경신).
38) 松浦霞沼 지음, 田中健夫·田代和生 校訂, 앞의 책, 124·131~139쪽.
39) 김성일 지음·정선용 번역, 앞의 『국역 학봉전집 2』, 10쪽.

사신측에 요청했음을 알 수 있다. 김성일은 이에 대해 朝廷이 결정할 일
이라고 미루고 있다. 이 서한은 대마도측에 전달되었는지 『朝鮮通交大
紀』에도 실려 있다.[40] 이로 보아 이 시기에 대마도측은 임진왜란의 발발
을 회피할 수 있을 것으로 자신하고, 오히려 통신사 왕복을 기회로 삼포
왜란 이후 축소된 무역관계의 확대를 획책하려 하지 않았을까 여겨진다.
그렇다면 그런 동향을 보이는 대마도를 바라보는 김성일 등의 사신들의
눈엔 전쟁의 발발이 우려될 상황이 아니었을 것으로 보인다.

6) 모범 통신사 의식

100여 년 만에 파견된 통신사이기 때문에 이후 통신사의 모범이 되어
야한다는 김성일의 의식은[41] 전술하듯 宣慰使件에서도, 대마도주 無禮
힐책에서도 표현되고 있다. 히데요시의 답서를 수정하려 한 것도 오욕을
남기는 통신사로 기록되지 않기 위해서였다. 후술하는 楹外拜·庭下拜
논쟁도 같은 차원에서 이해할 수 있다. 결코 경인통신사가 정하배를 행
한 前例를 남기는 치욕적인 사절이 되게 해서는 안된다는 확고한 역사인
식을 가지고 있었다.[42] 11월 초, 宣祖의 국서가 이미 전달됐음에도 답서
는 곧 보낼 터이니 堺濱(堺;사카이)에 사신이 가서 기다리고 있으라는 일
본측의 통보에 대해서도 이의를 제기하고 있다. 즉 답서를 받지 못한 채
수도인 교토를 떠나게 하는 것은 무례라며 항의하고 있다.[43]

---

40) 김성일 지음·정선용 번역, 앞의 『국역 학봉전집 1』, 369~371쪽. 松浦霞沼 지음,
    田中健夫·田代和生 校訂, 앞의 책, 126~129쪽. 1555년 五島를 근거지로 한 王
    直의 大왜구가 전라도 방면에 출동하자, 즉 을묘왜변이 일어나자 이를 절호의 기
    회로 본 대마도주 종씨는 이 정보를 신속하게 조선측에 전했고, 이에 의해 1557년
    종씨는 조선에의 세견선 30척으로 개선시켜(丁巳약조), 조선통교권을 스스로의
    것으로 집중시켰다(北島万次, 『豊臣秀吉의 朝鮮侵略』 吉川弘文館, 1995, 19쪽).
41) 김성일 지음·정선용 번역, 앞의 『국역 학봉전집 1』, 338쪽.
42) 김성일 지음·정선용 번역, 앞의 『국역 학봉전집 1』, 346쪽.
43) 김성일 지음·정선용 번역, 앞의 『국역 학봉전집 2』, 9~10쪽.

김성일은 또 대마도가 쇼니씨와 오우치씨의 몫, 즉 두 다이묘의 圖書와 세견선 등의 몫을 장악하려고 이미 그들이 16세기 중반 멸망했음에도 僞使 파견을 이어왔음을 알게 되었다. 교토에 들어간 사신에 의해 그 거짓이 밝혀지자 다시 고바야카와씨와 모리씨가 그 명의를 승계하려 한다고 사칭해 이를 대마도 몫으로 이어가려 하고 있다. 아울러 그동안 축소된 조선과의 무역관계 회복을 위해 사신에게 그 중재를 요청하고 있다. 임진왜란을 예상하고 있는 대마도라면 과연 이런 자세가 가능할까? 이런 대마도의 무역이익 유지와 확대를 위한 노력을 보며 김성일은 과연 임진왜란을 상상이나 했을까?

4. 楹外拜와 庭下拜 논쟁

1590년 7월 말 교토에 들어간 통신사행은 일본의 정치 현실에 눈뜨게 된다. 關白이 '일본국왕'이 아니라 천황의 신하로서의 '관백'에 불과하다는 사실이었다. 이에 히데요시에 대한 傳命禮 때의 拜禮를 둘러싸고 김성일과 허성 사이에 논쟁이 벌어진다. 이하는 별도로 註를 내세우지 않는 한 김성일이 허성에게 보낸 서한을 정리한 것이다.[44]

(1) 천황과 관백과의 관계

허성은 천황이 정치와 외교에 전혀 관여하지 않으므로 실제 '국왕'은 관백이며 그러므로 庭下拜가 마땅하다고 주장하고 있다. 이에 대해 김성일은 인민에 대한 생사여탈권을 가진 자가 관백인 것은 사실이지만 어디까지나 천황의 신하 입장이라는 명분에 주목하여 정하배에 반대하고 있다.[45] 또한 『海東諸國記』에서는 물론 일본 국내에서도 히데요시를 '관

---

44) 김성일 지음·정선용 번역, 앞의 『국역 학봉전집 1』, 341~345쪽.
45) 김성일은 『해사록』에서 천황을 '僞皇'이라 적고 있다. 방기철은 이에 대해, 조선보다 열등한 일본에 황제가 존재할 수 없다는 성리학적 대의명분에 의거한 표현

〈표 1〉 히데요시에의 정하배와 영외배 주장 논리

	허성의 정하배 주장	김성일의 영외배 주장
(1)	히데요시가 천황의 官位로서는 '관백'으로 신하이지만 실제로는 '국왕'의 권력을 행사.	조선국왕은 천황과 대등해야. 관백은 천황의 신하. 『해동제국기』에도 쇼군은 천황의 신하. 왜인들도 히데요시를 '관백'이라 하고 '국왕'이라 하지 않음.
(2)	가지고 온 조선 國書에 宣祖와 히데요시를 대등하게 설정했으니 '敵禮' 필요.	조선 국서는 일본 실정을 모른 상태에서 작성. 관백≠국왕이 파악되었으니 '敵禮' 불가.
(3)	以前 사신이 행한 영외배는 잘못이라 事目에 기록, 이번 儀註엔 정하배.	사목 안에 게재한 정하배 시행을 禮官이 착오라고 삭제.
(4)	일본사신이 조선에서 정하배했으니 조선사신도 일본에서 정하배하라, 는 논리는 존중해야 마땅.	조선국왕≠일본관백이므로 정하배 교환 불가.

백'이라고만 하지 '국왕'이라 칭하지 않고 있음을 가지고 허성의 주장에 반대하고 있다.[46] 그리고 조선 前期 일본의 여러 殿(다이묘)들이 조선국왕에게 '황제폐하'라 칭한 것은 일본천황=조선국왕이라고 보았기 때문이었다고 해석하고 있다.[47] 정하배란 뜰아래(庭下)에서 殿閣 안의 옥좌에 앉은 사람에게 행하는 拜禮를 말한다.

이라 평가하고 있다(방기철, 앞의 논문, 30쪽). 그런데 김성일이 관백을 천황의 신하로서 발견한 것은 히데요시가 천황의 권위를 빌려서 그 정치적 권위를 높여왔기 때문이다. 이전의 통신사는 아시카가 쇼군을 통해 천황을 발견하진 않고 있었다.

46) 김성일이 거론한 것은 『海東諸國記』의 「日本國紀—國王代序」의 내용이다. 거기에는, 비록 막부의 쇼군(將軍)이 국왕이라 해도 일본 안에서는 그리 칭하지 못하고 御所라 하며 그가 내는 문서도 敎書라고 부른다("所謂國王也, 於其國中, 不敢稱王, 只稱御所, 所令文書, 稱明敎書.")라고 있다. 유성룡도 관백 칭호와 관련하여 "그 나라에서는 천황을 매우 높여서 秀吉로부터 이하의 모든 관리가 다 신하의 예로서 이에 처하였고, 히데요시는 나라 안에 있을 땐 왕이라 칭하지 않고 다만 관백이라 칭하였고, 혹은 博陵候라 칭했다."고 평가하고 있다(유성룡, 앞의 책, 34쪽).

47) '황제폐하'라고 칭한 例는 高橋公明, 「朝鮮遺使ブームと世祖の王權」(田中健夫編, 『日本前近代の國家と對外關係』 吉川弘文館, 1988) 362쪽을 참고.

(2) 宣祖의 국서 형식

허성은 이번에 지참한 宣祖의 국서에 일본관백을 '국왕'이라고 대등하게 호칭하고 있으므로 일본사신이 조선국왕에게 행했던 정하배를 조선사신도 관백에게 해야 한다고 주장하고 있다. 즉 대등한 나라(敵國) 사이에는 똑같은 敵禮를 교환해야 한다는 것이다. 이에 대해 김성일은 지참한 국서가 일본의 실정을 파악하지 못한 상태에서 내어진 것이므로 따르지 않아도 되며, 이전의 통신사가 관백이 국왕인줄 잘못 알고 있으면서도 楹外拜를 행했는데 지금 우리는 관백이 국왕이 아닌 줄 알면서 정하배를 하려 하느냐, 고 반박하고 있다.[48] 영외배란 건물의 지붕을 받치는 바깥기둥의 바깥 측 마루 위에서 행하는 拜禮를 일컫는다.

(3) 事目과 儀註

허성은 사목과 의주에 의거하여 정하배를 주장하고 있다. 즉 朝廷에서 통신사에게 준 사목과 의주에 그리 쓰여있다고 했다. 그러나 김성일은 사목에 썼던 정하배를 禮官이 착오라고 여겨 삭제했다고 주장하고 있다. 그러면서 그는 금후 통신사의 사목과 의주를 영외배로 하여 이를 典例 삼아야한다고 역설하고 있다.

(4) 대등 의례 교환

허성은 일본사신이 조선에 와서 정하배를 하니 조선사신도 일본에 가서는 정하배해야 한다는 논리로 일본측이 주장하면 어쩔 수 없지 않느냐고 반문한다. 그러나 김성일은 천황이어야 조선국왕의 대등한 외교상대인데 관백이 되므로 정하배는 불가하다고 주장한다.

그런데 김성일도 천황은 명분에 불과하고 실제권력은 어디까지나 관

---

48) 이전의 통신사가 傳命禮를 행했던 상대는 관백이 아니라 무로마치 막부의 쇼군이었다. 관백은 히데요시가 취한 官職에 불과하다.

백인 히데요시가 행사하고 있음을 간과할 수 없었는가 보인다. 영외배를 행하면 조선사신이 높아지고 그리되면 조선이 上國이 되는 것이라고 말하고 있기 때문이다. 그리고 관백이 만약 정하배를 택하면 이는 천황을 참칭하는 의미를 갖게 된다고 일본측에 설득하려 하고 있다. 그리고도 불안했는지 그 하루 전날 겐소에게 물었다. 일본의 다이묘들이 관백에게 정하배를 행하는가하고. 겐소가 답했다. 관백은 君이 아닌 臣의 입장이기 때문에 다이묘들에게 정하배를 강요하지 못한다고. 김성일이 다시 물었다, 이전에 조선사신은 영외배를 행해 왔는데 이번엔 어떻게 할 작정이냐고. 겐소가 이에 답했다. 영외배로 할 것이며 일본에도 그런 典故가 있다고. 김성일은 이튿날 다시 어떤 승려에게 관련 질문을 하였다. 그 승려가 답했다. 일본 풍속에 無官者에겐 정하배를, 관직 가진 자에겐 영외배를 시킨다고. 그래서 琉球 사신이 와서는 영외배를 시켰다고.[49]

이에 김성일은 안심한다. 관백이 대내적으로 다이묘들에게 정하배를 시키지 않는 것처럼, 유구처럼 작은 나라의 사신에게도 영외배를 시킨 것처럼 조선사신에게도 정하배를 강요하지 않을 것이라고. 다만 겐소 등이 조선에 와서 정하배를 했으니 일본에서도 같은 의례를 해야한다는 '敵禮' 논리로 나오면 어떨까 걱정되어서일까, 김성일은 미리 겐소에게 귀띔하고 있다. 김성일은 서한의 끝에 결론처럼 강조하였다. 히데요시가 진짜 왕이라 해도 정하배를 하는 것은 더할 수 없는 치욕이라고.

이처럼 정하배 논쟁에서 보여준 김성일의 강한 자세는 역시 100여 년 만의 통신사로서 나쁜 典例를 만든 욕먹는 사신이 되어선 아니 되겠다는 확고한 역사인식에서였다.

"우리들의 행차가 100년 만에 있는 일이니, 이것도 하나의 시초입니다. 堂 위에서 절하고(楹外拜) 뜰아래에서 절하는 것(庭下拜)이 모두 오늘날 하

---

49) 이와는 다르게 무로마치 막부 쇼군의 경우 琉球사절에게 庭下 三拜禮를 행케 하고 있다. 『蔭凉軒日錄』文正 元(1466)年 7月 28일조에 의하면, 유구사자가 寢殿의 前庭에서 쇼군에 대해 三拜禮를 행하고 있다.

기에 달려 있습니다. 그러니 어찌 시초에 조심하지 않아서 후일에 오는 사신이 팔뚝을 걷어붙이고 '뜰에서 절하는 굴욕이 아무개가 사신으로 왔을 때부터 시작되었다'고 하게 할 수가 있겠습니까."[50]

　　『선조수정실록』에도 김성일이 단독으로 겐소와 따져서 영외배를 하는 것으로 결정해서 恒式으로 삼게 되었다고 적고 있다.[51]

　　그러면 여기서 앞의 〈표 1〉의 (3)과 관련하여 예전의 통신사가 일본에 가서 행한 拜禮가 어떤 것이었나 살펴보자.

　　1439년 통신사 고득종이 쇼군 요시노리(義敎)에게 행한 배례는 "고려(조선) 통신사가 殿中에 이르자 南面한 欄中에서 三拜를 받았다." 라고 하듯이 난간에서 행한 三拜禮였다.[52] 1443년의 변효문의 경우는 "臣 이하의 正官은 楹外에 서고, 軍官 이하는 뜰에 서서 모두 四拜를 행했다"고 하여,[53] 正·副使 등의 正官級은 영외배를, 군관 이하만이 정하배를 행했음을 알 수 있다. 楹外란 御殿의 지붕을 받치는 바깥기둥에서 처마 밑의 안쪽까지의 공간을 가리키는 것으로 대체로 마루로 깔려있는 공간이다. 따라서 아시카가 쇼군이 통신사로부터 禮를 받는 楹內(바깥기둥에서 안쪽의 공간으로 內殿)와 正官級의 통신사가 禮를 행하는 楹外와의 사이에는 공간적인 높낮이의 차가 별로 없다. 이러한 점에서 庭下와 楹外와는 큰 차이가 있다 하겠다. 이처럼 통신사가 쇼군에게 행한 배례는 영외배가 관례였다.

---

50) "吾輩之行, 出於百年之後, 此亦一初也. 拜上拜下, 其幾皆在今日, 何可不謹其初, 使後日之使臣, 扼腕而言曰, 庭拜之辱, 自某行始也云乎."(김성일 지음·정선용 번역, 앞의 『국역 학봉전집 1』, 原本 97쪽).
51) 『선조수정실록』 24년 3월 1일(정유).
52) "高麗通信使, 參殿中, 乃於南面欄中三拜."(『蔭凉軒日錄』 永享11년 12월 26일 條[『古事類苑―外交部』吉川弘文館, 1978, 371쪽).
53) "臣以下正官, 立楹外, 軍官以下, 立庭, 皆行四拜."(『세종실록』 25년 10월 13일 [갑오]).

그러면 쇼군의 사자인 일본국왕사가 조선국왕에게 행한 배례는 어떤 것이었을까? 1422년 일본국왕사 게이츄(圭籌)가 세종에게 행하는 의례와 관련하여 다음의 기사를 보자.

> 게이츄 등이 殿庭에 들어와서 浮屠의 禮로써 하고 拜禮를 하지 않으려 하자, 禮官이 通事로 하여금 그를 타이르기를, "君臣의 禮가 없으면 어찌 使命을 받들고 왔는가. 隣國의 사신이 庭下에서 배례함은 禮이니라." 하니, 마지못해하며 그제서야 절하였다.[54]

조선측은 뜰에 선 게이츄에게 명하여 세종에게 拜禮를 하게 했으나 게이츄는 불교의 禮인 合掌으로 끝내려하였다. 이에 대해 禮官이 隣國의 사자가 조선국왕에게 신하의 예로서 정하배를 행함은 당연하다, 고 하여 이를 강요하고 있다. 이는 쇼군의 사자가 조선국왕에게 정하배를 행하는 것이 쇼군의 조선국왕에 대한 '적례'라고 조선측이 인식하고 있었음을 보여주고 있다.

이처럼 조선만이 일방적으로 정하배를 강요해서였을까, 1479년(성종 10) 통신사가 파견될 때 조정에서는 '일본국왕'에게 書·幣를 전달할 때의 의례로 '日本國王處傳書幣儀'를 정비하여 통신사에게 전달하는 동시에, 1443년 통신사 변효문이 '일본국왕'에게 행한 영외배를 정하배로 바꾸게끔 하고 있다.

> "변효문의 通信使行에는 正官 이상이 영외배의 禮를 행하였으니 이는 君臣의 禮가 아닌 듯합니다. 대개 王命을 받들어 외국에 가는 사신은 모든 일을 禮에 의거하여 행하도록 하고, 군신 상하의 義를 알도록 해야 합니다. 그러므로 이번에 가는 조선사절에게 만약 막부가 다시 영외배의 예를 행하게

---

54) "圭籌等入殿庭, 以浮屠禮欲不拜, 禮官, 使通事論之曰, 無君臣之禮, 則何以奉使而來, 隣國之使, 拜於庭下, 禮也, 不獲已乃拜."(『세종실록』 4년 11월 기사).

한다면 마땅히 禮가 아니라고 거절하고, 强請한다면 그때서야 (堂上에) 올라
가서 拜禮하는 것이 어떠하겠습니까?" 하니, 임금이 따랐다.[55]

즉 변효문 때의 영외배는 그 의례가 君臣의 禮가 아니었음을 비판하
고, 이번에 파견될 통신사는 일본측에 '君臣上下之義'를 이해시키기 위
해 막부측으로부터 영외배를 허락 받아도 이를 非禮라고 사양하고, 막부
가 강하게 요청한다면 그때엔 그에 응하게 하라고 건의하고 있다. 즉 가
능한 한 정하배를 행하게 할 것을 주장하고 있고, 成宗도 이 예조의 의견
에 찬동하고 있다.

주목되는 것은 書·幣의 전달 의례가 조선에서 일본국왕사에게 행하
게 해온 것과 기본적으로 거의 같다는 데에 있다.[56] 또한 정하배도 이때
까지 조선측만이 일본국왕사에게 행하게끔 해오던 것이다. 書·幣 전달의
례나 정하배의 의례를 막부측이 조선사절에게 행한 적은 없었다. 그런데
조선측은 이번에 통신사의 일본 파견에 즈음하여 두 의례를 솔선하여 행
하려고 하고 있는 것이다.

그러면 成宗代 조선이 이러한 君臣관계를 명확히 표현하는 정하배나,
상세한 書·幣 전달의례를 통신사로 하여금 아시카가 쇼군에게 솔선하여
행하게 하려한 의도는 무엇일까? 일본을 기본적으로 '敵國'으로 인식한
점에 있을 것이다. 진정한 '적국' 관계는 사자를 통한 君臣儀禮의 교환으
로 성립한다. 그리고 이 군신의례는 상호 교환하지 않는 한 궁극적으로
'적례'로서 성립될 수 없다. 정하배도 書·幣 전달의례도 조선측이 일본
국왕사에게 일방적으로 행하게 한 의례이다. 이것을 진정한 '적례'로 위
치시키기 위해서는 일본으로 하여금 조선사절에 대해 이들 의례를 행하

55) "卞孝文之行, 正官以上於楹外行禮, 似非君臣之禮, 大抵奉使絶域, 凡事皆據
行禮之, 使知君臣上下之義, 今若許陞楹外行禮, 則當以非禮辭之, 强請然後陞
拜, 如何, 上從之."(『성종실록』 10년 4월 2일[무자]).
56) 『세종실록』 권133의 「受隣國書幣儀」參照.

게 하지 않으면 안된다. 이같은 '일본국왕'에 대한 의례 결정에 대해 당시 조선 조정에서 누구 하나 반대하고 있지 않았다. 이는 이 시점에 와서 이러한 '적례' 실현의 의지가 조선조정에서 공감대를 형성하고 있음을 보여주는 것이다.

그와 똑같은 관점 하에 조정에서 관백 히데요시가 '일본국왕'으로 조선국왕과 적례를 교환해야 할 상대이니 정하배를 행하라고 경인통신사에게도 그 事目과 儀註에 실었지 않았을까? 그런데 禮官이 過禮라고 이를 일부 삭제한 것이 아닐까? 그러나 김성일은 관백≠국왕이란 관점에서 영외배로 바꾸려 한 것이다. 그렇다면 성종대의 정하배 儀註에 보이는 對日 포용적 자세가 宣祖代에 와서, 더욱이 華夷論을 강조하는 성리학자 김성일에겐 對日 멸시론으로 전환된 것이 아닌가 여겨진다.

그러면 왜란 이후인 조선후기 일본에 간 통신사는 에도막부 쇼군에게 어떤 배례를 행하였을까? 그것은 楹內拜였다. 영내배란 즉 영내(전각의 기둥 안쪽)의 上堂에 쇼군의 座位를 설정하고, 三使인 正使·副使·從事官은 그 상당이나 中堂에서 배례를 행하는 것이다. 이는 무로마치시대의 영외배보다도 공간적인 차가 더욱 좁혀진 것을 의미한다. 즉 쇼군과 삼사는 君·臣의 방향을 의미하는 북·남쪽에서 서로 마주대하고 있기는 하지만 시각적으로는 거의 차가 없는 공간에 위치되어졌기 때문이다.[57]

이러한 통신사의 쇼군에 대한 영내배에 영향 받았기 때문일까, 대마도는 통신사가 쇼군에게 영내배를 행하듯이 자신들도 堂上에서 숙배를 행하게 해달라고 요청하고 있다. 다음의 자료가 그것이다.

인조 15년 丁丑(1637) (대마도가) 差倭로 平成連을 보내어 말하길, 조선 통신사는 에도에 와서 堂上에서 절하는데 우리들만이 (부산 왜관에 와서) 뜰 아래에서 절을 함은 상호간의 대등한 도리가 아니니 차후부터는 대청 마루위

---

57) 민덕기, 앞의 책, 393쪽.

에서 배례하게 해달라고 요청했다. 이에 임금이 敎旨로 그 숙배를 모두 불허하니, 倭使가 계책이 궁하여 뜰 가운데 판때기를 깔고 절하기를 청하였고 조정이 이를 허락했다.[58]

이른바 1609년의 기유약조 이후 대마도는 漢城 上京에 수반되는 조선국왕에의 숙배 요청이 조선에 의해 거부되자, 그 대신 부산 客舍에 조선국왕을 상징하는 '殿牌'를 마련하여 그것에 숙배하는 것을 요청하여 허용 받았다. 그러나 1637년 대마도는 差倭를 파견하여, 통신사가 에도에서 쇼군에게 행례할 때에는 堂上에서 하면서도 일본측 사자만이 부산에서 정하배를 행하는 것은 '적례'('均敵之道')가 아니므로 이제부터는 '廳上'(堂上)에서 행례하고 싶다고 요청해 왔다. 이에 조선은, 그렇다면 숙배하는 것조차 용서할 수 없다는 강경방침으로 대응했다. 그러자 '왜사'가 정하배를 행할 때 판자를 깔아 그 위에서 하고 싶다고 입장을 후퇴하였으므로 조선은 이를 허용하였다고 한다.

5. 경인통신사에 대한 일본의 대응과 침략 준비

히데요시가 조선 사절을 어떻게 접견했는가는 『징비록』이나 『선조수정실록』에 상세하다. 즉 사신을 堂上에 올라가게 해 배례를 행하게 했다고 하는 것으로 보아 히데요시는 영외배를 허락한 것으로 여겨진다. 그의 얼굴은 "작고 추하며 낯빛은 검어서 보통 사람과 다른 威儀는 없었으나, 다만 눈빛이 번쩍거려 사람을 쏘아보는 것처럼 느껴졌다."고 한다.

---

58) "至仁祖十五年丁丑, 送差倭平成連, 來言曰, 朝鮮通信使, 行禮於江戶堂上, 而吾人, 則拜於庭, 殊彼此均敵之道, 請行禮於廳上, 因敎旨幷不許其肅拜, 倭使計窺, 乃請鋪板於庭中, 朝廷許之."(金健瑞編, 『增正交隣志』[1802년 간행] 권3, 「倭使肅拜式」).

그러나 접견 의례의 자리에는 "잔치 기구도 설비하지 않고 탁자 하나만 앞에 놓았으며, 탁자 한가운데에는 떡 한 접시를 놓았다. 술을 질그릇 사발에다 부어 돌리는데 술도 막걸리였다. 그 예절이 매우 간략하여 두서너 번 술잔을 돌리고는 그만두었으며, 절하고 읍하면서 서로 술잔을 주고받는 절차가 없었다."고 적고 있다.[59] 이로 보아 히데요시의 통신사절 접견 의례가 아주 간소했음을 알 수 있다.[60]

애초 대마도측은 통신사를 '高麗關白'이라고 거짓으로 선전했다. 그래서일까 당시 일본측 문헌엔 '조선국사절' '고려의 關白' "고려·남만에서도 복속의 예를 취하기 위해 사자가 와서 교토와 堺에 체류하고 있으니 前代未聞의 일이다." 라고 기록하고 있다. 이는 히데요시가 자신의 일본 국내에서의 정치적인 위엄과 위치를 강고히 하기 위해 의도적으로 유포시킨 것으로 보인다.[61] 그러나 조선 사절이 히데요시와 같은 권력을 가진 '관백'이 아니라 일개 사절에 불과하다는 것을 이윽고 파악해서인지 『言經卿記(도키츠네쿄키)』나 『晴豊記(하레토요키)』는 '高麗人' '狛人'이라 기록하고 있다. 히데요시도 그래서 접견 의례도 간략하게 행하고 다이묘들도 거의 동원시키지 않고, 公家 5명에 히데요시 측근 3명을 참여시켰을 것이라고 田中敏昭는 분석하고 있다.[62] 그러나 또 한 가지 이유

---

59) 유성룡 지음·김종권 역주, 앞의 책, 34쪽, 『선조수정실록』 24년 3월 1일(정유).
60) 왜란 이전 무로마치의 통신사 접대는 다음처럼 그야말로 한심했던 듯하다. 1443년 통신사 변효문의 子弟군관으로 일본에 다녀왔던 이인규는 1479년 성종의 질문, 즉 일본에서 사신을 전별할 때의 잔치 의례가 어떠했느냐고 묻자, "朝夕으로 주는 밥에는 모래가 섞였고 파를 넣어 끓인 국을 곁들일 뿐이었으니, 어찌 잔치를 베풀어 음식을 권하여 위로하는 예가 있겠습니까? 다만 세 대신과 南仙寺·二靈寺·相國寺의 승려가 잇달아 음식을 권하여 위로하였으나, 또한 湯餠과 冷餠에 지나지 않았습니다."라고 답하고 있다(『성종실록』 10년 2월 9일[병신]).
61) 윤유숙, 「임진왜란 발발전 한일교섭의 실태」, 한국일본어문학회 학술발표대회논문집, 2006, 884쪽.
62) 田中敏昭, 앞의 논문, 113쪽. 『言經卿記』는 公家 山科言經의 일기이며, 『晴豊記』는 公卿 勸修寺晴豊의 일기. '狛人'는 고마비토라 읽어 '高麗人'과 같은 의미.

가 있을 듯하다. 즉 히데요시가 여전히 조선을 대마도에 종속된 하찮은 나라로 보았기 때문은 아니었을까?

이어 히데요시의 통신사 접견 광경을 살펴보자.

> 잠시 후에 히데요시가 갑자기 일어나서 안으로 들어갔으나, 자리에 있던 사람들은 모두 움직이지 않았다. 조금 뒤에 한 사람이 便服으로 어린애를 안고 안으로부터 나와서 堂上을 서성거리므로 이를 바라보니 히데요시였다. 이때 자리에 앉아 있던 사람들은 모두 고개를 숙이고 엎드려 있을 따름이었다. 이윽고 난간 밖(欄外)에 나와서 우리나라 악공을 불러 여러 가지 풍악을 성대하게 연주하게 하고 이를 듣고 있는데, 안고 있던 어린애가 그 옷에 오줌을 누었다. 히데요시는 웃으면서 사람을 부르니 한 여자가 그 소리에 응하여 달려 나와 그 아이를 받았고 히데요시는 다른 옷으로 갈아입었는데, 그의 행동거지가 제멋대로였으며 마치 곁에 사람이 없는 것 같은 태도였다. 사신들이 하직하고 물러나왔는데 그 뒤로는 히데요시를 볼 수가 없었다. 상사와 부사에게 은 400냥씩을 주었고, 서장관과 통사 이하의 수행원에게도 차등을 두어 주었다.

여기서 히데요시가 안고 있던 아이는 그의 늦둥이 아들로 1589년 측실인 淀殿와의 사이에 태어난 츠루마츠(鶴松)였다. 그런 그가 외국사신을 접견하는데 그 갓난 아들을 안고 있다. 그리고 옷에 오줌을 싸자 웃고는 옷을 갈아입고 있다. 외교사절을 접견하는 자리에서 도저히 있을 수 없는 행위이다. 이로 보아 천하를 호령하려는 帝王의 모습보다는 늦둥이의 安危 외에는 관심이 없는 늙은 애비의 모습이 이미 보여진다. 츠루마츠는 1591년 만 2살에 병으로 죽는다.[63]

이어 히데요시가 상사와 부사에게 銀 400냥을 주었다는 기록이다. 그

---

[63] 츠루마츠가 죽자 히데요시는 곧 조카 히데츠기(秀次)를 養子로 삼지만, 1593년 56세에 다시 아들 히데요리(秀賴)를 얻게 되자 2년 후인 1595년 히데츠기에게 모반이라는 죄를 뒤집어 씌워 할복자결 시키고 그의 일족 39명을 도륙한다.

러나 이들이 이 돈을 어떻게 했다는 기록이 특별히 없다. 조선 후기엔 통신사에게 쇼군이 보내온 이러한 銀子를 三使는 모두 사양하고 있다. 즉 이 돈을 대마도에 건넬 公木用과 戶曹나 兵曹로부터 渡日을 위해 대출받은 금전에 대한 상환금으로, 그러고도 남는 것은 사절의 員役에게 나눠주고 있다.[64]

히데요시가 조선사신에게 건넨 답서는『선조수정실록』24년 3월 1일 (정유)조에 실려 있다. 이 답서에서 히데요시는 일본 전국을 평정한 것을 "우리나라 60여 州는 근래 諸國이 분리되어 나라의 기강을 어지럽히고 대대로 내려오는 예의를 저버리고서 朝廷의 政事를 따르지 않기 때문에 내가 분격을 견디지 못하여 3~4년 사이에 叛臣과 賊徒를 토벌하여 먼 섬들까지 모두 장악,"하였다고 하고 있다. 그러고는 "일찍이 나를 잉태할 때에 慈母가 태양이 품속으로 들어오는 꿈을 꾸었는데, 相士가 '햇빛은 비치지 않는 데가 없으니 커서 필시 八方에 어진 명성을 드날리고 四海에 용맹스런 이름을 떨칠 것이 분명하다.' 하였는데, 이토록 기이한 징조로 인하여 나에게 敵心을 품는 자는 자연 기세가 꺾여 멸망하는지라, 싸움엔 반드시 이기고 공격하면 반드시 빼앗았다. 이제 천하를 평정한 뒤로 백성을 어루만져 기르고 외로운 자들을 불쌍히 여겨 위로하여 백성들이 부유하고 재물이 풍족하므로 土貢이 전보다 만 배나 늘었으니, 本朝가 개벽한 이래로 朝政의 성대함과 首都의 壯觀이 오늘날보다 더한 적이 없었다."라고 하며 하늘의 선택을 받은 자가 다름 아닌 자신이라고 칭찬을 늘어놓고 있다.[65] 그러고는 "국가가 멀고 山河가 막혀 있음도 관계없이 한 번 뛰어서 곧바로 大明國에 들어가 우리나라의 풍속을 4백여 州에

---

64) 민덕기, 「조선후기 對日 通信使行이 기대한 반대급부 - 일본에서 받은 私禮單의 처리와 관련하여-」,『한일관계사연구』24, 2006, 215쪽.

65) 이에 대해 北島万次는 '天下·異域의 통일은 天命'이란 논리와 나란히 生誕의 '奇異'를 내용으로 하는 '日輪의 아들'이란 논리가 나타나고 있다고 평가하고 있다(北島万次,『豊臣政權の對外認識と朝鮮侵略』, 校倉書房, 1990, 100쪽)

바꾸어 놓고 帝都의 政化를 억만년토록 시행하고자 하는 것이 나의 마음
이다. 귀국이 先驅가 되어 入朝한다면 遠慮가 있음으로 해서 近憂가 없
게 되는 것이 아니겠는가. 먼 지방 작은 섬도 늦게 入朝하는 무리는 허용
하지 않을 것이다. 내가 大明에 들어가는 날 사졸을 거느리고 軍營에 임
한다면 더욱 이웃으로서의 盟約을 굳게 할 것이다." 라고 하고 있다. 明
을 정벌하는데 조선이 길잡이가 되어 적극 협조하지 않으면 안 될 것이
라고 엄포를 놓고 있는 것이다.

그런데 경인통신사를 보는 일본측의 시각에 대한 사료는 별로 없다.
아래처럼 『선조수정실록』의 기사가 보일 뿐이다.

> 倭人들은 黃(황윤길)과 許(허성)를 비루하게 여기고 성일의 처신에 감복
> 하여 갈수록 더욱 칭송하였다. 그러나 平義智만은 대단히 유감스럽게 여겨
> 매우 엄격하게 대우하였기 때문에 성일이 그곳의 사정을 잘 듣지 못하였다.
> 그후 義智는 우리 사신에게 '성일은 節義만을 숭상하여 사단이 생기게 된
> 다.'고 하였다.[66]

즉 일본인들은 황윤길과 허성의 타협적 자세 등을 비웃고 김성일의
節義를 신념으로 삼는 태도에 감탄하였다는 것이다. 그러나 종의지만은
김성일의 태도에 불만을 품어 별로 일본 현지 정보를 들려주지 않았다는
것이다.

한편 당시 일본에 거주했던 포르투갈의 예수회 선교사 루이스 프로이
스(Lois Frois)는 "몇 달 전 조선국왕이 보낸 외교 사절도 수많은 일행을
거느리고서 교토에 왔었는데 중국인과 조선인들은 평소 나다닐 때 보듯
이 그 전원이 상스럽게 정강이까지 드러낸 채로 거리를 걸어 다니고 길
거리에서 서서 음식을 먹는 등의 품위 없는 자들이었으므로 일본인은 그

---

66) 『선조수정실록』 24년 3월 1일(정유).

들을 매우 경멸하면서 포르투갈 인들도 그들과 마찬가지일 것이라고 생각하였던 것이다.”라고 표현하고 있다. 여기서 일본인들이 통신사 일행을 경멸하는데 그 이유로 정강이까지 드러낸 채로 거릴 활보하기 때문이라고 한 점은 이해가 되지 않는다. 드러낸 것을 가지고 경멸하는 경우는 조선이 일본에 대해서 그러했기 때문이다. 그러나 길거리에 서서 음식을 먹는 행위는 그러지 않는 것이 예절일 일본인들에게 멸시감을 갖게 했을 지는 모르겠다. 또한 프로이스는 “일본인들은 이 사절단을 조금도 평가하지 않았지만, 그럼에도 관백은 그들을 매우 정중히 대접하고 명예로써 대우했다.”고 적고 있다.[67]

그러면 히데요시의 조선 침략 준비는 언제부터 표면화 되었는가? 히데요시는 1587년 5월, 규슈 정벌에 즈음하여 臣從시킨 대마도주 종씨를 통해 조선국왕의 入朝와 ‘征明嚮導’를 명하고 있다. 주목되는 것은 전술한 것처럼 히데요시가 조선이 지금까지 “쓰시마 다이묘에게 순종하고 있다”, 즉 조선은 종씨에게 종속하고 있다고 이해하고 있다는 사실이다. 히데요시는 대마도에 종속한 조선이란 인식을 전제로 조선국왕의 來朝에 성공하면 대마도 지배를 인정하여 주겠다고 하고 있다.

히데요시의 조선국왕 入朝명령 이후 宗氏가 보인 조선과의 교섭은 전술했으므로 생략한다. 1591년 늦둥이 아들이 병으로 죽은 다음 날인 8월 6일, 히데요시는 明나라 침략 결의를 밝힌다. 즉 교토 五山의 高僧에게 征明供奉을 명한 것이다.[68] 같은 해 8월, 조선과의 교섭이 결렬되었음을 보고받은 히데요시는 ‘唐入’ 決行을 내년 봄에 실행할 것을 전국에 알리고 나고야(名護屋)성곽의 축조를 규슈의 다이묘들에게 명령하고 있다. 다

---

67) 프로이스 지음, 오만·장원철 옮김, 『프로이스의 「일본사」를 통해 다시 보는 임진왜란과 도요토미 히데요시』(국립진주박물관, 2003), 73, 188쪽.

68) 北島万次, 앞의 책, 29쪽. 中里紀元는 히데요시의 ‘唐入’ 出陣 명령을 1591년 1월 5일 내려졌다고 하고 있으나 사료는 제시하지 않고 있다(中里紀元, 『秀吉の朝鮮侵攻と民衆文祿の役 －日本民衆の苦惱と朝鮮民衆の抵抗－』文獻出版, 1993, 13쪽).

음 달인 9월엔 마츠라 시게노부(松浦鎭信)에게 이키(壹岐)에 대해서도 축성 명령이 내려졌다.[69]

프로이스는 성곽공사 개시 이전의 나고야의 모습에 대해, 그 땅은 외딴 곳으로서 사람이 살기에 부적당할 뿐만 아니라, 식량 이외에 과업을 수행하는 데 필요한 모든 물품이 결여되어 있었고, 산이 많고 더구나 늪지대로서 사람의 손이 닿지 않았던 황무지였다, 고 소개하고 있다.[70] 이런 나고야가 히데요시의 엄명에 의해 대도시로 변모해 갔다. 동북지방의 미토(水戶)에서 參陣한 히라츠카 다키토시(平塚瀧俊)는 나고야의 모습을 고향에 보낸 편지에서 "해안은 모두 다이묘들이 자릴잡고 산도 들도 빈 곳이 없었다" "(나고야의) 중심지(죠카마치 ;城下町)는 교토·오사카·사카이(堺) 사람들이 모두 모여, 물건 또한 없는 것이 없었다." 라 하여, 상인이나 匠人들까지 몰려들어 需要景氣로 붐비는 광경을 기록해 두고 있다.[71]

이 나고야에서 1592년 3월, 규슈·츄고쿠·시코쿠의 다이묘들을 비롯하여 16만의 병력이 조선으로 출발하였고, 동시에 에조(蝦夷 ;아이누)의 마츠마에(松前)씨까지 포함된 전국의 다이묘들이 나고야에 參陣하여 임진왜란의 전쟁태세에 돌입하게 된다.[72]

6. 맺음말

이상으로 검토한 것과 관련하여 우선 히데요시의 조선침략을 경인통신사가, 부사 김성일이 과연 예상하고 있었을까 알아보자. 김성일은 교토에 온지 5개월이 지났는데도 王命을 전하지 못하는 이유를, 히데요시

---

69) 笠谷和比古·黑田慶一 共著, 앞의 책, 35쪽.
70) 프로이스, 앞의 책, 179쪽.
71) 笠谷和比古·黑田慶一 共著, 앞의 책, 36쪽.
72) 北島万次, 『加藤淸正』 吉川弘文館, 2007, 2쪽.

가 東征(관동지방의 호죠씨 정벌)을 나가 진압하고 돌아왔지만 교토에 돌아
와서는 궁실을 짓기 때문이라고 황윤길에게 말하고 있다.[73] 이처럼 동북
지방의 반대세력을 진압해야 하고 교토의 궁실을 지어 권위를 가지려 하
는 히데요시가 조선침략을 곧 결행할 것이라고 김성일은 생각했을까? 대
마도주는 이미 멸망한 쇼니씨와 오우치씨의 명의를 사칭하여 무역 이익
을 가로채고 있었다. 이를 교토에 간 김성일이 알아차리자, 이번엔 그 지
역을 차지한 고바야카와씨와 모리씨가 그 명의를 승계 받아 對조선 무역
관계를 지속하려 한다고 거짓말하여 그 명의를 계속 확보하려 하고 있
다. 더욱이 그동안 축소된 무역관계의 확대를 요청하고 있다. 이러한 평
화를 전제로 한 대마도의 잇속 챙기기 동향을 바라보는 김성일에게 히데
요시의 거국적 침략이 예상이나 되었을까?

경인통신사는 1591년 1월 28일 귀국한다. 그런데『선조실록』에서 귀
국 관련기사는 있어도 復命 기사는 없다.[74] 황윤길과 김성일의 히데요시
에 대한 상반된 復命은 임진왜란이 일어난 후인 5월 3일자『선조실록』에
가서야 회상의 형태로 실리게 된다. 이는 무엇을 뜻하는가? 경인통신사의
주된 파견목적이 일본정탐이 아니었으며, 그러므로 그 상반된 복명은 왜
란 대비 여하에 어떠한 영향도 주고 있지 않음을 시사하는 것이 아닐까?

오히려 김성일의 경우, 100년만에 파견된 통신사이므로 모범을 보여
이후의 典例로 삼게해야 한다는 확고한 신념을 가지고 있었다. 그래서
事目에도 前例도 없었던 宣慰使의 마중을 일본측에 기대했고, 조선의 臣
下格이라는 측면에서 대마도주의 無禮에 대해 재삼재사 문제 삼게 되는
것이다. 그러나 관백이 천황의 신하인 이상 그에게 庭下拜를 행할 수 없

---

73) 김성일 지음·정선용 번역, 앞의『국역 학봉전집 2』, 5쪽의 '客難說로 上使에게
    답한 편지' 중에서.
74) 『선조실록』24년 1월 13일(경술), 2월 6일(계유). 『선조수정실록』엔 선조
    24(1591)년 3월 1일자에 복명 기사가 있다. 복명기사가『선조수정실록』
    에 가서야 실렸다는 것은 왜란 이전엔 조정에서 복명에 별로 관심이 없었
    음을 시사하는 것이 아닐까?

다는 김성일에게는, 쇼군은 일본국왕이니 그에게 정하배를 행하여 일본에 '君臣上下之義'를 보여주어야 한다는,[75] 이른바 성종대의 정하배 儀註에 보이는 對日 포용적 자세는 이미 나타나지 않는다. 오히려 華夷論을 강조하는 성리학자 김성일의 對日 멸시론이 돋보일 따름이다.[76]

그러면 당시 조선측이 히데요시의 통신사 파견 요청 의도를 어떻게 파악하고 있었는가 살펴보자.

김성일은 허성에의 서한에서, 히데요시가 '交隣 通好'하려고 '獻俘'까지 하며 통신사 파견을 요청한 뜻은 禮義의 나라인 조선을 흠모하여 일본에 이를 '借重'하려 한 것에 불과하다고 말하고 있다.[77] '借重'이란 남의 권위를 빌려와 위세를 떤다는 의미이다. 그러므로 막 일본에서 패권을 장악한 히데요시가 조선의 승인과 축하사절 파견을 대내적으로 선전하기 위한 것이라고 인식하고 있는 것이다.

이러한 인식은 1588년 1월 일본에서 사신이 온 뜻을 모르겠다고 선조가 의아해 하자, 참찬관 황섬이 조선을 차중하려는 것에 불과할 것이라고 답하고 있다던가, 1589년 8월 일본이 통신사를 파견해달라고 서두르는 이유를 선조가 묻자 변협이 "借重하여 인심을 진정시키려는 것인지, 우리에게 흔단을 만들려는 것인지 모르겠습니다."라고 답하고 있는 데서도 보인다.[78] 왜란 이후인 1606년 2월 선조가 "우리나라 사람은 敵을 잘 헤아리지 못한다. 임진년에 히데요시가 우리나라에 使節을 청한 것에 대해 모두들 논하길 (우리나라를) 借重하려는 뜻일 거라고 하였다. 그러나 히데요시는 天朝마저 경멸하였는데 어찌 우리나라를 借重하려 함이 있

---

75) 『성종실록』 10년 4월 2일(무자).
76) 小幡倫裕는 김성일이 君臣上下의 구별이 있는 일본이라 인식하여 德化시킬 수 있는 나라로 보고 있었다고 평가하고 있다(小幡倫裕, 앞의 책, 76쪽).
77) "其欲交隣通好, 獻俘請使者, 其意不過慕禮義之國, 欲借重於其邦耳."(김성일 지음·정선용 번역, 앞의 『국역 학봉전집 1』, 329쪽, 原本은 같은 권1의 90쪽)
78) "恐不過借重於我國耳" (『선조실록』 21년 1월 3일[정해]), "欲借重鎭定人心耶, 抑開釁於我耶, 未可知也." (『선조실록』 22년 8월 1일[병자]).

었겠는가?" 라고 히데요시를 비판하는 가운데서도 보이고 있다.[79] 이처럼 히데요시가 조선을 '차중'하여 파견된 통신사를 통해 대내적인 정치 안정에 이용하려고 한 것으로 조선은 평가하고 있었던 것이다. 이렇게 본다면 경인통신사의 使命이 단지 일본 정세의 정탐이나 히데요시의 침략 여하 탐지만은 아니었던 것이다.

이 논문을 끝내면서 한 가지 문제를 제기하고 싶다. 임진왜란의 배경에 대해서다. 먼저 히데요시의 조선인식을 보자. 전술했듯이 조선이 대마도 종씨에게 지배되고 있다고 여겼다. 그런 인식이라면 침략 일본군의 조선 점령은 그다지 어렵게 여겨지지 않았을 것이다. 그래서 부담 없이 '征明假道'를 조선에 요청했을 것이다. 그렇다면 당시 히데요시의 明나라 인식은 어떠했을까? 프로이스는 히데요시의 대륙정복사업이 실패할 것이라 전망하는 이유 가운데 다음처럼 말하고 있다.

"일본인은 원래부터 타민족과 전쟁을 하는 일에 훈련되어 있지 않았다. 중국으로 가는 순탄한 길도, 항해도, 정복하고자 하는 敵軍의 언어나 지리도 그들에게는 전혀 알려져 있지 않았다."[80]

조선은 물론 明에 대한 제대로 된 정보나 지식도 없이 히데요시가 중국정벌을 획책하고 있다고 프로이스는 평가하고 있는 것이다. 히데요시의 일본 전국 평정은 호죠씨 정복으로 1590년 중반에 가서야 이뤄진다. 조선침략 기지로서 나고야 성곽 축조는 1591년 8월에 시작된다. 그리고 1592년 초엔 완성된다. 그리고 4월에 임진왜란이다.

이런 전개로 보면 임진왜란은 일본 全國 평정의 연속선상에 있다. 전국 평정의 전쟁이 慣性의 힘 때문에 일본 내에서 멈춰지지 못하고 그대

---

79) 『선조실록』 39년 2월 12일(신해).
80) 프로이스, 앞의 책, 174쪽.

로 조선으로까지 옮겨지게 된 것으로 보인다. 이러한 끊임없는 전쟁의 재생과 확대에 일본 내엔 일촉즉발의 긴장 분위기였던 듯하다. 프로이스는 1591년 후반기 왜란 직전의 일본 상황을 다음처럼 묘사하고 있다.

"모든 사람이 이 (대륙) 정복 사업의 준비에 기고 있는 동안 다음과 같은 소문이 널리 퍼져 나갔다. 곧 老관백(히데요시)의 이 사업은 결국 성공하지 못할 것이고, 그리고 조선으로 出陣하기에 앞서 일본 도처에서 대규모 반란이 일어날 것이라는 등의 소문이었다. 사실 사람들은 이 정복 사업에 참여하는 것을 지독히 혐오하였고, 마치 죽음으로 나아가는 것을 보장 받는 길인 것처럼 여겼다. (중략) 사실 일본 전체가 불안과 感慨에 가득 차 있었기 때문에 누군가 강력한 武將이 노관백을 향해 틀림없이 반란을 일으킬 것이라고 생각하였다."[81]

이런 분위기라면 조선침략을 위한 전진기지로서의 나고야 성곽이 완성된 시기에도 과연 임진왜란이 시작될 것인가 의아해했을 것으로 보인다. 전쟁에 의해 모든 것을 잃게 될 대마도에게 특히 전쟁 임박은 어느 시점부터 실감된 것일까 궁금해진다. 적어도 김성일에게 축소된 무역관계의 회복을 요청한 시점까지는 조선침략이 상상되지 않았던 것이 틀림없어 보인다.

---

81) 프로이스, 앞의 책, 118~119쪽. 『선조수정실록』에도 다음과 같은 기사가 보인다. "정유왜란 때 우리나라 어떤 士人이 포로로 잡혀 일본으로 들어가서 民間으로 다니며 구걸하다가 한 사람의 老僧을 만났는데 그의 말이 '秀吉은 조선에 대해서는 한때의 賊이지만 일본에 있어서는 만세의 賊이다. 그때에 한두 명의 義士가 있어 격문을 보내고 義에 입각하여 거사하였다면 秀吉로 인한 재앙이 필시 이 지경에 이르지는 않았을 것이다.' ("秀吉於朝鮮爲一時之賊也. 於日本爲萬世之賊也. 當時若有一二義士, 傳檄擧義, 則秀吉之禍, 必不至若是")라고 하였다 한다. (『선조수정실록』 24년 3월 1일[정유]).

참고 문헌

1. 단행본

김명준, 『임진왜란과 김성일』, 백산서당, 2005.

金文子, 『文綠·慶長期に於ける日明和議交涉と朝鮮』, (お茶の水女子大學大 學院 人間文化研究科課程 博士學位論文), 1991.

민덕기, 『前近代 동아시아 세계의 韓·日關係』, 경인문화사, 2007.

프로이스 지음, 오만·장원철 옮김, 『프로이스의 「일본사」를 통해 다시 보는 임진 왜란과 도요토미 히데요시』, 국립진주박물관, 2003.

北島万次, 『豊臣政權の對外認識と朝鮮侵略』, 校倉書房, 1990.

北島万次, 『豊臣秀吉の朝鮮侵略』, 吉川弘文館, 1995.

北島万次, 『加藤淸正』, 吉川弘文館, 2007.

中里紀元, 『秀吉の朝鮮侵攻と民衆·文綠の役 －日本民衆の苦惱と朝鮮民衆 の抵抗－』, 文獻出版, 1993.

池內宏, 『文綠慶長の役 正編 第1』, 吉川弘文館 復刊, 1986.

笠谷和比古·黑田慶一 共著, 『秀吉の野望と誤算』, 文英堂, 2000.

中里紀元, 『秀吉の朝鮮侵攻と民衆文祿の役 －日本民衆の苦惱と朝鮮民衆の 抵抗－』, 文獻出版, 1993.

2. 논문

김문자, 「壬辰倭亂期 일본사료연구 －풍신수실의 조선침략관련 사료를 중심으로 －」 『한일관계사연구』, 30, 2008.

김석희, 「鶴峯 金誠一論(1)－특히 그의 通信使 報告를 중심으로」 『又軒 丁中煥 博士 還曆紀念論文集』 1974.

김정신, 「16世紀末 性理學 理解와 現實認識 －對日外交를 둘러싼 許筬과 金誠 一의 갈등을 중심으로－」朝鮮時代史學會 『朝鮮時代史學報』 13, 2000.

김태준, 「鶴峯 金誠一의 日本日錄」명지대학 국어국문학과 『明知語文學』 8, 1976.

민덕기, 「조선후기 對日 通信使行이 기대한 반대급부 -일본에서 받은 私禮單의 처리와 관련하여-」『한일관계사연구』 24, 2006.

민덕기, 「이율곡의 십만양병설은 임진왜란용이 될 수 없다 -동북방의 여진 정세와 관련하여-」『한일관계사연구』 41, 2012.

방기철, 「鶴峯 金誠一의 日本觀」建國大 大學院 사학과 석사학위논문, 1999.

방기철, 「鶴峯 金誠一의 對日인식」『건국대 인문과학논총』 42, 2004.

윤유숙, 「임진왜란 발발전 한일교섭의 실태」한국일본어문학회 학술발표대회논문집, No.7, 2006.

윤유숙, 「도요토미 히데요시의 조선침략 발발전 한일교섭 실태」『일본학보』 70, 2007.

한문종, 「壬辰倭亂 직전의 국내정세와 韓日關係」『(강원대) 인문과학연구』 21, 2009.

小幡倫裕, 「鶴峰 金誠一의 日本使行에 대한 思想的 考察 -학봉의 사상과 華夷觀의 관련을 중심으로-」『韓日關係史研究』 10, 1999.

田中敏昭, 「豊臣政權의 日本統合과 對馬島主 宗氏의 朝鮮交涉」『동서사학』 5, 1999.

三鬼淸一郎, 「秀吉の國家構想と朝鮮出兵」[大石愼三郎編, 『海外視点 日本の歷史 8』ぎょうせい, 1986.

高橋公明, 「朝鮮遺使ブームと世祖の王權」(田中健夫編, 『日本前近代の國家と對外關係』吉川弘文館, 1988.

3. 원전

『조선왕조실록』; 김성일, 『학봉전집』; 유성룡, 『징비록』; 신숙주, 『海東諸國記』; 김건서, 『增正交隣志』; 山科言經, 『言經卿記』; 勸修寺晴豊, 『晴豊記』; 松浦霞沼, 『朝鮮通交大紀』; 相國寺鹿苑, 『蔭凉軒日錄』.

김성일의 일본인식과 귀국보고

하우봉*

1. 머리말

임란 직전에 일본에 파견되었던 경인통신사행은 사행 중에 있었던 온갖 일들과 귀국 후 일본의 침략가능성에 대한 三使의 다른 보고로 인해 그 후 전쟁책임론으로 연결되면서 임진왜란사 이해에서 가장 중요한 논쟁거리가 되어 왔다. 정사 黃允吉의 보고에 대해 반론을 제기했던 부사 金誠一은 어떤 근거로 그러한 주장을 했을까? 또 사행 중 황윤길, 서장관 許筬과 사사건건 대립했던 그의 행동은 어떻게 이해해야할까?

본고에서는 기존의 당쟁론적 시각에서 접근하던 방식에서 벗어나 사상사적으로 접근하려고 한다. 요컨대 황윤길이나 김성일 등 각자 본래의 의도를 인정하는 위에서 접근하자는 것이다. 즉 당쟁적 차원에서 음모론적으로 해석하는 것이 아니라 그들 자신의 사상에 입각해 제시한 판단과 방책으로 해석하자는 입장이다. 16세기에는 사림파의 성장과 사회경제적 모순의 증대에 따라 지식인 간에 현실인식과 대처방안을 두고 이념과 입장의 차이가 확대되고 있었다. 1590년 경인통신사행의 사행 중 대립과

---

* 전북대학교 사학과 교수

갈등, 일본인식과 대응방식도 이러한 차원에서 접근하는 것이 타당하다고 생각한다. 당쟁론과 같은 일차원적이고 표면적인 것이 아니라 보다 근본적으로 세계관과 철학, 그리고 그것에 바탕을 둔 대외인식과 일본관의 상위에서 나온 것이라고 보고자 한다.[1]

사실 당쟁론적 관점은 천박한 역사인식의 대표적인 사례이다. 三使의 당색만 보더라도 당쟁론의 기본구도가 허물어진다.[2] 김성일과 허성이 같은 동인인데도 불구하고 사행 중 사안마다 대치하였고, 귀국보고에서도 허성이 서인인 황윤길의 견해에 동조한 데서도 알 수 있다. 그런데 사상적으로 보면, 두 사람의 대립구도를 선명하게 해명할 수 있다. 두 사람은 같은 동인이지만, 사상적으로는 상당히 달랐다. 김성일은 李滉의 주리론을 계승한 理本體論에 입각해 의리와 명분, 체모와 예법 등의 常道를 추구하였다. 이에 비해 허성은 徐敬德의 영향을 받아 氣一元論에 입각해 事勢를 중시하고 臨時處變의 權道를 추구하였다. 이에 따라 물질적 힘의 관계를 중심으로 현실을 보는 경향이 강하였다. 이러한 본체론과 인식론의 대립으로 인해 사행 도중에 부딪쳤던 사안에 사사건건 대립하였다. 일본에 대한 인식이나 통신사행의 사명에 대한 인식에서도 두 사람은 매우 달랐다. 본론에서는 이에 대해서도 분석해 보고자 한다.

---

1) 본고와 유사한 문제의식으로 접근한 선행연구로는 오바타 미치히로의 「학봉 김성일의 일본사행에 대한 사상적 고찰 - 학봉의 사상과 화이관의 관련을 중심으로 - 」(『한일관계사연구』 10, 1999)와 김정신의 「16세기말 성리학 이해와 현실인식 - 대일외교를 둘러싼 허성과 김성일의 갈등을 중심으로 - 」(『조선시대사학보』 13, 2000)이 있다.

2) 당시 동인의 대표적인 인물은 김효원, 허엽, 우성전, 유성룡, 김성일이고, 서인은 심의겸, 박순, 윤두수, 정철이 다. 김성일은 당파의식을 부인하였으며, 율곡 이이와 친교를 유지하였고, 그를 위해 옹호하였다. 또 율곡도 김성일을 변호하였다 한다. (강주진, 「학봉선생과 도학정치」, 『학봉의 학문과 구국활동』, 여강출판사, 1993, 112~115쪽)

2. 김성일의 일본인식

1) 조선전기의 세계관과 일본인식

조선시대 한국인의 대외인식의 기본 틀은 주자학적 세계관에 바탕을 둔 '華夷觀'이었다. 그것이 외교정책으로 나타날 때는 '事大交隣'으로 구체화되었다. 그러나 인식상으로 보면 조선은 나름대로 조선 중심의 세계관념을 가지고 있었고, 이러한 자기인식과 세계관의 틀 속에서 일본관도 규정되었다. 여기에서 조선은 중국과 동등한 문화국인 반면 일본과 여진족은 유교문화를 갖추지 못한 오랑캐로 인식되었다.3)

이 시기 조선인의 세계관과 자아인식을 잘 보여주는 것이 1402년(태종 2)에 제작된 '混一疆理歷代國都之圖'이다. 이 지도에는 당시 사람들이

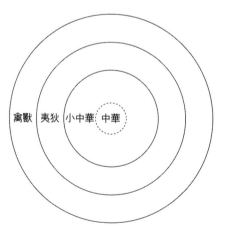

〈그림 1〉 조선전기의 소중화의식
중화 : 대중화 = 명, 소중화 = 조선
이적 : 여진, 일본, 유구
금수 : 동남아도서, 서역, 유럽, 아프리카

---

3) 하우봉, 「조선전기 대외관계에 나타난 자기인식과 타자인식」, 『한국사연구』 123, 2003.

〈지도 1〉 混一疆理歷代國都之圖(1402년)

생각하고 있었던 소중화의식의 모습이 선명하게 드러나 있다. 이것을 도식화 해보면 〈그림 1〉과 같다.

　조선 초기 지식인들은 일본을 광의의 '羈縻交隣'으로 인식하였다. 일본에 대해서도 敵禮國으로서 대등하다는 인식은 있었지만 화이관에 입각하여 야만시하는 경향이 강하였다. 일반적으로 일본에 대해서는 '왜구의 소굴'이라는 이미지가 있었고, 지식인들은 화이관에 입각하여 日本夷狄觀을 가지고 있었다. 이에 더해 조선전기에는 일본을 '小國'으로 인식하였다. 즉, 조선전기의 일본인식에는 '일본이적관' 위에 '日本小國觀'도 포함되어 있었다.[4]

──────────

4) 1471년(성종 2) 왕명에 의해 저술된 『海東諸國紀』와 1501년(연산군 7년)에 간행된 『西北諸蕃記』는 일종의 '外國列傳'에 해당하는 성격을 띠고 있다. 이것은 곧, 조선

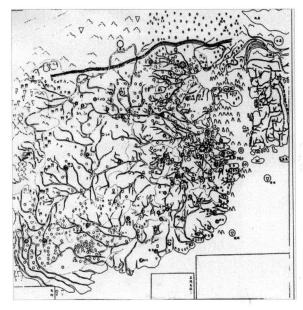

〈지도 2〉混一歷代國都疆理地圖(1526~1534년)

16세기 이후로는 일본이적관과 일본소국관이 더욱 심화되어 갔다. 1443년(세종 25) 이후 통신사의 일본 본주 방문이 중지됨에 따라 조선정부에서는 일본 정세에 대한 정보가 부족해졌고, 일본에 대한 무관심의 경향은 더욱 촉진되었다. 중종대 이후로는 조선 초기와 같은 적극적인 정보 수집을 바탕으로 한 능동적인 대일정책 대신 명분론과 고식적인 대응책에 집착하였다. 일본인식에 있어서도 실용성과 문화상대주의적 인식에 근거한 신축적인 이해가 결여되는 반면 일본이적관이 고착화되어 갔다.

1402년에 제작된 「혼일강리역대국도지도」에도 일본은 조선에 비해 아주 작은 나라로 표시되어 있지만, 16세기 초반에 만들어진 「혼일역대국도강리지도」〈지도 2〉에는 그 크기가 더욱 작아질 뿐 아니라 작은 원형

은 바다 동쪽에 있는 나라와 서북지역의 만주에 있는 나라들을 蕃國으로 인식하였다는 의미이다.

의 기호에 일본이라는 國號만 표기된 정도이다. 이 시기의 사상계를 주도하였던 사림파 지식인은 職方世界 이외의 지역에는 관심을 두지 않았다. 지도에 묘사된 모습은 인식주체의 관심의 크기에 비례한다고 볼 때, 일본은 조선정부의 관심 대상에서 제외되어갔다는 사실을 알 수 있다. 그런 점에서 볼 때 조선 전기 일본인식의 객관성과 정확성 면에는 1471 년(성종 2) 신숙주가 편찬한 『해동제국기』가 최고수준이었고, 그 이후로는 오히려 후퇴하였다고 할 수 있다.

2) 학파별 일본인식의 특성

16세기 후반 붕당정치가 성립하면서 학파와 당색에 따라 일본인식에 있어서도 차별화된 인식을 보이는 경향이 있다.

(1) 퇴계학파

退溪 李滉은 일본을 외교의례상 대등한 교린국이며, 명 중심의 책봉체제의 일원으로 자리매김하였다.[5] 그러나 인식상으로는 일본을 이적으로 규정하고 조선은 중화라는 화이관을 지니고 있었다.[6] 그의 일본관은 주자학의 화이론에 입각한 온건한 교린론이었다.[7] 일본을 이적으로 파악하였지만 그들이 올 때는 거절하지 않는 방식, 즉 '羈縻交隣'으로 대해야 한다고 주장하였다. 그는 理의 도덕성과 절대성을 신봉하는 입장에서 이적을 동화, 순응시킬 수 있다고 보았다. 또 국가와 백성을 위해 전쟁을 막아야 하므로 화친해야 한다고 생각하였다. 이에 따라 현실적 안정을 중시한 대응을 중시했으며, 오랑캐에 대해 명분을 내세워 충돌하기 보다

---

5) 『退溪先生文集』 권8, 「禮曹答日本國左武衛將軍源義淸」.
6) 방기철, 「퇴계 이황의 일본인식」, 『아시아문화연구』 16집, 경원대아시아문화연구소, 2009, 110쪽.
7) 안병주, 「퇴계의 일본관과 그 전개」, 『퇴계학보』 36, 1988, 26~30쪽.

는 화친 요구를 수용하면서 조종하는 포용정책을 건의하였다.[8]

대마도에 대해서는 우리나라의 藩國이라고 규정하였고, 조선과 대마도의 관계를 중국 역대왕조의 대오랑캐 정책을 원용하면서 父子관계로 비유하였다.[9]

柳成龍도 임진왜란을 주도하면서 초기에는 主戰論者였으나 전쟁이 장기화하자 主和論을 주장하였다. 이것 또한 퇴계의 현실을 중시하는 교화론적 일본관의 영향이라고 볼 수 있다.

김성일은 1591년 일본사행 후 귀국보고에서 일본의 침략가능성을 부정하였다. 이것은 일본이적관과 소국관을 지녔던 퇴계학파의 일본관이 작용한 결과라고도 볼 수 있다. 그는 확고한 화이관의 입장에서 예와 명분을 지키려고 노력하였고, 끈질기게 일본측과 논쟁과 설득을 거듭하였다. 이것은 동시에 일본에 대한 자신감의 발로이기도 하다.[10]

(2) 율곡학파

栗谷 李珥는 華夷論에 입각하여 일본을 바라보면서도, 자신의 다양한 학문적·정치적 경험을 바탕으로 실리적 관점에서 일본과의 현안문제를 해결하려 하였다.

1567년(명종 22) 禮曹佐郎으로 있을 때 지은 「禮曹答對馬島主書」에서 그는 대마도를 조선의 藩屛으로 규정하면서 통상 자체는 반대하지 않지만, 정해진 원칙은 지켜야 한다고 강조하였다.[11] 또 「時弊七條策」에서는 대마도를 믿을 수 없는 존재로 규정하고 통상과 경제적 지원으로 문제를 해결하려는 조선 정부의 대일정책을 부정적으로 평가했다.[12] 특히 율곡

---

8) 『退溪先生文集』 권6, 「甲辰乞勿絶倭使疏」.
9) 『退溪全書』 권6, 「甲辰乞勿絶倭使疏」.
10) 그는 귀국 후 "처음부터 두려워 할 것은 天命과 人心이요, 섬오랑캐(島夷)는 두려워 할 것이 없었다."라고 하였다. (李魯의 『龍蛇日記』)
11) 『栗谷全書』 권13, 「應製文」.
12) 『栗谷全書』 拾遺 권5, 雜著2 「時弊七條策」.

은 대마도를 일본의 척후로 의심하면서 통상 단절을 주장하였다.[13]

대신 일본에 대한 국방강화책을 제기하였다. 그는 1555년 乙卯倭變 당시 왜구를 완전 섬멸하지 못한 만큼 일본의 침입이 언제든 다시 있을 것으로 생각하였다. 또 당시 조선의 국방상황과 주변 국가의 동향으로 보아 일본의 침략 가능성이 있을 수 있다고 판단했던 것 같다.[14] 그는 일본에 대한 대비로 수군의 육성과 함께 板屋船의 건조도 필요하다고 역설하였다.[15] 율곡의 일본인식은 전쟁위기론을 제기하면서 일본에 대한 방비책을 주장했다는 점에서 퇴계와 다르다. 경인통신사행의 정사 황윤길은 현실적 입장에서 일본과의 관계개선을 우선시하였다. 이 점에서 율곡의 일본인식이 황윤길에 일정한 영향을 주었다고 볼 수 있을 것이다.

(3) 남명학파

南冥 曹植은 전통적인 화이관을 토대로 배타적이며 강경한 일본관을 제시하였다. 그의 사상은 理보다 氣의 중요성을 주장하며, 義를 중시해 실천성을 강조하였다. 1555년의 을묘왜변 후 올린 상소에서 조정의 굴욕적인 외교정책을 직접적으로 비판하면서 왜구의 침략에 대비할 것을 촉구하였다.[16] 세종대의 대마도정벌을 예로 들면서 왜구의 배후세력인 대마도이고, 또 대마도의 책략으로 일본이 조선을 침략할 것이라고 여겼기 때문에 통상을 단절하고, 정벌하자고 주장하였다. 그는 당시 국정의 문란으로 인한 국방력의 약화로 일본의 침략이 있을 것이라는 심각한 위기

---

13) 방기철, 「율곡 이이의 대일인식」, 『한일관계사연구』 29, 2008.
14) 율곡은 10년 내에 외침이 있을 것임을 예고하고 십만양병설을 주장한 것으로 알려져 있다. 하지만 율곡의 십만양병설 자체를 허구로 보는 견해도 있으며, 1583년 尼湯介의 난과 그 후 누루하치에 의한 부족통합 등 여진족 대비책의 일환이었다는 주장도 있다. (민덕기, 「이율곡의 십만양병설은 임진왜란용이 될 수 없다 -동북방의 여진 정세와 관련하여-」, 『한일관계사연구』 41, 2012)
15) 『栗谷全書』 拾遺 권4, 雜著1「軍政策」 및 권5, 雜著2「時弊七條策」.
16) 『南冥集』 권2, 「乙卯辭職疏」.

의식을 가지고 있었다. 그래서 조선정부의 대마도에 대한 유화정책은 재앙의 빌미가 될 수 있다고 비판하였다. 그는 왜란을 예견하고 제자들에게 병법을 전수하면서 군사적인 대책을 강구하였다.[17] 이런 영향을 받은 제자들이 임란시 경상우도의 의병운동을 주도하였다.

퇴계는 조선정부의 전통적인 일본인식과 대마도관을 계승하였다. 율곡과 남명의 일본인식도 기본적으로는 화이관에 바탕을 두고 일본이적관을 지니고 있었다. 그러나 구체적인 정책에 들어가서는 차별성이 있다. 대일외교정책에서 일본을 힘이 아닌 덕으로 다스려야 한다고 주장한 점에서는 퇴계와 율곡이 유사하고, 대마도와의 통상 단절과 일본에 대한 군사적 대비를 주장한 점에서는 율곡과 남명이 상통한다. 하지만 율곡은 남명과 같이 조선의 선제공격이 아니라 일본의 군사행동에 대비해 군비강화를 주장했다는 점에서 다르다. 이런 점에서 보면 율곡의 대일인식은 퇴계와 남명 중간쯤에 위치한 것이었다고 할 수 있겠다.[18]

3) 김성일의 사상과 일본인식

(1) 학문과 사상의 특성

김성일의 학문과 사상의 특성을 살펴보는 것은 일본사행 시 그의 주장과 행동을 이해하는 틀이 될 수 있다.

김성일은 퇴계의 수제자로 그의 학통을 계승하였다. 따라서 理本體論에 바탕을 두었으며, 理=義理=名分과 같은 고정불변의 절대가치를 중시하였다. 그러나 그는 성리학적 이론보다는 일상생활의 실천에 더 주력하였다.[19] 그가 특별히 관심을 기울인 분야는 禮學이었다. 아마도 조선

---

17) 『南冥集』 권4, 雜著 「策問題」.
18) 김강식, 「16세기 후반의 대일인식과 정치사적 의미」, 『역사와 경계』 43, 2002, 50쪽.
19) 이상은, 「학봉선생의 학문사상의 경향」, 『학봉의 학문과 구국활동』, 여강출판사, 1993.

전기에서는 가장 예학에 밝았던 인물이었다고 할 수 있다.[20] 김언종은
학봉학의 정수는 예학이라고 밝혔다.[21] 김성일의 예학은 고전에 대한 깊
은 연구를 통해 통상적인 禮制보다는 고대의 예에 집착하는 尙古主義的
성향을 보인다. 퇴계와 비교해 보면, 학봉이 古禮를 중시한데 비해 퇴계
는 今禮를 중시하였으며, 학봉이 원칙주의적 경향을 띠고 있다면 퇴계는
현실적, 圓融主義的 경향을 띤다.[22]

克己復禮 의식으로 충만한 실천적 예학자인 김성일에게 일본사행은
자신의 예학의 실천현장이기도 하였다. 그는 사행시 국가의 존엄을 위해
몸으로 부딪치며 예를 실천하고자 하였다. 일본사행 도중에 많은 사안을
두고 논쟁을 벌였는데, 그 내용의 대부분이 禮와 非禮에 관한 것이었다.
그런 만큼 일본의 외교담당자뿐 아니라 정사 황윤길, 서장관 허성과도
의견 충돌이 많았다. 대부분의 경우 김성일의 주장이 다 관철되지는 않
았지만 최소한 논리적인 면에서는 압도하였다.

일본사행 후 저술한 사행록인『海槎錄』[23)]에서의 키워드는 禮, 義理,

---

20) 조선시대 예학에 관한 저서가 후기에 주로 나왔는데, 전기에는 활발하지 않았다.
    그런 점에서 조선시대 예학에서 김성일이 차지하는 비중은 크다. 김성일이 예학
    과 관련해 저술한 서적으로『奉先諸規』,『吉凶慶弔諸規』,『喪禮考證』등이 있
    다. 이러한 지식이 있었기에 일본승려 宗陳의『大明一統志』에 관한 질문에 대해
    사행 중에 바로『朝鮮國沿革考異』와『風俗考異』를 저술해 줄 수 있었다.
21) 김언종,「학봉선생의 예학」,『학봉의 학문과 구국활동』, 1993, 128쪽.
22) 김언종, 위의 논문, 156쪽. 예학을 둘러싼 두 사람간의 논쟁을 보면, 조선 후기
    실학자이자 사제관계로서 17년간 역사논쟁을 벌인 성호 이익과 순암 안정복의
    그것과 유사하다는 느낌이 든다.
23) 1590년 김성일이 통신부사로 일본을 다녀와 기록한 사행록이다, 본래 2권이었는
    데, 김성일이 한양에서 한 권을 분실하였다고 한다.『해사록』, 권4,「倭人禮單志」
    를 보면 사행 중에 자신이 일기를 기록하였음을 명시하고 있는데, 이로 보아 분실된
    것이 사행일기 부분이라고 여겨진다. 권1·2에는 130여수의 시를 수록하였는데, 권
    1의 시는 국내에서 지나는 길의 지리·풍물 등을 형용하였거나 친우들과 송별한
    시, 사신일행들과 화답한 시, 차운한 시가 대부분이다. 권2의 시는 일본에서 차운
    하였거나 화답한 시로서, 주로 풍물의 묘사나 나라에 대한 충성과 절조를 내용으

體貌, 大國의 使臣, 小夷, 蠻夷 등이다. 또 조선을 '箕邦', '箕都' 등으로 표현하여 유교문명의 선진국임을 과시하기도 하였다.[24] 김성일은 대국의 체통과 왕명의 위엄을 지키는 것이 사행의 첫째 임무라고 인식하였다. 또 당시의 사행이 백년 만에 가는 것으로 모든 예의범절이 전례가 되니, 명분에 맞게 처리해 외교상의 관례로 삼아야 한다고 생각하였다. 그래서 가장 강조한 것이 국가의 체모로서 허성과 가장 첨예하게 논쟁한 것도 체모론이다.[25] 허성이 "옛사람이 이적을 대할 때 반드시 은혜와 신의로 회유할 따름이라고 하였다. 어찌 일찍이 체모라는 글자가 있었습니까?"라고 하면서 일본을 상대할 때 은혜와 신의로 회유해야지 체모나 예법에 억매여 사단을 만드는 김성일의 태도를 비판하였다. 이에 대해 김성일은 "아. 체모라는 두 글자를 그대는 이미 듣기도 싫어할 것입니다. 그러나 나의 지키는 바는 이 두 글자이고 사신의 일에도 이 두 글자보다 중한 것이 없습니다."라고 반박하였다.

(2) 일본인식

김성일은 대외인식에서 華夷觀과 명을 중심으로 하는 국제질서에 충실하고자 하였다. 일본에 대해서는 이 시기 士林派의 일반적인 경향과 마찬가지로 화이관과 소중화의식이라는 자타인식의 틀 속에서 일본이적관과 일본소국관을 가지고 있었다.[26]

로 하였다. 권3의 書는 그가 주었거나 주려는 17통의 편지로 서장관 허성에게 4통, 정사 황윤길에게 2통, 玄蘇에게 5통, 平調信과 대마도주에게 각 2통, 그밖에 2통으로 되어 있다. 권4는 書와 說辨志인데, 서는 일본의 玄蘇와 柳川調信에게 주었거나 주려던 편지이고, 설변지는 대마도주가 음악을 청한 데 대한 說과 入都·出都 時의 辨, 그리고 왜인의 禮單志에 대한 변론이다. 권5에는 鄭逑가 지은 행장이 있는데, 주로 일본사행 때의 일들을 소개하였다.
24) 『해사록』 권1, 「贈副官平義智詩四首 幷序」.
25) 『해사록』 권3, 「與許書狀書」.
26) 김성일은 기본적으로 화이관에 바탕을 두고 있지만, 중화주의에 매몰되지는 않았

그는 일본에 대해 기본적으로 외교의례상 대등한 이웃나라라고 인정하였다.

"일본으로 말하면 비록 오랑캐이기는 하나 군신상하의 분별이 있고, 賓主간에 접대하는 예절이 있으며 성질 또한 영리하여 남의 뜻을 잘 알아보니 금수로 대접한 것은 아니다. 그러므로 우리 조정에서 隣國으로 대우하였고, 그 사신을 접대하는 예절은 북쪽 오랑캐보다 월등하였다. 때로는 통신사가 오고가면서 이웃나라로서 우호를 돈독케 하기 위해 사신을 선발해 책임을 맡긴 것인데, 이것은 前朝에서도 이미 행한 것이요 本朝에서도 폐하지 아니한 것이다."[27]

그러나 동시에 일본이적관을 지니고 있었고, 이것은 사행을 하면서 더욱 강화되는 양상을 보인다.

"오랑캐가 바다 동쪽 모서리에 났는데/ 성질이 교만하고 구역이 다르네. 되놈 가운데 네가 가장 간교한데/ 벌집처럼 바닷가에 의지했네. 마음은 이리새끼, 음성은 올빼미 같고/ 벌 꼬리에 독이 있어 가까이 하기 어렵네. 키처럼 걸치고 쭈그리고 앉는 것을 예절이라 하고/ 말섬의 저울대도 성인의 법이 아니네. 마소에 옷 입히고 또 몸에 문심을 하였고/ 남녀 구별이 없으니 어찌 동족을 물으랴. 허한 데를 습격해 약한 자 능멸하고 못된 짓 다하며/ 남의 불행 이롭게 여기고 위태로움 타서 덤비네. 배에 살고 집에 살매 사람이라고 하나/ 벽에 구멍 내고 담을 뚫는 쥐와 같은 도적이네."[28]

다. 그는 사행 도중에 일본승려 宗陳의 질문에 응하기 위해 『大明一統志』의 왜곡된 부분을 비판하면서 『朝鮮國沿革考異』와 『風俗考異』를 저술하였다. 여기서 그는 중국중심적 사고에서 벗어나 조선 중화의 입장에서 조선문화의 독자성을 강조하였다.

27) 『해사록』 권3, 「答許書狀書」.
28) 『해사록』 권1, 「次五山二十八宿體」.

"저 바다사람들은/ 양처럼 팩하고 이리처럼 탐해. 이익 보면 의리를 잊고/ 교활하게 헛바닥 날름거리네. (중략) 우리나라 사람이 더럽게 여겨/ 보는 이가 그 탐욕에 침 뱉네. 우리 임금이 회유하길 힘써/ 인의를 무기로 대신하였네."[29]

그는 일본의 關白을 '蠻君', 일본의 호족을 '鬼伯'이라고 하였다. 일본의 습속을 오랑캐 풍속으로 간주하였고 심지어 도량형까지도 오랑캐 방식이라고 무시하였다. 또 일본의 민족성을 의리보다 이익을 탐하고 교활하다고 비판하였으며, '우물 안 개구리', '쥐 같은 도적' 등으로 묘사하면서 일본이적관을 노골적으로 표현하였다. 또 일본인이 詩와 書를 구하는 태도를 보고 문화우월의식을 드러내기도 하였다.

한편 豊臣秀吉에 대해서는 그의 호전성을 비판하면서 '蠻酋'라고 표현하였다.

"인의는 닦지 않고 힘만 숭상해/ 백성들이 언제나 전쟁 그칠 날 보겠나. 사람들의 말에 關白이 가장 영웅이라/ 온 나라 굴복시키고 지금 東征 중이라네. 동정한 지 반 년이나 돌아오지 않으니/ 얼마나 많은 전사자의 뼈가 쌓였으리. 도성 안에 고아와 과부가 반이 되니/ 아침저녁으로 울음소리 시끄럽도다."[30]

대마도에 대해서는 "대저 이 섬이 우리나라와 어떤 관계인가? 대대로 조정의 은혜를 받아 우리나라의 동쪽 울타리를 이루고 있으니 의리로 말하면 군신지간이요, 땅으로 말하면 附庸이다."[31] 라고 하여 우리나라의 동쪽울타리로서 군신관계를 맺은 藩邦國임을 확실히 하였다. 國分寺 연회사건에 대한 소회를 시로 표현해서는 대마도주 宗義智에 대해 '平倭는 (조선의) 外臣'이라고 하였고, 대국의 사신이 '小酋'에게 치욕을 당했다고 분노를 표시하였다.[32]

---

29) 『해사록』 권2, 「有感」.
30) 『해사록』 권2, 「八月二十八日登舟山觀倭國都」.
31) 『해사록』 권3, 「答許書狀書」.

3. 귀국보고 검토

1) 경인통신사행과 사명

(1) 파견 경위

豊臣秀吉이 국내통일전쟁을 마쳐갈 무렵인 1596년 대마도주를 불러 征明假道를 부르짖으며 조선국왕의 入朝를 주선하도록 명하였다. 이에 대마도주는 그것이 너무나 당치 않다는 것을 알기에 일본의 국왕이 교체 되었으니 축하를 위한 통신사를 파견 요청하는 것으로 꾸몄다. 이에 따 라 가짜 '일본국왕사'를 만들어 조선에 내항하여 통신사 파견을 요청하 였다. 1587년 9월 대마도에서 橘康連을 보내 일본국왕이 바뀌었으니 곧 통신사를 요청하는 사행이 갈 것이라고 통보하였다. 이해 12월 '일본국 왕사' 橘康廣이 와서 통신사 파견을 요청하였다. 이에 조정에서는 이듬 해 3월 海路의 위험함을 들어 파견 요청을 거절하였다.

두 번째는 1588년 10월 玄蘇, 宗義智, 柳川調信, 島井宗室 등이 왔으 나 상경하지 못하고 부산포에 머물다가 돌아갔다. 이에 1589년 3월 秀吉 이 대마도주를 불러 직접 조선에 가서 조선국왕을 입조케 하라고 엄명을 내렸다. 6월 玄蘇, 宗義智, 柳川調信 등이 제3차 일본국왕사로 다시 왔 다. 이들은 통신사 파견을 강력하게 요청하면서 대마도주가 직접 해로를 안내하겠다고 하여 조선의 거절명분을 봉쇄하였다. 조정에서는 논의 끝 에 조선 叛民과 왜구의 縛送 및 피로인 쇄환이라는 두 가지 조건을 내걸 었고, 宗義智가 이를 수락하자 통신사를 파견하기로 결정하였다.[33] 宗義 智는 小西行長에게 통신사 파견 사실을 급보로 알렸고, 秀吉에게 전달하

---

32) 『해사록』권2,「對馬島記事」.

33) 통신사 파견을 두고 양국 간에 주고받은 방식, 즉 조선의 반적·피로인 쇄환 요구에 일본의 수용 등 명분 쌓기 등의 과정은 임진왜란 후 국교재개를 위해 제1차 회답겸 쇄환사 파견 때와 아주 유사하다.

였다. 대마도주 일행은 1590년 4월 통신사일행을 호행해 일본으로 가기
까지 조선에 10개월간 체재하면서 임무를 달성하였다.

(2) 사행일정과 논쟁점

경인통신사행의 대체적인 일정을 보면 다음과 같다.

> 1589년 11월 三使 인선, 12월 통신사 원역 결정
> 1590년 3월 5일 辭陞하고, 6일 출발[34]
> 　　　　　4월 3일 동래 도착
> 　　　　　5월 1일 부산에서 출범, 4일 대마도 府中 도착
> 　　　　　6월 一岐島 정박, 16일 堺濱 도착
> 　　　　　7월 22일 京都 도착 : 大德寺에서 머뭄
> 　　　　　8월 2일 서장관과 같이 大德寺 관람
> 　　　　　9월 3일 秀吉이 東征에서 돌아왔으나 궁궐 완성을 이유로
> 　　　　　　　　접견 미룸
> 　　　　　11월 7일 傳命式, 秀吉 면담
> 　　　　　11월 11일 堺濱으로 이동. 秀吉의 答書 수정 문제로 지체
> 　　　　　12월 11일 귀로에 오름
> 1591년 1월 10일 대마도 도착
> 　　　　　1월 28일 부산 도착
> 　　　　　3월 1일 復命

이상 辭陞에서부터 復命까지 12개월이 소요되었고, 일본에서의 여정
만 9개월 걸린 대장정이었다.

그런데 경인통신사행은 기본적으로 대마도주의 속임수에 의해 진행

---

34)『선조수정실록』, 1590년 3월 1일.
　　"僉知 黃允吉을 통신사로, 司成 金誠一을 부사로, 典籍 許箴을 종사관으로 삼
　　아 일본에 사신을 보냈는데, 倭使 平義智 등과 함께 동시에 서울을 출발했다.
　　4월에 바다를 건너갔다."

된 것이다. 통신사행의 성격에 대해서도 조선과 일본 두 나라가 전혀 다르게 이해하고 있었다. 정확한 실상을 豊臣秀吉도 모르고 조선조정과 통신사행도 몰랐다. 따라서 출발부터 마찰의 소지를 배태하고 있었으며, 그것은 외교의례와 절차에 대한 갈등으로 나타났다. 일본측과의 마찰뿐 아니라 三使 간에도 의견이 대립되어 제대로 된 합의하에 진행되는 것이 없을 정도였다.

논쟁이 된 사항을 보면, ① 선위사 영접건 ② 國分寺 연향건 ③ 왜인 예단건 ④ 入都時 예복 착용건 ⑤ 關白 측근에 대한 뇌물건 ⑥ 대마도주의 樂工 요청건 ⑦ 관백행차 관광건 ⑧ 傳命時 배례건 ⑨ 답서받기 전의 出都 문제 ⑩ 秀吉의 答書 수정건 등이다. 이러한 사건을 둘러싼 논쟁과 대립은 매우 흥미롭고, 본고의 주제와도 밀접하게 연관되어 있으나 중복을 피해 생략하고자 한다. 별고에서 다루어볼 예정이다.

(3) 통신사행의 使命에 대한 인식

이번 사행의 사명이 무엇이냐에 관한 인식은 본 주제와 관련해 중요한 문제이다. 이에 관해 왕조실록에 명시되어 있지 않으므로 여러 사료에서 기사들을 모아 재구성해 보았다.

① 일본통일과 關白 즉위에 대한 축하
『선조수정실록』에 나오는 조선국왕의 국서에 명시되어 있듯이, 경인 통신사행의 공식적인 사명은 일본국내 통일과 관백의 즉위를 축하하는 우호사절단이었다. 따라서 사행의 명칭도 '통신사'로 하였다.

② 일본의 실정과 동향 탐색
『선조수정실록』과 『징비록』에 나온다. 그런데 침략가능성 정탐은 공식적인 목적이 아니었으므로 공식적인 사명이나 선조의 下敎에 들어있

지는 않다. 통신사 파견 여부를 두고 조정에서 논의할 때 지중추부사 邊
協 등이 "그들이 통신사 파견을 요청하고, 또 叛賊과 피로인을 쇄환해
온 데 대해 마땅히 사신을 보내어 보답하도록 하고 또 그들의 동정도 살
펴보고 오는 것이 잘못된 계책은 아닐 것입니다."라고 건의하였다.[35] 사
실 상대국의 국정을 탐색하는 것은 공식적인 사명이 아니라 하더라도 모
든 사행의 기본적인 임무이다. 특히 경인통신사행의 경우에는 이것이 가
장 중요한 실질적인 목적이라고 해도 과언이 아니다.[36]

③ 國體와 왕의 威光 과시

사폐시 선조가 하교한 내용 가운데 하나이다. 趙慶南의『亂中雜錄』
을 보면, "황윤길 등이 대궐에 들어가 하직하니, 임금이 술자리를 마련해
술을 내리면서 명하기를, '조심하고 힘써서 잘 갔다 오라. 저들의 국경에
들어가서는 행동을 반드시 예로써 해 조금이라도 업신여기거나 깔보는
생각이 들게 해서는 안 된다. 나라의 체통이 높아지고 왕의 위광을 멀리
퍼지게 하는 것이 이번 사신의 행차에 달려 있으니 경들은 어김이 없도
록 하라' 하였다."

김성일은 특히 이 하교에 가장 충실하고자 노력했다. 나라의 체모와
왕의 덕화, 예의와 의리 등은『해사록』에서 가장 많이 나오는 단어이고,
황윤길, 허성과의 논쟁과정에서 자주 인용하였던 핵심개념이었다.

④ 문화 교류

이것 역시 선조가 하교한 것으로, "사폐하는 날 임금이 말씀하시기를,

---

35)『선조수정실록』, 22년 7월 1일.
36) 李植은「金鶴峯海槎錄跋」,(『澤堂別集』권5)에서 "왜란의 징조가 나타나게 되자
우리나라의 조야에서는 의심하고 두려워하지 않는 이가 없었다. 사신을 파견한
것은 잠시 그들의 요청을 들어주면서 그 정형을 정탐하기 위해서이고, 깊이 서로
믿고 교빙에 독실하려 한 것은 아니다."라고 하여 일본국정탐색이 실질적인 목적
이었음을 강조하였다.

'듣건대 왜국의 승려가 제법 문자를 알며 일찍이 유구사신도 왕래를 한다고 하니, 그대들이 만약 그들과 서로 만나서 글을 주고받는 일이 있을 경우에 글씨 또한 졸렬해서는 안 될 것이다. 그대들은 유념하라"고 하였다. 선조는 일본사행에서 문화선진국으로서의 위상을 강조하고, 문화교류를 권장하였다.37) 이에 따라 製述官 車天輅와 寫字官 李海龍을 원역에 포함시켰다. 또 三使도 문장 잘하는 사람으로 선발하였다.38)

⑤ 피로인 쇄환

사폐시 하교한 사항 중의 하나로, "포로로 잡혀간 백성으로서 아직 쇄환되지 않은 자가 있으면 그대들이 접반하는 사람에게 말하든지, 혹은 일본의 담당자에게 공문을 보내 의리에 의거해 잘 주선해서 다 찾아내 쇄환하도록 하라."고 하였다.39) 김성일은 사행 중 대마도주 宗義智와 부관 柳川調信에게 피로인 쇄환에 협조해 달라고 요청하였다.

경인통신사행의 임무로는 공식, 비공식을 포함해 이상 다섯 가지 정도를 들 수 있다. 이 가운데 김성일은 공식적인 사명에 충실하고자 하였으며, 교린의 의의에 충실하자는 것이 기본적인 생각이었다.40) 또 백년만의 사행으로서 후일의 전례가 되는 만큼 국가의 체모와 예법에 맞게 외교의례를 갖추는 것에 집중하였다. 그밖에 문화교류나 피로인 쇄환 등

---

37) 『해사록』권2, 「贈寫字官李海龍幷序」.
38) 조선후기 통신사행의 문화교류의 선구적인 형태를 보여준 것이라고도 할 수 있다. 실제 근세일본주자학의 비조인 藤原惺窩는 김성일, 허성과의 교류를 통해 조선문화에 대해 깊은 관심을 가졌고, 후일 임진왜란 중 성리학을 배우기 위해 조선으로의 도항을 시도하기도 하였다. 김성일과 藤原惺窩의 교류에 대해서는 阿部吉雄, 「鶴峯全集에 대하여」, 『李退溪研究會會報』 1, 1973, 日本李退溪研究會.
39) 『해사록』권4, 「擬與副官平調信書」.
40) 그는 사행이 출발할 때 "忠信에 의탁해 한 번의 행차로 양국의 우호 이룩하리라. 변방에 전란이 그치고 임금의 은택이 우리 백성에게 흡족하리라"라고 밝혔다. (『해사록』권2「題石門」) 또 사행의 의의에 대해서 "왕의 위엄을 떨치고 四邊을 평안하게 하리라"라고 하였다.

에 대해서도 왕명을 충실하게 지키고자 노력하였다. 그런데 적정 탐색에 관해서는 큰 관심을 기울이지 않았던 것 같다. 『해사록』을 통독해 보아도 일본의 실상과 정세에 대해 적극적인 관심을 보이지 않았다. 京都에 체재하였던 4개월 동안 대부분의 시간을 숙소인 大德寺에서 칩거하였다. 이러한 자세는 소극적인 태도로서 전후사정을 볼 때 당연히 일본의 국정과 침략가능성에 대한 탐색에 주력했어야 했다. 그 이유는 일본에 대한 무시와 무관심[41], 주요사안에 대해 명분론에 입각한 비타협적인 태도, 대마도주 宗義智의 경원시 등을 생각할 수 있겠다.

한편 허성은 사행의 임무를 공식적인 보빙과 우호 등이 아니라 일본 정세의 탐색에 두었던 것 같다.[42] 그런데 김성일뿐만 아니라 황윤길과 허성도 사행 중에 敵情의 탐색을 위해 적극적인 시도를 했다는 기사는 잘 보이지 않는다. 이 점에서 三使 모두 비상시국의 사절단으로서는 부적임자가 아닐까 생각된다. 삼사가 모두 문장에 능하다는 공통점이 있을 뿐 국방이나 외교의 전문가가 아니었다. 문장에 능한 사람으로 선발하였다는 것 자체가 문화상국임을 과시하려는 것으로 당시의 정세를 정확히 파악하지 못하고, 핀트가 어긋난 조정의 인식에서 비롯된 것이었다.

강화회담이 진행될 1596년 8월 小西行長의 통역관으로 있었던 要時羅는 경상병사 金應瑞에게 은밀하게 제의하는 자리에서 三使에 대해 "황윤길은 술에 취해 혼수상태에 빠져 있었고, 김성일은 절의만 숭상하

---

41) 기본적인 세계관에 입각한 선입견 위에 사행을 통해 일본의 야만성과 무례에 대한 실망, 경멸감 등으로 인해 증폭되었을 가능성이 크다.

42) 그는 1589년 일본사신이 통신사 파견 요청을 위해 왔을 때 "사신을 보내 그 정세와 형편의 허실을 자세히 탐지하게 하면 우리가 미리 방비하는데 매우 유익할 것이다"라고 주장하였다 한다. (『大東野乘』권51, 寄齋史草 上 신묘년 4월 26일) 변방 수비의 이로움을 주된 이유로 신사를 파견하자는 주장은『선조실록』에도 나와 있다. (『선조실록』22년 8월 병자) 사행 중 京都에서 關白의 天宮 행차 관광을 굳이 한 것도 상대의 실상을 파악하자는 의도에 나온 것이라고 해석할 수 있다. 이 건에 대해서 체모를 중시하는 김성일과 격렬한 논쟁을 벌였다.

여 다른 나라의 형세를 두루 살피려 하지 않았으며, 허성은 스스로 자신
이 낮은 지위에 있다고 하여 또한 두루 살피지 않아서 마침내는 일을 어
그러지게 하고 말았다."라고 평하였다고 한다.[43] 삼사 모두 적정 탐색에
적극적으로 노력하지 않았으며, 결국 임무 완수에 실패했다는 이야기다.

2) 귀국보고에 대한 검토

먼저 『宣祖實錄』과 『宣祖修正實錄』의 기사를 검토해 보자.

『선조실록』은 1567년 7월부터 1608년 1월까지 선조 재위 40년 7개
월간의 국정 전반에 관한 사실을 수록하고 있다. 1609년(광해군 1) 7월부
터 편찬하기 시작, 다음해 11월에 완성하였다. 처음 서인인 李恒福이 담
당했으나 뒤에 北人 奇自獻이 주관해 마무리하였다. 221권 116책으로
방대한 분량이지만 1592년(선조 25) 임진왜란 이후 16년간의 기록이 대부
분이고 그 이전의 분량은 적다. 즉 임진왜란 이전까지 25년간의 기사가
26권인 반면, 임진왜란 이후 16년간의 기사는 195권이다. 그 이유는 『春
秋館日記』『承政院日記』『各司謄錄』 주요기록이 전란 중에 소실되었기
때문이다. 그러나 임난 이후의 기사도 당파적 관계로 공정한 입장을 견
지하지 못한 것이 많았기 때문에 仁祖反正 후 서인이 집권하자 『선조수
정실록』을 편찬하게 되었다.

『선조수정실록』은 인조반정 후 정권이 바뀌면서 실록수정작업의 일
환으로 이루어졌다. 1641년(인조 19) 2월에 대제학 李植의 상소로 수정을
결의하고, 그에게 수정작업을 전담시켰다. 1643년 7월에 수정실록청을
설치하고 각종 사료를 수집해 편찬을 시작하였다. 1646년 1월에 이식이
다른 일로 파면되어 중단되었다가, 1657년(효종 8) 3월에 金堉 등이 계속
편찬해 완성하였다. 『선조수정실록』은 1년을 1권으로 편찬했기 때문에
총 42권으로 이루어져 있다. 선조 즉위년부터 29년까지의 30권은 이식이

---

43) 『선조실록』, 29년 1월 23일.

편찬했고, 30년부터 41년까지의 12권은 김육 등이 편찬하였다. 따라서 1590년 경인통신사행에 관해서는 『선조실록』의 기사가 아주 소략한데 비해 『선조수정실록』이 훨씬 자세하다.

『선조수정실록』 1591년 3월 1일조에는 경인통신사행의 귀국에 관해 상세하게 기술되어 있다.

먼저 사행 중에 있었던 사실, 즉 迎接使 문제, 國本寺(國分寺의 오류) 연향 사건, 傳命時 拜禮 건 등을 기술한 후 秀吉의 용모와 전명시의 모습을 상세히 묘사하였다.[44] 이어 답서를 바로 주지 않고 먼저 가도록 요구한 데 대해 김성일이 항의한 사실과 답서의 내용에 대해 사실을 기술하였다.[45] 사행 중에 있었던 사건에 대해서는 황윤길을 비판하고 김성일에 대해 긍정적으로 평가하였다.[46]

---

44) 『선조수정실록』, 24년 3월 1일. "秀吉의 용모는 왜소하고 못생겼으며 얼굴은 검고 주름져 원숭이 형상이었다. 눈은 쑥 들어갔으나 동자가 빛나 사람을 쏘아보았는데, 紗帽와 黑袍 차림으로 방석을 포개어 앉고 신하 몇 명이 배열해 모시었다. 사신이 좌석으로 나아가니, 연회의 도구는 배설하지 않고 앞에다 탁자 하나를 놓고 그 위에 떡 한 접시를 놓았으며 옹기사발로 술을 치는데 술도 탁주였다. 세 순배를 돌리고 끝내었는데 수작하고 揖拜하는 예는 없었다. 얼마 후 秀吉이 안으로 들어갔는데 자리에 있는 자들은 움직이지 않았다. 잠시 후 便服차림으로 어린 아기를 안고 나와서 堂上에서 서성거리더니 밖으로 나가 우리나라의 악공을 불러서 여러 음악을 성대하게 연주하도록 하여 듣는데, 어린 아이가 옷에다 오줌을 누었다. 秀吉이 웃으면서 侍者를 부르니 倭女 한 명이 대답하며 나와 그 아이를 받았고 秀吉은 다른 옷으로 갈아입는데, 모두 태연자약하여 방약무인한 행동이었다. 사신 일행이 사례하고 나온 뒤에는 다시 만나지 못하였다."

45) 상동, "誠一이 '우리는 사신으로서 국서를 받들고 왔는데 만일 답서가 없다면 이는 왕명을 천하게 버린 것과 마찬가지이다.' 하고, 물러나오려 하지 않자 允吉 등이 붙들려 있게 될까 두려워하여서 마침내 나와 界濱에서 기다리고 있으니 비로소 답서가 왔다. 그런데 말투가 거칠고 거만해서 우리 측에서 바라는 내용이 아니었다. 성일은 그 답서를 받지 않고 여러 차례 고치도록 요구한 뒤에야 받았다. 지나오는 길목의 여러 倭陣에서 倭將들이 주는 물건들을 성일만은 물리치고 받지 않았다."

46) 秀吉의 용모에 대한 상반된 평가, 침략가능성에 대해서도 상반되게 말한 이유에

그리고 復命할 때의 대화를 상술하였다.

"복명한 뒤에 상이 引見하고 하문하니, 윤길은 전일의 치계 내용[47]과 같은 의견을 아뢰었고, 성일은 아뢰기를, '그러한 정상은 발견하지 못하였는데 윤길이 장황하게 아뢰어 인심이 동요되게 하니 사의에 매우 어긋납니다' 하였다. 상이 하문하기를, '秀吉이 어떻게 생겼던가?' 하니, 윤길은 아뢰기를, '눈빛이 반짝반짝하여 담과 지략이 있는 사람인 듯하였습니다'하고, 성일은 아뢰기를, '그의 눈은 쥐와 같으니 족히 두려워할 위인이 못 됩니다' 하였는데, 이는 성일이, 일본에 갔을 때 윤길 등이 겁에 질려 체모를 잃은 것에 분개하여 말마다 이렇게 서로 다르게 한 것이었다. (중략) 유성룡이 성일에게 말하기를, "그대가 황의 말과 고의로 다르게 말하는데, 만일 병화가 있게 되면 어떻게 하려고 그러시오?" 하니, 성일이 말하기를, '나도 어찌 왜적이 나오지 않을 것이라고 단정하겠습니까. 다만 온 나라가 놀라고 의혹될까 두려워 그것을 풀어주려 그런 것입니다' 하였다."

그런데 『징비록』에는 유성룡이 "그대의 말이 상사 황윤길의 말과 다른데 만일 병화가 있으면 어찌할 것이오?"라고 물었다. 이것이 『선조수정실록』에서는 "그대가 황윤길의 말과 고의로 다르게 말하는데 만일 병화가 있으면 어떻게 할 것이오?"라고 바뀌어져 있다. 즉 고의로 다르게 말하였다고 변조된 것이다.

관해 김성일이 사행시 황윤길의 처신에 분개해 말한 것이라고 옹호해주었다. 이어 김성일의 본래 의도에 대해 그의 말을 인용하면서 기술하였다. 『선조수정실록』의 편찬책임자가 서인인 이식이었던 만큼 이 기사는 당시 조정의 공론에 가까운 것이라고 여겨진다. 또 북인에 의해 편찬된 『선조실록』에서도 황윤길에 대한 옹호는 찾아볼 수 없고, 전쟁발발 후 김성일의 행동에 대해 긍정적으로 평가하고 그가 올린 狀啓를 全文 인용하였다. 이로 보아 당시 조정의 공론은 김성일에 대해 결코 나쁘지 않았음을 알 수 있다.

47) 부산으로 돌아오자마자 황윤길은 그간의 실정과 형세를 馳啓하면서 '반드시 兵禍가 있을 것이다.'고 보고하였다.

이러한 서술은 전쟁발발 후 불거진 책임론에 대한 기사에서도 이어진다.

　　"성일은 항상 말하기를 '왜노는 틀림없이 침략해 오지 않을 것이며 온다
해도 걱정할 것이 못된다'고 하였으며, 또 箚子를 올려 영남에서 성을 쌓고
군사를 훈련시키는 폐단을 논하였다."[48]

　　"경상우병사 김성일을 잡아다 국문하도록 명하였다가 미처 도착하기 전
에 석방시켜 도로 본도의 초유사로 삼고, 함안 군수 유숭인을 대신 병사로
삼았다. 이에 앞서 상은 전에 성일이 일본에 사신으로 갔다가 돌아와 적이
틀림없이 침략해 오지 않을 것이라고 말하여 인심을 해이하게 하고 국사를
그르쳤다는 이유로 의금부 도사를 보내어 잡아오도록 명하였다. 일이 장차
측량할 수 없게 되었을 때 얼마 있다가 성일이 적을 만나 교전한 상황을 아
뢰었는데, 유성룡이 성일의 충절은 믿을 수 있다고 말하였으므로 상의 노여
움이 풀려 이와 같은 명이 있게 된 것이다."[49]

　　여기서 김성일은 적이 틀림없이 침략하지 않을 것이며, 그것을 항상
말하였다고 되어 있다. 그런데 『징비록』에는 "김성일이 전에 일본에 사
신으로 갔을 때 왜적들이 쉽게 올 것 같지 않다고 말해 인심을 해이하게
하고 나라일을 그르쳤기 때문(上以誠一前使日本 言賊未易至 解人心誤國事)"
이라고 기술되어 있다. 이것이 『선조수정실록』에는 "김성일이 전에 일본
에 사신으로 갔다가 돌아와 왜적이 틀림없이 처들어오지 않을 것이라고
말해 인심을 해이하게 하고 국사를 그르치게 하였다(上以誠一前使日本還
言賊必不能來 以解人心誤國事)"고 되어 있다.

　　이 부분에 관해서는 『징비록』외에도 『西厓集』「書壬辰事始末示兒
輩」, 이항복의 『堂後日記』, 崔晛의 『訒齋集』「鶴峯先生言行錄」 등에 기

___

48) 『선조수정실록』, 25년 3월 1일.
49) 『선조수정실록』, 25년 4월 1일.

록되어 있는데 『선조수정실록』의 기사와는 아주 다르다.

이식이 『선조수정실록』을 편찬할 때 『징비록』을 주로 참고해 해당기
사를 기록하였음에도 가장 중요한 이 부분에서 내용을 교묘하게 바꾼 것
이다. 한 두 글자를 바꾸어 전체적으로는 내용을 크게 왜곡하고 있다. 앞
서와 마찬가지로 '쉽게 오지 못할 것이다'라는 침략에 대한 부분부정이
'반드시 오지 않을 것이다'라는 전면부정으로 바뀐 것이다. 이로써 가장
권위있는 공식사료인 『선조수정실록』에 "일본이 틀림없이 침략해 오지
않을 것이다"라고 김성일이 말한 것이 '사실'로 정착되는 계기가 되었다.

이식이 비교적 공정하고 객관적 입장에서 김성일의 행적을 기술하였으
며, 또 두 서적을 읽어보면, 해당부분의 기사를 『징비록』에 크게 의존하고
있음을 알 수 있다. 그런데도 핵심적인 부분에서 내용을 고쳤다. 『隱鋒野
史別錄』과 같은 자료와 균형을 잡자는 의도였을까? 추측컨대 새로운 사실
을 발견해서라기보다는 이식의 해석이 가미된 것이라고 판단된다.

귀국보고와 관련해 사찬기록으로서는 안방준이 쓴 『은봉야사별록』의
「임진록」을 검토할 필요가 있다.[50] 「임진록」은 임란시 조헌의 의병활동
을 주로 서술한 것인데, 앞부분에 김성일에 관한 기사가 나온다. 귀국보
고 부분에서 "황윤길과 허성 및 대소일행들은 모두 왜적이 쳐들어올 것
이라고 했지만, 김성일은 '왜적이 절대 쳐들어올 리 없다'라고 하였으며,
그 후 조정에서는 나라를 방비하는 모든 일을 그만두었다."라고 기술하
였다. 또 황윤길이 데리고 갔던 군관 黃進이 김성일을 비난하는 기사를

---

50) 安邦俊(1573~1654)은 成渾의 문인으로 임란시 의병을 일으켰으며, 두 차례의
호란 때에도 의병 봉기하였다. 일찍이 鄭澈·趙憲의 문하에 출입하면서 서인 편
에 서게 되었다. 평소 圃隱 鄭夢周, 重峯 趙憲을 숭앙한 나머지 그들의 호에서
한자씩 취해 호를 隱峯으로 하였다 한다. 인조반정 후 서인집권 하에서 호남 지
방을 대표하는 학자로 조정에 거듭 천거되었으며. 효종대에 관로에 나섰다. 사후
이조참판에 추증되고, 文康이라는 시호를 받았다. 『은봉야사별록』은 1627년 편
찬하였으며, 1663년(현종 4) 간행되었다. 내용은 「壬辰錄」·「露梁記事」·「晉州
敍事」의 3편으로 되어 있다.

상술하였다. 당시 조정이 偏黨에 치우쳐 그 사실을 알지 못하고, 오히려 유능한 사신(善使)이라 하며 당상관으로 승진시켜주었다고 하였다. 이에 식자들은 모두 '조정대신들이 일개 무부인 황진보다 못하다며 비난하고 침을 뱉으며 꾸짖었다'고 하였다. 사행중의 일에 대해서도 秀吉의 답서 수정 요구를 황윤길이 주도한 것처럼 서술하였고, 김성일이 小西行長과 대마도주에게 보내려했던 서신을 두고 교활한 처사라고 평하였다. 또 임란 발발 직후 선조가 크게 노해 "김성일의 잘못 때문에 나라의 일이 이 지경에 이르렀다."고 하였다고 기술하였다.

그런데 이 책의 내용은 사실에 대한 오류뿐 아니라 지나치게 당파적 입장에서 기술되어 편파성을 노정하고 있다.[51] 관견한 바로는 당쟁론의 근거가 될 수 있는 최초의 주장이다. 1850년 이 책이 일본에서 간행되면서 일본학자들에게 임진왜란의 원인으로 당쟁을 주장할 수 있는 근거를 제시해 주었다고 할 수 있다.[52]

복명시의 대화내용과 귀국보고에 대한 이상의 기사 가운데 어느 자료가 1차사료로서 진실에 가까울까? 당시 복명 당시 현장에서 있었던 좌의정 유성룡과 도승지 이항복의 기록이 가장 직접적이며 신빙성이 있다고 보아야 할 것이다. 유성룡은 『懲毖錄』[53]에서 김성일과 직접 대화한 내용을 명백하게 기록하였다. 또 이항복의 『堂後日記』에는 "나는 성일을 보고 일본 일을 물으니 성일이 깊이 우려를 하면서 다만 '남방을 방어함은

---

51) 이에 대해 김명준은 『임진왜란과 김성일』(백산서당, 2005, 131~144쪽)에서 사실오류와 해석의 오류에 관해 조목조목 비판하였다.

52) 櫻關克室이 쓴 跋文에는 "이 책의 기록은 간략하면서도 요령이 있어서 禍亂의 顚末을 고찰하기에 충분하다"라고 되어 있으며, 『징비록』과 함께 일본에서의 임진왜란사 이해에 큰 영향을 주었다.

53) 개인의 저술로는 드물게 국보로 지정되었다. 그만큼 객관적이고 종합적인 안목으로 임진왜란을 조망할 수 있는 사료적 가치를 인정하기 때문이다. 내용에 대해서도 자신이 직접 겪은 사실을 반성적인 차원에서 기록한 것이기 때문에 신빙성이 높은 것으로 평가된다.

민심을 소동하여 적은 아직 오지도 않는데 먼저 궤란할 것이므로 그렇게 말했다'고 하니 그는 민심을 진정시키려 하였기 때문이다." 고 하였다. 이항복은 도승지로서 현장에 있으면서 김성일에 직접 물어본 바를 기술한 것이다. 그는 당색으로도 서인이기 때문에 이 기사는 신빙성이 높다고 할 수 있다.

한편 이식은 「金鶴峯海槎錄跋」에서, "통신사가 귀국해 복명할 때에도 동행한 두 사람은 그들이 적국에서 굴욕의 실수를 저지른 것을 적당히 꾸미려고 너무 심하게 적의 형세를 과장하였다. 공은 그들과 더불어 논란하는 중에 비록 말이 너무 지나친 것을 면하지 못하였지만 조정에서는 처음부터 이 보고로써 변방의 방비를 폐지해 일본의 침략을 초래한 것이 아니다. 그런데 형세가 기울어지고 화기가 박도하여 일패도지의 지경에 이르게 되니, 공도 어찌할 수가 없게 되었다." 라고 하였다. 즉, 귀국보고에 관해 정사 황윤길과 허성의 자기변명을 위한 장황한 보고에 김성일이 논란하던 가운데 말이 정도에 지나쳤다고 해석하였고, 당시 조정에서 김성일의 말 때문에 변경의 방비를 폐지했거나, 왜적의 침략을 초래한 것이 아니라는 사실을 명백히 하였다. 이식 또한 서인이었던 만큼 사실 이상의 우호적인 평가를 하지 않았을 것이다. 그런 점에서 위의 평가는 당색을 넘어서 객관성과 공정성을 인정할 수 있다고 여겨진다.

3) 복명시 반대의견을 제시한 이유

(1) 일본이 즉시 쳐들어오리라는 확신이 없었음

황윤길은 미구에 침입할 것이라고 보고한 데 대해 김성일은 당장 침략하리라는 확실한 증거가 없다고 판단한 것으로 보인다. 그는 복명을 마친 직후 같은 자리에 참석했던 좌의정 유성룡과 도승지 이항복과의 대화에서 토로하였다. 『징비록』에 만일 兵禍가 있으면 어떻게 할 것인가라는 유성룡의 질문에 대해 "나 역시 왜가 반드시 動兵하지 않을 것이라고는 장담할 수 없었지만, 황윤길의 말이 너무 심하여 내외의 인심이 놀라 당황하겠기로 해명한 것이다.”라고 하였다.[54] 『西厓集』「書壬辰事始末 示兒輩」에서는 “당초에 황윤길과 김성일 등이 일본에 갔다가 돌아왔는 데, 두 사람이 말하는 왜적의 형세가 같지 않았다. 내가 어느 날 김성일 을 직접 만나보고 묻기를, ‘그대의 말한 것이 황윤길과 다른 점이 있는 데, 만일 왜적이 실제로 온다면 어떻게 할 것입니까’하니 성일은 말하기 를, ‘난들 또한 어찌 왜적이 끝내 오지 않을 것이라고 말할 수 있겠습니 까. 그러나 다만 황윤길의 말이 너무 지나쳐서 마치 왜적이 우리 사신들 을 뒤따라 쳐들어오는 것처럼 말하므로, 세상 사람들의 마음이 두려워 떨기 때문에 이와 같이 말했을 뿐입니다’라고 하였다.”라고 기술하였다.

또 崔晛의 『訒齋集』「鶴峯先生言行錄」에는 “성일이 일본에서 돌아 온 다음, 소신(유성룡)이 왜적이 쳐들어오면 어떻게 할 것이냐고 직접 물 었더니, 성일이 대답하기를 나는 왜가 끝내 오지 않을 것이라고 말하는 것이 아닙니다. 動兵을 해도 回禮使가 돌아간 다음에야 할 것입니다. 그 런데 왜적이 지금 곧바로 닥치는 듯이 말하여 인심을 요동시키기 때문에 내가 왜적이 금년에는 쳐들어오지 않는다고 말하는 것입니다.” 라고 기 록되어 있다.

요컨대 김성일은 일본이 즉시에 침략한다는 확신이 없었고, 또 당장 민심이 동요하여 적이 오기도 전에 허물어지겠기에 “그런 정형을 보지 못하였다”라고 대답한 것으로 판단된다.

---

54) 복명할 무렵 趙憲이 올린 상소문에서 “그 가운데 더욱 놀라운 것은 先來譯官이 秀吉의 패만스런 내용의 글을 가지고 와서 一道에 전파시켰고 이것이 호서·호남 에까지 퍼져갔으므로 士類들은 말하지 않는 이가 없고 백성들도 듣지 않은 이가 없습니다. 그런데 조정에서는 이 말이 널리 퍼질 것만을 두려워하고 일에 앞서 모의하는 계책에 대해서는 하나도 거론하여 진달하지 않습니다.”(『선조수정실록』 24년 3월 1일)라고 하여 통신사의 복명 이전에 秀吉의 답서 내용과 함께 일본의 침략이 임박했다는 소문이 삼남지역에 이미 널리 퍼진 상태였다.

(2) 일본인식과 豊臣秀吉에 대한 경멸감

김성일은 앞에서 살펴본 바와 같이 기본적으로 일본이적관과 일본소국관을 가지고 있었다. 그러한 인식은 일본 사행 중 더욱 증폭되었던 것으로 보인다. 사행 당시 일본의 오만하고 무례한 태도와 秀吉의 무력시위에 대해서, 허성이 '야심에 가득 찬 위협'으로 인식한 반면, 김성일은 현실적 위협으로 느끼기보다는 '야만'과 '허장성세'로 보았던 것 같다.

복명할 때 秀吉의 용모에 대해, 김성일은 "그의 눈이 쥐와 같으니 족히 두려워할 만한 위인이 못 됩니다."고 대답하였다. 이와 관련해 선조는 후일 김성일이 秀吉에게 속았기 때문이라고 생각하였다.[55] 그러나 김성일이 기본적으로 일본을 무시하고 있었고, 또 4개월 이상이나 국서 전달을 연기시키고, 접견시 몰상식한 행동을 보이는 등 秀吉의 무례한 태도에 대해 경멸감을 가지고 있었으므로 이렇게 판단했을 가능성이 충분히 있다. 그는 『해사록』에서 秀吉을 지칭할 때 '蠻君', '蠻酋' 등으로 표현하였으며, 그의 호전적인 정책에 대해 아주 비판적이었다. 또 하나, 김성일은 국제관계나 조일 간의 외교의례 등에 관해 당위적 인식이 현실적 판단을 압도하였다고도 여겨진다. 사행 중 허성과의 논쟁에서도 "나라의 大小와 强弱으로 판단해 대응하는 것은 금수의 도리이며, 교린의 의의는 신의에 있다."고 하였다. 또 1591년 윤3월 東平館에서 玄蘇를 만났을 때, 그가 침략을 예고했음에도 불구하고, 김성일은 그것의 가능성을 심각하게 받아들이기보다는 大義名分에 맞지 않는 일이라며 부당성에 대해 훈계하려고 했다는 사실에서도 엿볼 수 있다.[56]

---

55) 『선조실록』, 28년 2월 6일.
　　이와 관련해 허성은 일본이 병들고 나약한 군사들을 보여준 것이 오히려 자신들을 속이는 平城의 계책(흉노가 한 나라 사신에게 사용했던 속임수)이라고 하면서 일본이 반드시 쳐들어 올 것이라고 판단하였다고 한다.(『再造藩邦志』 권1)
56) 『선조수정실록』, 24년 3월 1일.

(3) 당파적 대립의식

김성일이 당파적 심리에서 일본의 침입설을 의도적으로 부정했다고 하는 설은 사실적 근거가 없다. 이 문제에 대해 당파적 입장에서 기술한 최초의 자료는 안방준의 『은봉야사별록』「임진록」이다.[57] 역사개설서로는 黃義敦이 1923년에 쓴 『新編 朝鮮史』이다. 여기서는 김성일이 당파심 때문에 황윤길과 다르게 보고한 것으로 기술되어 있다. 그러나 『은봉야사별록』의 기사는 사실과 다르며 많은 문제점을 지니고 있다. 가장 일차적이고 믿을 만한 사료는 역시 『징비록』과 『당후일기』로 보아야 한다.

당파심 때문에 나라가 망하더라도 사실을 왜곡해 보고하고, 추진하던 전쟁준비도 그만두었다는 것이 말이 되는 소리인가? 물론 1589년 鄭汝立獄事로 1천여 명이 화를 입었기 때문에 당파간의 대립이 예민한 시기이기는 했다.[58] 그러나 이 시기에는 붕당이 형성된 15년 남짓한 시기로 이른바 '진영의 논리'가 사실을 왜곡하는 수준은 아니었다.[59] 이것은 동인인 허성이 김성일의 편을 들지 않고, 서인 황윤길과 의견을 같이한 사실에서도 알 수 있다.

---

57) 학봉의 귀국보고에 대한 비판적 기록은 『隱鋒野史別錄』, 「壬辰錄」 외에 申欽(1566~1628)의 『象村集』, 「備倭說」과 金時讓(1581~1643)의 『涪溪記聞』이 있다. 그러나 양자 모두 김성일의 귀국보고를 비판하였지만, 黨意에 의한 왜곡보고라고는 하지 않았다. 두 자료에 대한 세부적인 내용은 김명준, 『임진왜란과 김성일』, 백산서당, 2005, 31~33쪽 참조. 이에 대해 유성룡의 손자 柳元之는 안방준과 김시양의 주장을 조목조목 비판하였다.

58) 허성도 귀국 후 이 사건과의 연루관계로 바로 체포되어 의금부에서 조사를 받았다.

59) 『선조수정실록』, 1588년 8월 1일 기사에 김성일이 당파적 견해를 부정하였다는 사실을 수록하고 있다.
"김성일은 강직 개결한 사람이어서 혹 치우치게 배척하는 논의를 주장할 것이라고 여기는 사람도 있었다. 그러나 조정에 들어와서는 '자기와 의논이 다른 사람이라도 반드시 다 소인은 아니고 자기와 의논이 같은 사람이라도 반드시 다 군자는 아니다. 피차를 논하지 말고 어진 사람을 임용하고 불초한 사람을 버리는 것이 옳다'라고 하였다."

(4) 황윤길, 허성에 대한 불신과 경멸의식

『선조수정실록』의 史評에 "대개 김성일이 일본에 갔을 때 황윤길 등
이 겁에 질려 체모를 잃은 것에 분개하여 말마다 서로 다르게 하였다."[60]
여기서도 『징비록』에는 없는 '말마다'라는 말이 추가되어 있는 게 문제이
지만, 요컨대 불화론을 그 요인으로 꼽았다.

일본사행 중 김성일은 황윤길과 허성에 대해 사신으로서 국가에 대한
체모를 유지하지 못하고, 오직 일신의 안위를 위해 일본인에게 겁을 내어
시종 위축되고 굴종하는 사람들로 인식하였다. 그는 두 사람의 행태를 한
마디로 '怖死(죽음을 두려워함)' 두 글자에 있다고 단정하였다. 나중에는 실
망감과 함께 경멸감까지 가지게 되어 사실상 '절교선언'을 하기에 이르렀
다.[61] 그런데 귀국하자마자 황윤길이 부산에서 일본이 미구에 반드시 침
입할 것이라고 치계하고, 복명할 때 역시 침략가능성을 과장해서 보고하
는 태도를 보고 혐오감을 가졌을 수 있다. 그러한 태도가 사행 중 명분과
의리를 지키지 못하고 굴욕적인 태도를 보인 것에 대한 과오를 덮으려는
것으로 비쳤기 때문에 반감을 가졌고, 그것에 대한 반발심리로 과격한 언
사로 반박하였을 가능성이 충분히 있다. 택당 이식도 『선조수정실록』과
「金鶴峯海槎錄跋」(『澤堂別集』 권5)에서 그 점을 지적하였다.

(5) 정보부족에 의한 판단 오류

『선조수정실록』에 "왜인들은 황과 허를 비루하게 여기고 성일의 처신
에 감복하여 갈수록 더욱 칭송하였다. 그러나 平義智만은 대단히 유감스
럽게 여겨 매우 엄격하게 대우하였기 때문에 성일이 그곳의 사정을 잘
듣지 못하였다. 그 후 義智는 우리 사신에게 '성일은 절의만을 숭상하여
사단이 생기게 된다'고 말했다."[62]라고 하였다. 김성일이 혼자 일본의 정

---

60) 『선조수정실록』, 24년 3월 1일.
61) 『해사록』 권3, 「與許書狀論觀光書」.

보에 소외되었을 가능성을 시사해주는 기사이다. 일본의 침략의도에 대해 일본인들이 황윤길과 허성에게는 구체적으로 말하였으나 김성일에 대해서는 알려주지 않았다는 뉴앙스를 지니고 있다. 선조수정실록의 편찬자는 김성일의 귀국보고가 정보부족에 기인한 것이라는 여운을 남겼다.

그러나 이것도 극히 사소한 이유에 지나지 않을 뿐이다. 김성일을 제외하고 대마도주를 비롯한 일본측 인사가 황윤길과 허성에게 다른 정보를 줄 수 있겠는가? 김성일은 사행 중의 모든 일에 대해 꼼꼼하게 '사행일기'를 기록하였으며, 秀吉의 답서에 대해 수차례에 걸쳐 玄蘇와 치열하게 논쟁을 벌였던 김성일에게 정보소외라는 것은 타당하지 않다. 또 황윤길과 허성 두 사람도 실정 탐색과 정보수집에 적극적이라고 보기는 힘들다. 요컨대 정보량에 있어서 큰 차이가 있다고는 여겨지지 않는다. 현상에 대한 인식과 해석의 차이가 있을 뿐이다.

(6) 시국관과 애민의식

김성일의 귀국보고는 단순한 명분론에 빠져 비현실적인 주장을 한 것이 아니라 시국관과 민심의 안정이 가장 중요한 국방대책이라는 지론에 바탕을 둔 것이라는 해석이다. 사실 김성일은 일본사행 이전 병조좌랑, 정랑 등 군사요직을 역임하였다. 또 그는 1579년에 함경도순무어사, 1583년에 황해도순무어사, 1583년부터 87년까지 나주목사를 역임하여 당시 민정과 군정의 실상에 대해 정통한 입장이었다. 그래서 임란이 발발하기 19년 전에 10년 내에 국가의 위란이 올 수 있다고 경고하기도 하였다. 이러한 경력과 현실인식을 바탕으로 김성일은 당시 변방의 백성과 농민의 어려움을 실감하고 있었기 때문에 민심의 안정과 기강을 유지하는 것이 가장 중요한 군사대책이라고 주장하였다. 귀국 후 전쟁이 발발하기 전까지 그는 세 차례 疏箚를 올리면서 백성의 군역 동원과 내륙

---

62) 『선조수정실록』, 24년 3월 1일.

지역에서의 신규 축성을 반대하였고, 민심안정과 국방대책을 제시하였
다.[63] 그는 상소문에서 "오늘날 두려워할 것은 섬오랑캐에 있는 것이 아
니라 인심에 있으니, 인심을 잃어버리면 金城湯池인들 어디에 쓰겠습니
까?"라고 하여 민심 수습이 우선적인 과제라고 주장하였다.[64] 『징비록』
과 『당후일기』에서도 김성일은 일본의 침략가능성을 부인한 이유를 민
심의 안정을 위해서라고 밝혔다.

4) 삼사에 대한 평가

경인통신사행에서 三使를 선택한 이유는 무엇일까?

정사 황윤길(1536~?)은 명에 사행을 다녀온 외교경험이 있고, 사행 직
전에 병조참판을 맡고 있었다. 부사 김성일(1538~1593)도 1577년 謝恩兼
改宗系奏請使의 서장관으로 명에 사행한 적이 있다. 또 1589년에는 禮
賓寺正으로 '일본국왕사' 자격으로 온 玄蘇와 宗義智를 접대하였다. 서
장관 허성(1548~1612)은 1589년 통신사 파견 문제를 두고 조정의 의론이
분분할 때 통신사 파견을 통해 변경을 안정시켜야 한다며 적극적으로 주
장하였다.[65] 이러한 사실 등이 통신사로 선발하는데 고려사항이 되었다
고 여겨진다.

다음으로 김성일을 비롯한 三使에 대한 평가를 살펴보자.

---

63) 통신사의 귀국보고를 듣고 일본이 침략하지 않는다고 결정을 하고는 그동안 추진
   하고 있었던 대비책을 모두 중단했다는 것은 사실이 아니다. 조정과 비변사에서
   주도하여 각 도의 성곽 구축, 무기 점검, 재질있는 무신의 발탁, 경상·전라도의
   성곽 수축 등 구체적인 대비책을 추진하고 있었다. 그래서 1591년 가을 명황제
   에게 보낸 선조의 국서에는 "왜적의 침략을 기다릴 정도로 준비가 되어 있다"고
   자신감을 내보일 정도였다.
64) "민심의 안정과 백성의 부강이 국방의 첩경"이라는 생각은 학봉의 지론이기도
   한데, 의병장 곽재우의 군역반대론과 상통한다. 조경남도 『亂中雜錄』에서 민심
   의 이산이 전쟁 초기 관군의 붕괴원인이었다고 주장하였다.
65) 『선조실록』, 22년 8월 1일.

『선조수정실록』에는 일본사행을 마치고 복명한 내용을 소개한 후 細注로 三使에 대해 평가를 하였다.

　　"윤길은 본래 비루한 사람으로서 글 잘하는 것으로 사신의 선발에 뽑혔지만 적임자가 아니었다. 허성은 士類로서 성일과는 친구사이였다. 본래 기대한 바가 있었으나 행동이 전도되었기 때문에 성일이 여러 번 서신으로 간절히 책망하였다. 허성은 이로 인하여 명망이 손상되었다."[66]

김성일에 대한 평가는 빠졌으나 이에 앞서 사행 중에 있었던 여러 사건과 처리과정을 상세히 소개한 뒤 일본인들의 평가를 소개하였다.

　　"왜인들은 황과 허를 비루하게 여기고 성일의 처신에 감복하여 갈수록 더욱 칭송하였다. 그러나 平義智만은 대단히 유감스럽게 여겨 매우 엄격하게 대우하였기 때문에 성일이 그곳의 사정을 잘 듣지 못하였다. 그 후 義智는 우리 사신에게 '성일은 절의만 숭상하여 사단이 생기게 된다.'고 하였다."

전체적으로 황윤길과 허성의 행태에 대해 비판적이었고, 김성일에 대해 긍정적인 평가를 내렸다. 이러한 세평 때문인지 황윤길은『선조실록』과『선조수정실록』에 기사가 거의 나오지 않고, 허성에 관해서도 아주 소략하다.[67] 이에 비해 김성일에 대해서는 실록에 상당히 많은 기사가 기술되어 있다.[68]

---

66) 『선조수정실록』, 24년 3월 1일.

67) 황윤길에 대해서는 더 이상의 기사가 없고, 허성에 관해서는『선조실록』에 1593년 홍문관 응교에 제수하면서 세주로 그에 대한 평가를 다음과 같이 부기하였다. "허성은 이름 있는 아비의 자식으로서 淸班에 올랐으나, 가정 안에 부끄러운 일이 많았다."(『선조실록』, 26년 8월 30일)

68) 또 황윤길은 문집을 남기지 않았고, 허성도 자신의 문집에서 일본사행 중의 사실에 관해서는 거의 언급하지 않았다. 이로 보면 사행중의 행위에 관해서는 조정의 공론은 물론 당사자들도 자부심이 각각 달랐던 것으로 여겨진다. 또『선조실록』

김성일에 대한 실록의 평가를 좀 더 살펴보자.

1592년 10월 27일 김성일을 嘉善大夫로 加資하는 기사에 이어 細注로 인물평을 상세히 기술하였다. 그의 공로와 과실 및 인간적 면모에 대해 소상하게 소개하고 평가하였기 때문에 다소 길지만 인용해 보기로 한다.

"이황이 죽을 무렵 (김성일을) 조정에 천거하였는데 조정에 벼슬함에 미쳐서는 준엄 강직하다는 평을 들었다. 일찍이 왜국에 사신으로 갔을 적에는 접대가 조금만 예절에 어긋나면 번번이 지적하였으므로 왜인들이 굴복시킬 수가 없었다. 회답하는 서장의 내용이 공손하지 않자 성일이 받지 않으면서 '고치지 않으면 죽어도 가지고 돌아갈 수 없다'고 하자, 왜인들이 그의 의기에 감복하여 끝내는 내용을 고쳤다. 돌아와서는 玉堂의 장관에 보임되었다. (중략) 얼마 되지 않아 다시 성일을 과감한 공격에 합당하다 하여 慶尙右兵使에 제수했다. 그가 진영에 도착하자마자 왜적이 경상도를 침범하였다. 상은 '성일은 타고난 성품이 편벽되고 강곽하며 용심이 거칠다. 일본에서 돌아와서 왜노들이 배반하지 않을 것이라고 극력 주장함으로써 변경의 방비를 소홀케 하여 결국 이 난리가 터지게 하였다.' 하고서 金吾郎을 보내 잡아오게 하였다. 그러나 도착하기 전에 사면하여 그 도의 招諭使로 삼았으며 다시 감사에 제수하였다. (중략) 남쪽 지방의 士民들이 성일이 불러 위무하고 효유한 데 힘입어 安集하였고 궤산하는 지경에 이르지 않았다. 영남의 인심을 수습한 데에는 성일의 공로가 대부분이었다."

"이때에 이르러 상이 성일의 공로가 많았음을 들어 자급을 올려주게 하였다. 다만 그의 인품이 고집이 세고 편협하여 수용하는 도량이 없었기 때문에 동서의 분당이 일어날 때에 한사코 공격하기를 힘썼고 잘 조화하여 조정을 안정시키지 못하였으므로 사람들이 부족하게 여겼다."[69]

___

과 『선조수정실록』의 편찬자는 각각 북인과 서인세력이므로 김성일에 대해 붕당의 입장에서 호의적으로 평가할 가능성은 낮다. 오히려 부정적으로 평가할 가능성이 더 높다. 따라서 실록에서의 인물평은 공정하다고 믿을 수 있는 것이다.

69) 『선조실록』, 25년 10월 27일.

『선조실록』의 기사이므로 여기에는 북인계의 판단이 들어있을 것으로 볼 수 있다. 다음으로는 서인 이식이 편찬을 주도한『선조수정실록』의 평가를 살펴보자. 김성일의 卒記이다.

"경상좌도 순찰사 김성일이 죽었다. 당시 혹심한 병란에 백성은 굶주리고 역병까지 크게 유행하였다. 이에 성일이 직접 나아가 賑救하면서 밤낮으로 수고하다가 역병에 전염되어 죽었다. 일로의 군사와 백성들이 마치 친척의 상을 당한 것처럼 슬퍼하였는데, 얼마 안 가서 진주성이 함락되었다. 성일은 성품이 강직 방정하고 재질이 매우 뛰어났는데, 이황에게 師事하였다. 젊어서부터 격앙하고 강개하여 氣節이 남보다 뛰어났으며, 조정에 있을 때에는 기탄없이 탄핵하였으므로 사대부들이 모두 두려워하였다. 일본에 봉명 사신으로 가서는 예를 철저하게 지켰으므로 왜인들이 경복하였다. 그런데 동행과 서로 불화한 나머지 敵情을 잘못 주달하였으므로 거의 죄벽에 빠질 뻔하였다. 그러다가 용서하는 왕명을 받고서는 더욱 감격하여 사력을 다해 적을 칠 것을 맹세하였다. 평소 軍旅에 대한 일은 알지 못했으나 지성으로 군중을 효유하고 관군과 의병 등 모든 군사를 잘 조화시켰는데, 한 지역을 1년 넘게 보전시킬 수 있었던 것은 모두 그가 훌륭하게 통솔한 덕분이었다."70)

한편 선조는 김성일에 대해 어떻게 인식하였을까?
앞의 실록기사에 나오듯이 선조는 김성일에 대해 "성품이 편벽되고 강퍅하며 용심이 거칠다. 일본에서 돌아와서 왜노들이 배반하지 않을 것이라고 극력 주장함으로써 변경의 방비를 소홀케 하여 결국 이 난리가 터지게 하였다."라고 하여 전체적으로 부정적인 인상을 지니고 있었던 것 같다.71)

---

70) 『선조수정실록』, 26년 4월 1일.
71) 김성일이 1573년 사간원 정언으로 있을 때 선조에게 堯舜같은 성군도 될 수 있지만, 桀紂같은 폭군도 될 수 있다고 직간하였다.(『선조수정실록』6년 7월 1일),

또 1594년(선조 27) 2월 6일 朝講에서 임진왜란 초기상황을 회고하면
서 김성일의 공로를 인정한 후 소회를 밝혔다.

"다만 그가 平秀吉에게 속아서 '그를 두려워 할 것이 못 된다'고 하였
고, 황윤길은 '걱정할 만하다'고 하였으니 그 사람이 도리어 식견이 있
다."라고 하였다.[72]

선조는 임란 발발 후 김성일의 잘못된 귀국보고에 대해서는 유감스럽
게 생각하면서 황윤길이 식견이 나았다고 평하였다. 전쟁 발발 소식을
들은 4월 17일에는 그것을 문제삼아 잡아오라고 명하기도 하였으며,
1595년 2월 김성일에 대한 추증 논의시에도 선조가 허락하지 않았다. 그
러다가 1605년(선조 38)에 이르러서 宣武原從功臣 1등, 嘉義大夫로 추증
하였다.

마지막으로 『선조수정실록』 편찬을 주도하고, 「金鶴峯海槎錄跋」을
쓴 이식[73]의 평가를 살펴보자.

"세상에서 학봉 김공이 강직하고 충효한 절의가 있다고 일컫고 있는데 그
가 일본에 사신으로 갔을 때 명성과 功烈이 더욱 나타나게 되었다. (중략)
사행 중 저들이 바야흐로 방자하고 패려한 본성을 드러내면서 온갖 모양으로
함부로 뛰놀게 되자 동행한 두 사람(황윤길과 허성)은 조급하게 지조를 고쳐

또 종친 문제에도 서슴없이 간언하는 태도 등으로 인해 김성일은 '殿上虎'라고
별호가 붙기도 하였다. 이런 김성일의 태도에 대해 선조는 속으로 부담스러워 하
면서 피하려고 한 사례가 실록에 몇 차례 기술되어 있다.

72) 『선조수정실록』, 27년 2월 6일.
73) 澤堂 李植(1584~1647)은 1610년(광해군 2) 별시문과에 급제하였으나 1618년
廢母論이 일어나자 은퇴하여 학문에만 전념하였다. 당색은 서인으로 1621년 누
차 出仕의 명을 받았으나 거부하였고, 1623년 인조반정이 일어난 후 이조좌랑에
등용되었다. 이어 예조참의·동부승지·우참찬 등을 역임하였으며, 1632년까지 대
사간을 세 차례 역임하였다. 1638년 대제학과 예조참판·이조참판을 역임하였다.
1642년에 金尙憲과 함께 斥和를 주장하여 瀋陽으로 잡혀갔다. 귀국 후 1643년
대사헌과 형조·이조·예조의 판서를 역임하였다.

서 그들의 능멸함을 그대로 방치하였으나, 공은 부사로서 그 사이에 절벽처
럼 우뚝 서서 잘라 끊듯이 예로서 스스로 지켜 좌절하지도 않고 격분하지도
않으면서 저들로 하여금 마음속으로 두려워해 기백이 꺾여서 스스로 하복을
죽여 사죄하는 뜻을 보이기까지 했으니 일행 중에서 오직 공 한 분에게 힘입
은 것이다. (중략)

지금에 이르기까지 저들이 우리의 好音을 생각하고 聲敎를 사모하며, 다
시는 이전의 함부로 뛰놀고 능멸하는 태도를 보이지 않는다. 전후에 일본에
가는 우리나라의 사신들이 모두 공의 행적으로써 표준을 삼게 되었다. 비록
그들의 인품은 공에 미치지 못하지만 그들이 나라의 위신을 욕되게 하지 않
으려는 긍지는 같이 가지고 있었다. (중략) 이 해사록을 보건대 시와 문이 詞
氣가 峻整하고 의논이 명백하니, 읽어 보면 기상이 늠름하여 그 인품을 상상
해 볼 수 있다. 우리나라에 전하여 마땅히 사신들의 영원한 모범으로 삼아야
할 것이다.”

이식은 사행 중 김성일의 활동이 국가의 위신을 보전하고, 정의에 입
각한 행동임을 밝히면서 높이 평가하였다. 그 결과 조선후기에 와서 일
본의 접대의례가 공손해졌는데, 그 공이 김성일의 노력에 의한 것이라는
사실을 지적하고, 영원히 사행의 모범으로 삼아야 한다고 주장하였다.

4. 맺음말

1591년 3월 일본사행을 마치고 귀국보고를 하는 자리에서 “그들이 침
략하려는 정형을 보지 못하였다.”고 하였고, 그 후 “민심의 동요를 방지
하기 위해 그렇게 말하였다.”라고 한 김성일의 변명은 냉정하게 보면 가
슴에 와 닿지 않는다. 그에게 전쟁발발의 전체적인 책임을 지우는 것은

부당하다고 하더라도 통신사로서 일본의 정확한 정세 파악과 전쟁 예측을 어긋나게 한 보고를 했다는 점에서는 일정한 책임을 피할 수는 없다. 전란을 대비하는 일과 민심이 흉흉해지지 않게 하는 일의 선후관계로 본다면 당연히 전자를 선택해야 하는 것이 상식이다. 단지 김성일 입장에서 생각해 본다면, 그는 일본이 침략해 온다 하더라도 그렇게까지 대규모로 가까운 시일 내에 해오리라고는 생각하지 않았던 것 같다. 물론 수차례에 걸친 대마도주 宗義智와 玄蘇의 노골적인 경고와 침략을 예고한 秀吉의 답서를 보고도 그러한 판단을 했다면 문제가 있지만 말이다.

16세기에 접어들어 조선의 해외제국에 대한 관심과 정보력이 쇠퇴하였다. 지식인의 세계인식도 직방세계 중심의 화이관으로 축소되었고, 대외인식도 경직화하였다. 일본인식도 당연히 이러한 세계관과 대외인식 속에 규정되었다. 김성일은 그러한 경향을 대표하는 유형의 사림파 유학자였다. 김성일은 명분론적 질서에 매우 충실하고자 한 실천적 예학자이다. 그는 至治主義적 입장에서 성리학적 이상을 현실세계에 그대로 구현하고자 하였다. 국내문제뿐 아니라 국제관계에서도 그러한 입장에서 접근하였다. 따라서 기존의 국제질서를 뒤집으려고 하는 秀吉과는 처음부터 핀트가 맞지 않았다. 김성일은 秀吉의 태도에 강하게 저항하고 비판적인 태도를 취하였다. 그러한 인식의 연장선상에서 문제의 귀국보고가 나올 수 있었다고 여겨진다.

사실 경인통신사행은 출발부터 대마도주의 僞計에 의한 것으로 많은 문제를 지니고 있었다. 따라서 사행 중 각종 문제가 발생할 수밖에 없었다. 거기에다 삼사는 각기 다른 사상적 기반과 현실인식을 가지고 있었다. 따라서 사행 중 구체적인 사안이 일어날 때마다 부딪쳤다. 우선 경인통신사행의 사명에 대해 김성일은 황윤길, 허성과는 다른 생각을 하였다. 경인통신사행의 명목상의 사명은 일본의 통일과 새 정권의 수립을 축하하는 것이다. 이에 더해 선조는 사폐시 네 가지 지침을 하교하였다. 그런데 실제로는 심상치 않은 일본의 정세를 파악하고자 하는 것이 사절 파견의 실질적 목적이었다고 해도 과언이 아니다. 그런데 김성일은 공식적인 사명과 선조의 하교를 가장 중요한 임무로 생각하였다. 그는 국정탐색을 주요사명으로 여기지 않았다. 『해사록』을 보아도 그는 일본의 실정을 탐지하는데 큰 힘을 기울이지 않았다. 일본은 교화의 대상일 뿐이며, 대국의 사신으로서 체통을 지키면서 교린의 우호를 돈독히 하면 되는 것이라고 생각하였다.

이런 점에서 볼 때 김성일은 평시에는 나라와 임금의 명예를 지키는 유능한 사신이었겠으나 1590년과 같은 비상시국에는 약간 부적당한 인물이 아닐까? 요컨대 그는 일본국정 탐색이라는 실질적이고 핵심적인 임무를 수행하는 데는 충실하지 못하였다. 현실보다는 명분론에 집착하면서 논쟁하는 그를 두고 황윤길과 허성은 大體는 잊고 小節에 집착한다고 비판하였다.

京都에 4개월간 체재하는 동안 "왕명을 전하기 전에 사신이 도리상 출입하기는 어렵다."는 명분하에 大德寺 밖에 거의 나가지 않았던 그의 행동을 보아도 김성일은 정탐에는 부적당한 인물임에 틀림없는 것 같다. 한편 황윤길과 허성은 기본적으로 외교관으로서의 자질이나 사명감이 부족하였다고 여겨진다. 그들은 핵심적인 사안에 대해 회피적인 태도로 일관하였으며, 대마도주나 秀吉 측의 주도적인 행위에 대해 추수적이었고, 문제점을 제대로 지적하며 고치려는 노력을 거의 하지 않았다. 일신상의 안위를 두려워해 사신으로서의 기본적인 임무를 수행하지 못하였다.

일본사행을 마치고 귀국해 선조에게 복명할 때 김성일이 황윤길의 보고와 달리 일본의 침략가능성을 부인한 이유를 본론에서 살펴보았다. 김성일이 일본의 동정을 정확하게 파악하지 못했다는 허물은 인정해야 하겠지만, 임란 발발의 책임을 그에게 돌리는 기존의 일부 견해는 사실적 기반이 없다. 당시 조정의 대부분의 관료들은 1583년 니탕개의 난 이후 일본보다 북방의 여진족에 대해 더 위기의식을 가지고 있었다.

사실 일본의 침략가능성에 대해서는 경인통신사의 귀국보고 외에도 다른 정보루트가 많았다. 1588년 이래 대마도주 宗義智와 玄蘇의 여러 차례에 걸친 경고가 이미 있었다. 또 1591년 2월 내년에 일본이 침략할 것이라는 玄蘇의 말을 전한 宣慰使 吳億齡의 보고가[74] 있었고, 윤3월에 는 왕명으로 황윤길과 김성일이 동평관에서 玄蘇를 만났을 때 역시 秀吉 이 전쟁을 일으킬 것이라는 예고를 하였다. 5월에는 대마도주 宗義智가 부산에 와서 변장에게 침략할 것임을 통보하였다. 이때가 대마도주로서 는 마지막 경고였다.[75] 그럼에도 불구하고 조정에서 아무런 반응을 보이 지 않자 宗義智가 귀국하였고, 그 이후로 대마도의 무역선이 중단되고 왜관에서 철수하였다. 사신들이 가져온 秀吉의 답서 또한 사실상 선전포 고나 마찬가지인 내용으로 노골적으로 침략의사를 밝혔다. 이밖에 명으 로부터도 조선이 일본과 연합해 명을 쳐들어온다는 오해를 받고 있었다. 이에 따라 1591년 네 차례에 걸쳐 사신을 파견해 일본과의 연합설에 대 한 해명과 일본의 동태에 대한 보고를 하였다.

요컨대 1591년 2월 사신들의 귀국한 이후 모든 추가적 정보의 내용은 침략을 예고하는 것이었다. 그럼에도 불구하고 조정에서는 침략에 대한 본격적인 논의도 없었다. 『선조실록』에는 그런 기사가 불가사의할 정도 로 전혀 없다. 『선조수정실록』도 그 점에서는 마찬가지이다.

---

74) 오억령은 '내년에 길을 빌어 上國을 침범할 것이다'라고 한 玄蘇의 말을 그대로 보고하였는데, 그 말이 참람하다는 이유로 체직당하였다. 이에 史官은 오억령이 일의 기미가 위급함을 알고 위험을 무릅쓰고 말하였는데, 체직시킨 조정의 조치 를 비판적으로 기술하였다.(『선조수정실록』, 24년 3월 1일)

75) 『선조수정실록』, 24년 5월 1일.
   "平義智가 또 부산포에 와서는 배에서 내리지 않고 邊將을 불러서 말하기를 '일 본이 大明과 통호하려고 한다. 조선에서 이 사실을 중국에 奏聞해 주면 매우 다행 이겠으나 그렇지 않으면 일본과 조선의 관계가 좋지 않게 될 것이다. 이것은 중대 한 일이므로 와서 알려주는 것이다.' 하였다. 변장이 이 사실을 조정에 아뢰었으 나 조정에서 아무런 답을 하지 않자 평의지가 일본으로 되돌아갔다. 이후로는 해 마다 조공오던 倭船이 다시 오지 않았고, 관에 머물던 왜인이 항상 수십 명이었는 데 점차 일본으로 되돌아가 임진년 봄에 와서는 온 倭館이 텅 비게 되었다."

결국 일본의 침략가능성에 대한 종합적인 판단은 선조와 조정대신이 하는 것이다. 귀국보고 이후 거듭되는 침략 경고에도 불구하고 조정에서는 그것을 제대로 수용되지 않았다. 조정의 분위기를 보면, 김성일의 보고만으로 사태가 진행되었거나, 문제가 해결될 상황이 아니었음을 말해준다. 이식이 「해사록발문」에서 지적한 대로 김성일 혼자 책임질 사안이 아니다. 김성일의 귀국보고가 문제가 아니라 조정 전체의 책임인 것이다.

또 김성일의 보고는 "그들이 반드시 쳐들어오리라는 것을 보지 못하였다(臣則不見其必來)."라는 것으로 침략가능성에 대한 전면부정이 아니다. 정확하게 말하면, 부분부정 내지 조건부 부정이다. 그런데 그것이 안방준의 『은봉야사별록』에서는 "일본이 틀림없이 침입하지 않을 것이다."라는 식의 '전면부정'으로 왜곡되었다. 김성일이 일본은 절대 침략하지 않을 것이라고 말했다는 것은 당시의 여러 정황을 종합적으로 볼 때 상식에 어긋나는 중대한 사실 왜곡이다. 그럼에도 불구하고 그것이 『선조수정실록』에 부분적으로 반영되면서 일반화되었고, 그 후 식민사학자들에 의해 극단적으로 과장되었으며, 오늘날까지 그렇게 인식되고 있다. 그런데 전쟁이 발발하자 희생양이 필요하였다. 선조뿐 아니라 조정대신 모두의 책임면제를 위한 희생양으로 김성일이 선택된 셈이다.

마지막으로 사료비판, 즉 사료의 신빙성 문제에 관해 지적하면서 글을 맺고자 한다. 『선조실록』에는 귀국보고와 복명 등 임진왜란 이전의 사실에 대한 기록이 거의 없을 정도로 소략하다. 이에 비해 『선조수정실록』은 상당히 자세하게 기록하였다. 그런데 그것은 1657년에 완성된 것으로 일차적인 자료가 아니다. 실록편찬자가 후대에 문집, 야사류 등을 수집해 정리한 것이다. 또 후대인으로서의 해석과 판단이 게재되어 있다. 이에 비해 유성룡의 『징비록』과 이항복의 『당후일기』는 각각 좌의정과 도승지로서 복명 현장에 있었고, 김성일과 직접 대화한 내용을 기록했다는 점에서 1차 사료로서의 성격을 확보하고 있다. 그 사람들이 의도적으로 왜곡하거나 날조하지 않은 이상에는 가장 신빙성 있는 1차 사료라고 할 수 있다. 안방준의『은봉야사별록』은 후대에 소문을 바탕으로 하면서 개인적인 해석을 대폭 가미해 기술한 내용이다. 더구나 사실에 관한 오류와 당파적 입장이 강하게 나타나 사료로서의 신빙성은 상당히 떨어진다. 따라서 귀국보고와 복명시의 대화내용에 관해서는『선조수정실록』보다는『징비록』과『당후일기』가 일차사료로서 사료적 신빙성이 가장 높다고 할 수 있다. 유성룡은 김성일과 동인으로 동문수학한 사이이므로, 사실에 대한 왜곡의 가능성이 있을 수 있다고 인정하더라도, 이항복은 서인이므로 객관성을 인정할 수 있을 것이다.

참고 문헌

1. 단행본

黃義敦, 『新編朝鮮歷史』, 以文堂, 1923.

崔南善, 『壬辰錄』, 東明社, 1931.

鶴峯金先生紀念事業會, 『鶴峯의 學問과 救國活動』, 여강출판사, 1993.

민족문화추진위원회, 『鶴峯 金誠一의 학문과 구국활동』, 『鶴峯全集』 완역·기념 학술회의자료집, 2002.

한일관계사연구회논문집 편찬위원회, 『임진왜란과 한일관계』, 경인문화사, 2005.

김명준, 『임진왜란과 김성일』, 백산서당, 2005.

이해영, 『학봉 김성일의 생각과 삶』, 한국국학진흥원, 2006.

민덕기, 『前近代 동아시아 세계의 韓·日關係』 경인문화사, 2007.

조원래, 『임진왜란사 연구의 새로운 관점』, 아세아문화사, 2011.

2. 논문

阿部吉雄, 「鶴峯全集에 대하여」, 『李退溪硏究會會報』 1, 1973.

김태준, 「鶴峯 金誠一의 日本日錄」 『明知語文學』 8, 1976.

안병주, 「퇴계의 일본관과 그 전개」, 『퇴계학보』 36, 1988.

강주진, 「학봉선생과 도학정치」, 『학봉의 학문과 구국활동』, 여강출판사, 1993.

이상은, 「학봉선생의 학문사상의 경향」, 『학봉의 학문과 구국활동』, 여강출판사, 1993.

김언종, 「鶴峯先生의 禮學」, 『鶴峯의 學問과 救國活動』, 여강출판사, 1993.

오바타 미치히로, 「鶴峯 金誠一의 日本使行에 대한 사상적 고찰」, 『한일관계사연구』 10, 1999.

김정신, 「16세기말 性理學 이해와 현실인식-대일외교를 둘러싼 許筬과 金誠一의

　　　　갈등을 중심으로 - 」, 『조선시대사학보』, 13, 2000.

김강식, 「16세기 후반의 대일인식과 정치사적 의미」, 『역사와 경계』 43, 2002.

하우봉, 「조선전기 대외관계에 나타난 자기인식과 타자인식」, 『한국사연구』 123,
　　　　2003.

방기철, 「학봉 김성일의 대일인식」, 『인문과학논총』 42, 2004.

방기철, 「율곡 이이의 대일인식」, 『한일관계사연구』 29, 2008.

방기철, 「퇴계 이황의 일본인식」, 『아시아문화연구』 16집, 2009, 경원대아시아문화
　　　　연구소

이현진, 「학봉 김성일의 禮學과 『喪禮考證』」, 『역사문화논총』 4, 역사문화연구소,
　　　　2008.

민덕기, 「이율곡의 십만양병설은 임진왜란용이 될 수 없다 - 동북방의 여진 정세와
　　　　관련하여 - 」, 『한일관계사연구』 41, 2012.

3. 원전

『宣祖實錄』; 『宣祖修正實錄』; 『退溪先生文集』; 『退溪全書』; 『栗谷全書』; 『南冥
集』; 『海槎錄』; 『鶴峰全集』; 『懲毖錄』; 『澤堂集』; 『寄齋史草』; 『再造藩邦志』; 『象
村集』; 『涪溪記聞』; 『亂中雜錄』; 『燃藜室記述』; 『海東諸國記』; 『增正交隣志』.

조선후기 사림계의 金誠一에 대한 인식과 평가

김학수*

1. 머리말

김성일은 명종~선조대에 활동했던 학자이자 관료였다. 그에게 주어진 역사적 시간은 56년에 지나지 않았지만, 그의 시대에는 李滉·曹植·徐敬德·李珥 등에 의해 朱子學의 이론적 심화와 더불어 학파의 시대가 열렸고, 비록 당쟁으로 인해 그 빛이 바래기는 했지만 이른바 士林政治를 통해 조선의 정계는 인적자산을 새로이 수혈하며 새 판을 짜게 되었다. 김성일은 바로 이러한 학문·정치적 환경의 변화를 몸소 주도했고, 그 자취는 다양한 사적에서 찾아볼 수 있다.

조선중후기 역사상에서 김성일의 인간상[학자·관료상]은 크게 학인적 면모와 정치가적인 모습으로 포착할 수 있다. 전자의 경우 退溪學을 올곧게 수용한 학자, 특히 嶺南學統의 계승과 발전에 기여한 인물로서 매우 긍정적인 평가가 있음은 주지의 사실이다. 이에 반해 후자에 있어서는 학파와 정파 등 논자의 입장과 처지에 따라 그 인식과 평가가 매우 상반

* 한국학중앙연구원 국학자료연구실장

된다. 한 켠에서는 김성일을 黨派를 초월한 直道와 愛民의 經世家로 일컫는 반면 다른 한 켠에서는 당론에 매몰되어 나라를 그르친 誤國의 주범으로 극론했다. 특히 후자는 1590~91년에 있었던 통신사행 및 복명에 뒤이은 임진왜란의 여파가 강하게 투영된 평론임은 두 말할 나위가 없다.

비단 김성일 뿐만 아니라 역사적 인물에 대한 평가는 더러 상반되는 경우가 많으며, 당쟁의 시대에는 그런 속성이 더욱 심한 것이 사실이었다. 그리고 당쟁의 여파는 개인에 대한 인식은 물론 한 나라의 역사정리에도 영향을 미쳤는데, 『선조실록』과 『선조수정실록』, 『현종실록』과 『현종개수실록』의 존재가 이를 방증하고 있다.

이 글은 김성일에 대한 평가를 사료에 입각하여 보다 객관적으로 조명하기 위해 작성되었다. 물론 김성일에 대한 연구는 정치·사상·예학 등 다양한 분야에서 진행되어 상당한 성과를 거둔 것이 사실이지만 여기서는 김성일이 살았던 사림시대가 추구하던 가치와 인식의 구조 속에서 김성일의 말[言]과 행동[行]을 분석하고, 또 그것을 당대 내지는 후대 사람들이 어떻게 인식하고 평가했는지를 가늠하는데 주안점을 두고자 한다. 특히 사신 복명과 임진왜란 당시의 활동에 있어서는 그 평가가 크게 엇갈리고 있는만큼 이 부분에 대해서는 더욱 세밀한 검토가 필요하다고 본다. 사신 복명 및 임진왜란과 관련된 문제는 김성일 개인 차원을 넘어 선조대의 정치·외교적 상황 및 임진왜란사를 새롭게 인식하는 바탕이 되기 때문이다.

2. 김성일의 인간상 : 直道와 忠義의 관점에서

김성일은 1538년(중종33) 12월 6일 안동부 임하현 川前里에서 金璡의 4자로 태어났다. 어려서부터 담대하고, 기상이 곧았다고 한다. 김성일의 소년기 일화는『鶴峯年譜』의 곳곳에서 산견되는데, ① 세상을 구제할 경세가적 자질과 어려운 사람을 외면하지 않는 포용성,[1] ② 자신의 뜻에 맞지 않으면 결코 타협하지 않는 과단성,[2] ③ 책임을 회피하지 않는 정의로움과 ④ 본질을 망각하지 않는 원칙성과[3] 관련된 내용이 주류를 이룬다.

역사적 인물의 연보치고 유소년기의 예사롭지 않았던 일화가 빠지는 법이 없지만『학봉연보』의 경우 愛民·直道의 경세가적 성격을 부각하는 한편으로 후술할 '失報誤國論'에 대한 해명적 차원에서 이런 일화들을 특서한 것으로 해석된다.

이들 일화의 바탕에 흐르는 정서는 세상을 구제할 經世家的 자질, 時勢에 영합하지 않는 강인한 기상, 위기와 시련을 자처 또는 회피하지 않는 당당한 선비적 자제에 초점이 맞춰져 있다. 일화①은 일반적인 愛人之心에 골자가 있지만 일화②③은 위험한 통신사행을 자처했던 김성일의 솔선적 자세, 나아가 법도와 원칙에 어긋나면 조금도 타협하지 않았던 사행 당시 김성일의 꼿꼿한 태도를 암시하는 듯 하다. 그리고 일화④는 독실한 학문과 충애의 마음을 겸비한 바람직한 선비상을 그려내고 있는데, 이는 영남사림 내지는 학봉학파에서 설정했던 '김성일상'과 일치한다. 물론『鶴峯年譜』의 이런 기사들은 실사인 동시에 김성일의 삶과 정신세계를 옹호·해명하기 위한 일정한 편집의 결과라 할 수 있다.

김성일은 19세 되던 1556년(명종11) 이황의 문하에 나아가 수학하게 된다. 이 무렵부터 김성일은 이황의 가르침 속에 학문의 깊이를 더하는 한편으로 국사 및 시사에 대한 입장 표명을 통해 慷慨한 이미지를 만들어가기 시작했고, 이런 면모는 평생토록 지속되었다.

그 단초가 된 것은 1562년(명종17)의 禧陵 천장 건이었는데, 이 때 김성일은 유생 신분으로서 상소를 올려 그 부당성을 논하고자 했다. 물론

---

1) 金誠一,『鶴峯年譜』(癸卯)(1543).
2) 金誠一,『鶴峯年譜』(乙巳)(1545).
3) 金誠一,『鶴峯年譜』(丁未)(1547).

이 상소는 부형의 만류로 봉진되지는 않았으나 사기가 伉直하고 회피하
는 바가 없었다고 한다. 희릉천장의 주체가 당시 정권의 실세였던 文定
王后·普雨 그리고 尹元衡이라는 점은 김성일의 상소[擬疏]가 지니는 감
언성과 관련하여 시사하는 바가 크다.[4]

한편 김성일은 1564년 진사를 거쳐 1568년 문과에 합격했고, 이후
1573년까지 대교·봉교·전적, 형조·병조좌랑, 정언·부수찬 등 주로 사관
및 언관직에 종사했다. 그 과정에서 그는 적극적인 언론활동을 전개했고,
때로는 그 언사가 매우 거침이 없었으며 기휘스런 사안에 대해서도 입론
을 서슴지 않았다. 연산군 및 노산군과 관련한 주장은 단적인 사례가 된
다. 1571년 연산군의 봉사를 具氏 집안에서 받드는 것으로 정해졌다. 당
시 조론은 '연산군은 종사에 죄를 얻어 스스로 天倫을 끊었으니 후사를
세워서는 안 된다.'는 입장이 우세하였지만 김성일은 이른바 '後嗣論'으
로서 그것을 반박했다.[5]

즉 김성일은 연산군이 비록 宗社에 죄를 짓기는 하였지만, 그것이 후
사 단절의 사유가 될 수 없고, 조정의 결정 또한 인정과 왕도의 본의가

---

4) 1565년 영남유생들은 文定王后의 사망을 기화로 보우를 참할 것을 요청하는 상소
를 추진했는데, '請斬普雨疏'가 그것이다. 이 때 김성일은 참여 여부를 이황에게 품
의했고, 이황으로부터 구차하게 동조해서는 안된다는 지침을 받고는 여기에 동참하
지 않았다. 비록 김성일은 참여하지 않았지만 '청참보우소'는 1565년 8월 金宇宏을
소두로 하여 봉진되었다. (『명종실록』 권31, 명종 20년 8월 4일(무진); 이수건, 「朝
鮮後期 嶺南儒疏에 대하여」, 『斗溪李丙燾博士九旬紀念韓國史論叢』, 1985.)

5) 金誠一, 『鶴峯集』 續集 권5, 「書燕山奉祀議得下辛未」 "洪暹以爲燕山得罪宗
社 自絶于天 非當立後云 嗚呼 何不思之甚也 燕山旣得罪自絶 故有易置之事
其罰可以當罪也 然降稱爲君 則其屬籍猶存也 屬籍猶存 而於中廟無可絶之道
則其不可立後乎 有罪而廢之 義也 無後而繼之 仁也 仁義兼盡 然後事得其宜
吾未見立後非其禮也 且所引彎不立象文者 亦甚無稽 象雖不肖 其罪止欲害舜
而已 則封之有庫 所以不藏怒宿怨也 生盡親愛之道 而死不立後者 是豈聖人之
心乎 漢人無據之說 固不足徵信 而又從而爲之辭 亦多見其鑿也 若權轍之引莒
人賈充之事則善矣 而終請以具氏因祀 此何等見識也 噫 大臣之不學無術如此
況事有大於此者 其可望耶"

아니라고 생각했다. 그 대안으로서 김성일은 宗姓으로 후사를 세우거나
혹 묘소에 廟宇를 지어 봄가을로 제사를 지내는 것이 연산군을 바르게
대우하는 것으로 인식했는데, 그의 이런 인식과 주장은 이황과의 조율을
통해 가다듬어진 것이었다.[6] 물론 김성일의 주장은 취택되지 않았지만
그의 인식은 당시로서는 매우 파격적인 것이었다. 연산군을 군주로 대우
할 수 없다는 것이 중론이었음에 반해 김성일은 仁政·王道論에 바탕하
여 조론의 편박성을 신랄하게 질타했던 것이다.

　김성일의 이런 인식은 1571년 예문관 봉교 재직시 魯陵復位 및 사육
신을 복작, 종친의 서용을 주장한 상소를 올리는 과정에서 한 층 강도를
더하게 된다. 여기서 거론한 세가지 사안은 김성일 스스로의 표현처럼
모두 국가적 기휘였지만 그는 자신의 주장을 기탄없이 개진했던 것이다.

　　아아, 지금 위에서 말한 몇 가지 일은 바로 현재 꺼리고 있는 일들로, 신하
　　로서는 말하기가 어려운 일들입니다. 비록 그러하나 일에 천하의 공적인 큰
　　의리가 있으면 임금이 신하들로 하여금 말하지 못하게 할 수 없는 법이고,
　　신하 역시 임금에게 말하지 않아서는 안 되는 법입니다. 노산군의 직위는 당
　　시의 큰 權道에 있어서는 폐위시켜야 하고, 만대의 큰 의리에 있어서는 복위
　　시켜야 합니다. 그리고 死六臣의 관작은 역모를 도모한 죄를 가지고 논하면
　　삭직하여야 하고, 절개에 죽은 마음을 가지고 따져 본다면 권장하여야 하는
　　것입니다. 종성 친족들의 일에 이르러서는, 한때의 지나친 염려를 위해서는
　　금고시켜야 하고, 역대의 득실을 가지고 살펴보면 등용시켜야 합니다. 당시
　　의 큰 권도를 쓴 것을 가지고 기휘하여야 한다고 한다면 湯武의 마음을 아는
　　것이 아니고, 왕명을 거역한 죄를 가지고 주벌해야 한다고 한다면 伯夷·叔
　　齊의 절개를 아는 것이 아니며, 한때의 견해를 가지고 본받아야 한다고 한다
　　면 나라를 다스리는 도를 아는 것이 아닙니다.[7]

---

6) 金誠一, 『鶴峯集』 續集 권4, 「上退溪先生」.
7) 金誠一, 『鶴峯集』 續集 권2, 「請魯陵復位六臣復爵宗親敍用疏(辛未)」.

목숨을 담보로 한 이 상소에서 자신의 주장을 '천지의 常經이요 고금
의 通義'로 표현한 것에서 보듯 김성일에 있어 노산군의 복위와 사육신의
복권은 상도와 통의의 회복을 위한 불가피한 조처였다. 더욱이 이 상소는
단종의 복위 문제를 정식으로 거론한 첫 번째 사례였고, 후일 숙종조에
단종이 복위되는 단초가 되었다는 점에서 그 의의가 매우 컸다.[8] 그리고
이 상소는 후일 이가환으로부터 감언의 典範으로 평가되기에 이른다.[9]

김성일의 담대한 언론 활동은 여기서 그치지 않고, 백관의 부정과 폐단
에 대해서도 엄정한 태로도 일관했다. 그리하여 김성일은 '鐵面御使', '담
이 군세고 혀가 곧은 사람[膽强舌直]'이란 칭호와 함께 경외시되었고,[10]
1573년 7월 부수찬 재직시 검토관 자격으로 경연에 입시해서는 그 유명한
'堯舜桀紂說話'를 남기게 된다. 군왕의 자질과 태도에 따라 요순도 될 수
있고, 걸주도 될 수 있다는 표현은[11] 군신간 대화로서는 매우 부자연스러
운 대목이다. 일견 오활해 보일 수도 있는 김성일의 언설은 군왕을 바른
길로 인도하기 위한 신하로서의 직언을 넘어 군왕의 독단를 경계하며 군
신공치를 추구했던 사림정치의 틀 속에서 이해할 필요가 있다. 그리고 이
것은 군왕 선조에 대한 충의 또 다른 표현으로도 해석할 수 있다.

조정의 기강확립과 이도쇄신에 초점이 있었던 김성일의 언관활동은
정승 및 왕실 등 그 지위를 불문하고 적용되었다. 1579년 夏原君 이정에
대한 치죄와 정승 盧守愼에 대한 탄핵은 단적인 사례였고, 그 결과 김성
일은 殿上虎라는 또 다른 별칭을 얻게 되었다.[12]

---

8) 『숙종실록』권32, 숙종 24년 12월 4일(갑진).
9) 李家煥, 『錦帶詩文抄』(下)「鶴峯金先生辛未疏元藁跋」"事有千萬人之所欲言
   者 一人言之 謂之公言 千萬人欲言而不能言者 一人言之 謂之敢言 夫千萬人
   欲言而不能言 一人言之 斯人千萬人之一人也 若鶴峯金先生此疏是已 其後端
   廟復位 六臣及錦城大君 相繼伸理褒贈 皆此疏啓之也"
10) 金誠一, 『鶴峰年譜』(癸酉)(1573).
11) 『선조수정실록』권7, 선조 6년 7월 1일(기묘).
12) 『선조수정실록』권13, 선조 12년 5월 1일(을사).

한편 김성일은 1589년 己丑獄事 때 죽임을 당한 崔永慶의 신원에도 매우 중요한 역할을 했다. 최영경의 죽음은 무고에 의한 冤死라는 것이 통념이었지만 기축옥사 자체가 워낙 민감한 정치적 사건이었기 때문에 당시만해도 이 문제를 제기하기조차 어려운 상황이었다. 그러나 김성일은 1591년 5월 부제학에 임명되자마자 최영경의 신원을 강력하게 요청했고, 선조의 거듭된 힐문에도 흔들리지 않고 자신의 견해를 제시했다.[13] 최영경의 죽음은 정철과의 사적인 원한에서 기인하는 것으로 판단하고 있던 김성일은 동년 8월 8일 조강에서 이 문제를 다시 거론했고,[14] 마침내 선조는 동월 11일 최영경에게 직첩을 환급할 것을 명했다.[15] 『선조실록』의 찬자는 최영경의 신원을 위한 김성일의 노력상에 대해 '淸論'을 부식하는 행위'라는 특별한 평가를 내렸다.[16]

김성일과 최영경은 같은 영남출신으로 동인에 속했지만 최영경에 대한 김성일의 신원요청을 지역적, 정파적 연고의 결과로 해석하기는 어렵다. 두 사람이 각기 이황과 조식의 고제였고, 기축옥사가 남인[퇴계학파]과 북인[남명학파]의 분립을 재촉한 측면이 있음을 고려할 때 김성일의 '최영경신원론'에 당파·학파성이 개입할 여지는 없다. 김성일은 충역과 시비의 엄정한 가림의 차원에서 이 사안에 착목했던 것이고, 후술하겠지만 결과적으로 '최영경신원론'은 임진왜란 당시 김성일이 초유사 또는 경상우감사로서 곽재우·정인홍·김면·조종도·이로 등 강우 남명학파권 인사들을 규합하여 국난을 타개하는데 커다란 영향을 미치게 된다.

이상에서 김성일의 인간상을 직도와 충의의 관점에서 살펴보았다. 연산군의 후사론 및 노산군 복위론에서는 변용과 융통보다는 상경과 통의를 강조하는 입장을, 이정의 치죄와 노수신의 탄핵에서는 지위를 불문하

13) 『선조수정실록』권25, 선조 24년 5월 1일(을축).
14) 『선조실록』권25, 선조 24년 8월 8일(경자).
15) 『선조실록』권25, 선조 24년 8월 11일(계묘).
16) 『선조실록』권60, 선조 28년 2월 6일(기유).

는 엄정성을, '堯舜桀紂論'으로 요약되는 어전설화에서는 사림계 관료로
서의 감언성을, '최영경신원론'에서는 초당파·학파성을 읽을 수 있었다.
그리고 이런 논리를 뒷받침하는 자료들이 조선왕조실록[17] 등 관찬사료
나 타인의 문집 등에 수록된 것이라는 점에서 김성일 초년의 膽大·義氣
性 및 時勢不從論을 강조한 『학봉연보』의 기록을 결코 自家의 주관이
반영된 私撰으로 치부하여 그 가치를 절하할 수는 없을 것 같다.

3. 학자·관료적 자취와 그 평가

1) 학자적 삶 : 溪門嫡傳論을 중심으로

김성일은 조목·류성룡·정구와 함께 퇴계문하 4고제의 한 사람으로
인식됨으로써 영남학파[퇴계학파] 내에서는 학통상의 지위가 매우 확고
했다. 퇴계학파 내 여러 갈래의 학통 중에서 조선후기 영남학계에서 주
도적인 위상을 점한 것이 金誠一 ⇒ 張興孝 ⇒ 李玄逸 ⇒ 李栽 ⇒ 李象
靖 ⇒ 柳致明 ⇒ 金興洛으로 이어지는 학통이었음을 고려할 때, 김성일
을 퇴계학파의 적통으로 보아 무리가 없을 것 같다.

숙종 연간 서울에서 상주로 이거한 李萬敷의 견해를 빌자면, 적어도
17세기 후반에는 퇴계학파가 조목·류성룡·김성일·정구 등의 4대문파로
확립되어 있었고,[18] 그 중심에 김성일이 자리하고 있었다.

김성일이 이황의 문하에 입문한 것은 19세 되던 1556년이었다. 당시
김성일은 풍기 소수서원에서 과업에 종사하다 爲己之學에 뜻을 두고 이

---

17) 특히 『선조수정실록』의 찬자는 졸기에서 김성일을 강직·방정·강개한 인물로 특
  징지어 묘사했다.(『선조수정실록』 권27, 선조 26년 4월 1일(을유))
18) 李萬敷, 『息山集』 권18, 「退陶淵源筆帖跋」 "今江右上遊之論 主西厓而及于愚
  伏 星山以下之論 主寒岡而及于旅軒 永嘉一帶 並稱厓鶴 而宣城人最尊月川
  故陶山配食 惟月川一人而已"

황과 사제관계를 맺었고, 1558년(명종13)부터는 도산에서 『書傳』, 『易學啓蒙』을 강독하는 한편 『心經』, 『大學』 등의 의문처를 이황에게 질의하는 등 학문의 깊이와 외연을 심화·확충했다. 김성일의 향학열을 눈여겨본 이황은 아래와 같은 논평을 통해 깊이 신뢰하는 마음을 표현했다.[19]

이후에도 김성일은 1561년(명종16) 이황의 회갑에 즈음하여 도산을 찾아 『대학』, 『太極圖說』을 읽었으며, 1562년에는 이황을 배종하여 天淵臺에 오르는 등 사제간의 학연을 더욱 군건하게 다졌다.

한편 김성일은 1564년(명종19) 사마시에 입격하였고, 이듬해인 1565년에는 성균관에서 유학하게 된다. 이 때 그는 이황에게 편지를 보내 과업을 포기하고 도학에 전념코자 하는 뜻을 피력하는 등 학자로서의 자세와 포부, 장래 문제 등을 일일이 이황에게 품의하였으며,[20] 이 해 여름에는 도산의 隴雲精舍에 머물며 더욱 학문에 진력하였다. 또한 김성일은 서간을 통해 이황과 끊임없이 학문을 토론했는데, 1565년부터 1570년까지 약 5년 동안 예학을 주제로 사제간에 주고받은 문답은 김성일이 예학의 대가로 인정받는 밑거름이 되었다.[21] 아울러 1570년 예문관 검열 재직시에는 史官의 법도와 직분에 대해 자문을 구하는 등 관료로서의 식견과 자질 배양에 있어서도 이황을 크게 의지했다.[22]

이런 흐름 속에서 이황은 1566년(명종21) 29세의 김성일에게 堯舜이래 聖賢들이 서로 전한 心法을 차례로 적은 「屏銘」을 써 주었는데, 「金士純屏銘」[23]이 바로 그것이다. '堯欽舜一'에서 '淵源正脈'까지 모두

---

19) 金誠一, 『鶴峯年譜』(戊午)(1558).
20) 金誠一, 『鶴峯年譜』(乙丑)(1565).
21) 金誠一, 『鶴峯集』 續集 권4, 「上退溪先生問目乙丑」 「上退溪先生問目」 「上退溪先生丙寅」 「上退溪先生問目戊辰」 「上退溪先生問目」 「上退溪先生問目庚午」; 김성일의 예학에 대해서는 金彦鍾, 「鶴峯先生의 禮學」, 『鶴峯의 學問과 救國活動』, 학봉김선생기념사업회, 1993. 참조.
22) 金誠一, 『鶴峯集』 續集 권4, 「上退溪先生問目」, 「上退溪先生」.
23) 李滉, 『退溪集』 권44, 「題金士純屏銘」 "堯欽舜一 禹祗湯慄 翼翼文心 蕩蕩武

80자로 구성된 이 병명은 弟에 대한 師의 강렬한 신뢰감의 표현으로서 김성일이 퇴계문하의 고제로 인식되는 계기가 되었다. 후일 金涌·李玄逸·李象靖 등이 이 병명을 心法과 學統 전수의 의미로 해석한[24] 것도 이런 맥락에서였다.

이에 김성일은 조정에서도 이황의 대표적인 문인으로 일컬어졌고, 이황은 김성일의 학자적 완성은 물론 관료적 성장에 있어서도 든든한 후원자가 되어 주었다.[25]

한편 김성일은 이황의 사후인 1571년 봉교 재직시에는 『堂後日記』에 수록된 이황 관련 기록을 정밀히 채록하여 「退溪先生史傳」을 지었는데,[26] 이것은 후일 『退溪年譜』 편찬의 기본 문헌으로 활용되었다.

또한 김성일은 이황에게 시호를 내리는 데에도 중요한 역할을 담당했다.[27] 법제상 시호행정이 진행되기 위해서는 시장[행장]이 있어야 했는데, 당시만해도 미처 행장이 준비되지 못했다. 이에 선조가 난색을 표명하자 김성일은 노진·김우옹·이이 등과 함께 '大賢'을 대우하는 것은 일상적인 규례에 구애받아서는 안된다'고 하며 선조를 설득하여 시장없이 시호를 내리게 했던 것인데,[28] 이는 '不待狀諡議'의 효시가 되었다.[29]

極 周稱乾惕 孔云愼樂 曾省戰兢 顔事克復 戒懼愼獨 明誠凝道 操存事天 直義養浩 主靜無欲 光風霽月 吟弄歸來 揚休山立 整齊嚴肅 主一無適 博約兩至 淵源正脈"

24) 권오영, 「鶴峯 金誠一과 安東地域의 退溪學脈」, 『한국의 철학』 28, 경북대 퇴계연구소, 2000, 52~54쪽.

25) 『선조수정실록』 권7, 선조 6년 9월 1일(무인); 『선조실록』 권31, 선조 25년 10월 27일(계축).

26) 金誠一, 『鶴峯集』 續集 권5, 「退溪先生史傳」.

27) 김성일이 이황의 증시에 적극성을 보인 것은 퇴문고제라는 개인적 관계를 넘어 퇴계학파의 대표자격으로 시호 논의에 참여한 성격이 짙기 때문이다. 이에 대해서는 동문의 金富倫에게 보낸 편지에 자세하게 서술되어 있다.(金誠一, 『鶴峯集』 續集 권4, 「與金惇敍(丙子)」)

28) 『선조실록』 권7, 선조 6년 11월 26일(임인).

29) 조선시대 시호행정에 대해서는 김학수, 「고문서를 통해 본 조선시대 증시행정」,

이 과정에서 김성일은 李珥와 약간의 언쟁을 벌인 적이 있었다. 이이가 격식에 구애되지 말고 이황에게 시호를 내릴 것을 건의 하면서 '이황 같은 사람은 그 言論과 風旨를 들으면 옛 사람의 학문을 참으로 안 사람으로서 진실로 이와 비견될 사람이 없었습니다.'고 하자 김성일은 '이 사람의 학문은 하늘의 해와 같아서 볼 만한 것이 있는데, 어찌 언론·풍지의 한 두 가지로 말할 수 있겠습니까. 이이의 말은 옳지 않습니다.'고 하며 되받아쳤던 것이다.[30] 이 점에서 김성일은 '퇴계절대론자'라 할 수 있는데, 이는 그의 장점인 동시에 단점일 수도 있었다.

한편 김성일은 동문의 趙穆·琴蘭秀·李德弘 등과 함께 이황의 묘지 및 묘갈의 찬술, 도산서원의 건립 및 퇴계집의 편찬·간행 등 이황의 현양사업에도 주도적인 역할을 담당했다.[31] 그리고 나주목사로 재임했던 1583년 7월에서 1586년 12월까지 3년 6개월 동안에는 大谷書院(景賢書院)의 건립, 『聖學十圖』, 『溪山雜詠』, 『朱子書節要』, 『退溪先生自省錄』의 간행, 退溪遺墨의 모각 등 '퇴계현양사업'을 사실상 전담했다. 이런 사실은 퇴계문하에서 차지하는 김성일의 위상을 가늠하는 중요한 잣대가 된다.

김성일은 1580년 윤4월 부친상을 당했고, 그 뒤 1582년 6월까지 居喪하게 된다. 문과 급제 이후 내내 사환에 묶여 있었던 김성일에 있어 이 기간은 저술과 강학에 매진하며 학자의 모습으로 돌아갈 수 있는 기회가 되었다. 『喪禮考證』[32]을 비롯한 주요 저술을 탈고한 것도 이때였고, 후학을 양성하며 이른바 '鶴峯門下'가 배태된 것도 이 무렵이었다.

『고문서연구』 23, 한국고문서학회, 2003, 참조.

30) 『선조실록』 권7, 선조 6년 11월 26일(임인).

31) 金誠一, 『鶴峯集』 續集 권4, 「與趙月川琴聞遠(辛未)」; 「與趙月川琴聞遠(壬申)」; 「與趙月川(甲戌)」; 「答趙月川」; 「與趙月川(甲申)」; 「與趙月川」; 「與趙月川(丙戌)」; 「答趙月川」; 「答趙月川(丁亥)」; 「與趙月川(戊子)」; 「答趙月川(己丑)」; 「答李宏仲(壬辰)」.

32) 金誠一, 『鶴峯逸稿』 권4, 「喪禮考證」; 이현진, 「鶴峯 金誠一의 禮學과 『喪禮考證』」, 『역사문화논총』 4, 역사문화연구소, 2008.

원근에서 배우려는 자가 있으면 또한 억지로 막지 않았으니, 이는 대개
朱子가 어머니의 상중에도 한천에서 강학하던 일을 따른 것이다.[33]

비록 짧은 기간이었지만 김성일은 제자 교육에 힘썼고, 그의 문하에
는 金涌·柳復起·張興孝·崔晛·黃汝一·申之悌 등 우뚝한 인물들이 포진
해 있었다.[34] 특히, 선산 출신 崔晛의 입문은 '鶴峯門下'가 팽창하는 계
기가 되었고, 그 후 신지제(義城), 황여일(平海), 조정(尙州) 등도 입문하여
문인의 외연도 점차 확대되었다.[35] 그러나 류성룡·정구·조호익 등 여타
퇴계문인에 비해서는 문인수가 상대적으로 적었다.

이상에서 살펴본 바와 같이 김성일은 비교적 이른 나이에 퇴계문하에
입문하여 이황으로부터 학문과 행실을 인정받았고, 스승 사후 현양사업을
주도함으로써 마침내 류성룡·조목과 함께 퇴계문하의 영수[3高弟]로 일
컬어졌던 것이다.[36] 이들 세 사람의 학통상의 지위는 원향에서도 잘 반영
되어 이황의 여러 제향처 가운데 예안의 陶山書院에는 1615년 조목이 종
향되고,[37] 안동의 廬江書院에는 류성룡·김성일이 1620년에 배향되었다.

물론 퇴문고제들은 '主和誤國' 논쟁과 『퇴계집』 편간을 둘러싼 조목
(1524~1606)과 류성룡(1542~1607) 사이의 갈등,[38] 1615년 조목의 도산서

33) 金誠一, 『鶴峯年譜』(庚辰)(1580).
34) 權五榮, 「鶴峯 金誠一과 安東地域의 退溪學脈」, 『韓國의哲學』 28, 경북대 퇴계
    연구소, 2000, 참조.
35) 金龍洙가 각종 기록에 바탕하여 초록한 문인록에 따르면, 김성일의 문인은 李介
    立, 權紀, 閔宗孝, 權暐, 權行可, 李庭柏, 柳復起, 趙靖, 金圻, 裵龍吉, 黃汝一,
    權旭, 權晅, 金涌, 任屹, 鄭思信, 柳復立, 金溁, 金瀹, 金允安, 洪禮約, 黃有一,
    申之悌, 權益昌, 洪守約, 崔晛, 張興孝, 權誌, 權山立, 權泰一, 鄭佺, 鄭榮後, 李
    民宬, 金浤, 李民寏, 權直養, 金榮祖, 洪好約 등 총 40명에 이른다. (金龍洙編,
    「鶴峰門人錄」)
36) 『선조실록』 권211, 선조 40년 5월 13일(을해).
37) 朴賢淳, 「16~17세기 禮安縣 士族社會 硏究」, 서울대 박사학위논문, 2006.
38) 徐廷文, 「『退溪集』의 初刊과 月川·西厓是非」, 『北岳史論』 3, 國民大 國史學科,
    1993.

원 종향에 대한 논란,[39] 1620년 류성룡과 金誠一(1538~1593)의 廬江書院 합향에 따른 서애계와 학봉계의 대립 등 내부적 진통이 적지 않았지만[40] 도산·여강서원의 원향 체계는 퇴계학파가 조목·류성룡·김성일학통, 특히 류성룡·김성일의 양대 학통구도로 정립되는 계기가 된 것은 분명했다.

그러나 퇴계학파에 대한 서인계의 시각은 조금 달랐다. 앞에서 인용한 『광해군일기』의 편찬에 매우 중요한 역할을 담당했던 李植[41]은 퇴계학파의 판도와 그 학적 계승성에 대해 아래와 같이 논평한 바 있다.

> 영남의 경우는 退溪와 南冥의 門派가 자못 다른 양상을 보이고 있다. 퇴계의 문하로는 西厓·鶴峰·栢潭이 가장 유명한데, 그들은 벼슬길을 왕래하였을 뿐 다시 講學을 일삼지는 않았다. 德溪 吳健이 학행 면에서 가장 뛰어난 면모를 보이면서 두 분 선생의 문하에 모두 나아가 종유하였으나 일찍 죽는 바람에 후세에 전해지는 바가 없고, 趙月川(趙穆)은 한가로이 물러나 수명을 오래 누렸으나 사림의 마음이 귀부하지 않아 역시 제자를 두지 못하였다.[42]

즉, 이식은 류성룡·김성일·구봉령을 3고제로 칭하면서도 '講學不在論'으로서 학적 계승성을 사실상 부정했고, 조목에 '士論不合論'으로서 그 존재성을 깎아내렸던 것이다. 결국 서인들은 류성룡·김성일을 학자보다는 관료로 인식하고 있었던 셈인데, 바로 여기에 양측의 인식상의 괴리가 존재하고 있는 것이다.

---

39) 이상현, 「月川 趙穆의 陶山書院 從享論議」, 『北岳史論』8, 北岳史學會, 2001. 정만조, 「月川 趙穆과 禮安地域의 退溪學脈」, 『韓國의 哲學』, 경북대학교 퇴계연구소, 2000, 참조.
40) 김학수, 「廬江書院과 嶺南學統-17세기 초반의 廟享論議를 중심으로-」, 『朝鮮時代의 社會와 思想』, 朝鮮社會研究會, 1998.
41) 『인조실록』 권28, 인조 11년 8월 10일(기사).
42) 李植, 『澤堂別集』 권15, 「示兒代筆」 "嶺南則退溪南冥門脈頗異 退溪門下 西厓鶴峯栢潭最有名 而仕宦出入 不復講學 吳德溪健 學行最高 遊於兩先生門 早卒無傳 趙月川閑退老壽 而士心不附 亦無弟子"

더욱이 이식은 '金鶴峯海槎錄跋'에서 김성일의 忠節, 學問的 淵源性 및 實行性을 높이 평가하면서도 [43] 위의 인용문과 같이 자신의 본심을 담은 것으로 이해되는 家傳文獻에서 적어도 학자적 영역에서는 김성일에 대한 폄하론적 입장을 감추지 않았던 것이다.[44]

이식의 평가는 어디까지나 학자적 영역에 국한된 것이기는 하지만 서인계의 '鶴峯認識'의 주요한 가늠자가 된다는 점에서 주목할 필요가 있다. 후술할 사행 복명 및 임진왜란 때의 활동에 대한 평가 역시도 이런 측면에 유의하면서 살펴볼 필요가 있는 것이다.

2) 관료적 삶 : 東西分黨論을 중심으로

김성일은 선조의 치세가 막 시작되던 1568년(선조1)에 관계에 입문했고, 임진왜란이 한창이던 1593년에 사망했다. 정치사적인 흐름에서 볼 때 이 기간은 사림정치의 정착과 동시에 그 여파로서 東西分黨·癸未3竄·己丑獄死·南北分黨 등 큼직 큼직한 정치적 사건들로 점철되던 시기였다. 김성일은 이런 정치적 격변의 한 복판에 위치하였고, 이 시기에 활동한 다른 인물들과 마찬가지로 그에 대한 평가도 당론적 시각에 따라 긍정·부정론으로 엇갈렸다.

김성일은 동서분당 때는 동인을, 남북분당 때는 남인에 속했는데, 이는 李滉·曺植·徐敬德의 문인들이 대체로 동인을 표방했고, 동인 중에서도 이황의 문인들이 남인을 형성한 일반론과 흐름을 같이한다. 즉, 김성

---

43) 李植, 『澤堂別集』 권5, 「金鶴峯海槎錄跋」.
44) 학자적 영역에서의 김성일에 대한 폄박적 견해는 비단 서인계에 국한된 것은 아니었다. 예컨대 許穆은 『月川集』(趙穆) 序文에서 趙穆·奇大升·柳成龍·鄭逑를 '退門4高弟'로 거론했고, 우리나라의 역대 儒賢 16인[鄭夢周·鄭汝昌·金宏弼·南孝溫·趙光祖·徐敬德·李彦迪·成守琛·成運·李滉·曺植·趙穆·奇大升·柳成龍·鄭逑·張顯光]을 노래한 여헌문인 趙任道의 '東賢16詠'에도 김성일의 존재는 보이지 않는다. (許穆, 『記言』「別集」 권8, 「月川文集序」 ; 趙任道, 『澗松集』 권2, 「東賢16詠」)

일은 영남 출신으로서 이황의 고제였다는 점과 동인·남인의 영수로 활
동한 류성룡과의 친분 등을 고려할 때, 그의 정파적 귀속성은 당시의 정
치 상황에서는 매우 자연스런 결과였다.

> 대개 갑술년(1574) 무렵부터 사림이 당파로 나뉘게 되었는데, 이들을 지목
> 하여 동인이라 하고, 서인이라고 하였다. 동인은 吳健·鄭琢·柳成龍·金宇
> 顒·金孝元·金誠一이 영수가 되고, 서인은 沈義謙·鄭澈·尹斗壽·尹根壽·洪
> 聖民·李海壽·朴淳·李珥가 영수가 되었다.[45]

위의 인용문에 따르면, 김성일이 동서분당 때 류성룡·김효원 등과 함
께 동인의 영수로 지목된 것은 분명하다. 그렇다고 해서 김성일의 모든
정치적 언사 또는 행위가 당론적 이해관계에서 기인한다고 규정할 수는
없다. 예컨대, 1574년 7월 정언 재직시 퇴계문하의 동문 盧守愼의 인사
부정을 탄핵한 것이라든지[46] 1579년(선조12) 5월 장령 재직시 역시 노수
신의 受賂 사실을 어전에서 폭로한 것은 당론적 차원에서는 설명이 되지
않는다. 그리고 1584년 노수신이 선조의 명에 따라 인재를 천거하면서
일찍이 자신을 탄핵한 김성일을 포함시킨 것은[47] 또 어떻게 설명할 수
있을까. 즉, 관료그룹에 대한 김성일의 탄핵활동은 조정의 기강확립과
吏道刷新을 위한 언관으로서의 책무의 수행 과정으로 볼 수 있고, 여기
에 당론이 개입할 여지는 그만큼 적었던 것이다.

당론적 사안과 관련하여 김성일의 존재가 부각된 것은 1578년(선조11)
銓郞 재직 때였다. 당시는 동인·서인의 대립이 본격화되는 가운데 정국
의 주도권은 동인이 잡고 있었지만 尹斗壽·根壽 형제를 중심으로 결집
된 서인들의 공세도 만만치 않았다. 이 과정에서 윤두수·근수는 자연히
동인들의 공격의 표적이 되었던 것이다.

---

45) 『厚光世帖』 권2, 文靖公事蹟 「東西黨禍錄」.
46) 『선조실록』 권8, 선조 7년 12월 22일(임진).
47) 『광해군일기』 권67, 광해군 5년 6월 15일(임인).

이런 상황에서 1578년 11월 김성일이 경연에서 尹睍·尹斗壽·尹根壽 등 이른바 3尹의 수뢰 사실을 보고함으로써[48] 조정에 일대 회오리를 불러일으키게 되었다. 여기에 더해 당시 동인의 종주였던 許曄이 탐욕스런 풍속의 징계 차원에서 3윤의 치죄를 계청하자 서인 金繼輝가 오히려 3윤을 비호함으로써 양측의 대립은 한 층 격화되었다. 이런 상황에서 동인 대사헌 朴大立, 대사간 李山海가 나서 3尹의 죄상을 세세히 들추어내어 공격의 수위를 높임으로써 마침내 선조는 3윤의 파직을 명했다.

이에 대해 『선조수정실록』의 찬자는 김성일이 3윤의 수뢰 사실을 폭로한 것은 동료 전랑이었던 윤현과의 불화와 갈등에서 비롯되었고, 3윤에 대한 탄핵 및 논죄 과정에서 동인과 서인은 빙탄이 되어 더 이상 화합할 수 없는 관계가 된 것으로 기술했다.[49] 사실 김성일의 보고에서 촉발된 3윤의 파직이 동서 대립을 가열시킨 것은 분명했고, 李珥의 이른바 '東西調停論'도 이 사건을 계기로 대두되었다. 이 과정에서 이이는 김성일에 대해 다음과 같은 極論을 가하게 된다.[50]

---

48) 『선조수정실록』 권12, 선조 11년 10월 1일(무인).

49) 『선조수정실록』 권12, 선조 11년 10월 1일(무인).

50) 이와 관련하여 李珥가 1579년에 올린 「辭大司諫兼陳洗滌東西疏」(『栗谷全書』 권7)는 아래 『石潭日記』의 내용과는 어조에 있어 차이가 있으므로 주의할 필요가 있다. 이이는 이 상소에서 '지난해에 金誠一이 경연에서 탐관오리들이 뇌물을 받은 것에 대하여 언급했을 때, 전하께서 갑자기 그 이름을 물으시므로 감히 숨기지 못하고 들은 바를 곧이곧대로 아뢰어서 마침내 뇌물을 받은 사람이 발각되게까지 되었습니다. 臺諫이 부득이 비로소 三尹을 탄핵하기 시작한 것이고, 당초에는 반드시 삼윤을 배격하는데 마음이 있었던 것이 아니었는데, 우연히 발설한 것이 이에까지 이르게 된 것입니다.'고 하여 김성일이 그 문제를 발단한 것이 첫 번째 이해하지 못할 일로 언명한 『石潭日記』의 기사와는 논조가 다르고, 3윤의 수뢰 사실에 대한 김성일의 문제 제기를 윤현과의 불화와 갈등 때문으로 규정한 『선조수정실록』(11년 10월 1일)의 기사와는 상당한 차이가 있다. 무엇보다 『石潭日記』에는 김계휘를 두고 부적절한 행동으로 선비들의 노여움을 촉발시킨 사람 정도로 표현된 반면 상소에서는 중도를 잃은 괴이한 사람이라는 매우 파격적인 언어로서 그를 논단했다. 이상의 기록과 정황을 종합할 때, 『石潭日記』는 「辭大司諫兼陳

지금 선비들의 싸움은 모두 일을 이해하지 못하는 데서 나온 것이다. 첫 번에 이해하지 못한 것은 金誠一이 그 일을 발단한 것이요, 두 번째 일을 이해하지 못한 것은 김계휘가 선비들의 노여움을 격동시켜놓은 것이요, 세 번째 이해하지 못한 것은 李潑이 세 윤씨 일가의 숨은 죄를 허실도 알아보지 않고 추하게 헐뜯은 것이요, 네 번째 이해하지 못한 것은 정철과 이발이 틀어져서 동·서가 합할 가망이 영영 끊어져버린 것이다. … 서인은 아무리 착한 선비라도 모두 쓰이지 못하고 淸名있는 선비들이 도리어 俗流와 하나가 되어 청탁이 혼잡해지니 분별할 수가 없게 되었다. 아! 김성일은 진실로 괴이한 귀신 같은 무리니 그리 책망을 할 것도 못 되나, 소통한 김계휘와 重望있는 이발과 剛正한 정철들마저도 모두 함께 일을 그르치게 했다는 것을 면하지 못하니, 어찌 운명이 아닐까.[51]

비록 이이는 동서조정론을 통해 한 때 조야의 신망을 얻었지만 1579년(선조 12) 7월 백인걸의 상소문을 계기로 그에 대한 이미지도 달라지게 되었다. 백인걸의 상소는 동·서인의 화해를 요구하면서도 동인을 비난한 구절이 많았다. 이 상소문의 초고를 수정한 사람이 바로 이이였다. 이에 동인들은 이이가 백인걸을 사주한 것으로 여겨 심하게 공격했다. 당론의 조정자가 도리어 당론을 격화시킨 사람으로 공격 받게 된 것이다.[52] 이에 정언 송응형 등 동인들은 상소 대필을 빌미로 하여 이이의 체직을 강

洗滌東西疏」에 비해 김성일에 대해서는 지나치게 혹평을 하고 있고, 김계휘에 대해서는 그 표현이 크게 순화된 흔적을 포착할 수 있다. 특히 김성일을 두고 '괴이한 귀신같은 무리'로 규정한 『石潭日記』의 표현은 「辭大司諫兼陳洗滌東西疏」에 나타난 인식과 정서에서는 구사되기 어렵다. 동일한 사건에 대한 동일인의 기록에 이런 차이가 발견되는 것은 두 기록 가운데 어느 한 쪽이 윤색되었을 가능성을 고려해 볼 수 있다. 보다 정밀한 검토가 필요하겠지만, 『石潭日記』의 기록이 확대·윤색되었을 가능성이 짙어 보인다.

51) 李珥, 『石潭日記』(下), 「萬曆六年戊寅」.
52) 이성무, 『조선시대당쟁사』, 동방미디어, 2000.

력하게 건의했다.[53] 그러나 홍문관에서 이이의 대필을 부정함으로써 도리어 송응형이 체직되자 김성일은 차자를 올려 그를 적극 신구하였다.

가령 이이가 아무런 잘못한 바가 없는데 송응형이 저와 같이 공격하였다면, 이는 참으로 죄가 있습니다. 그러나 만약 이이가 잘못이 없지 않아서 언관이 논계한 것이라면, 이는 단연코 이이의 잘못을 비호하면서 다른 사람의 말을 배척해서는 안 되는 것입니다. 무릇 이이가 白仁傑을 대신해서 時事에 대해 진술한 것은 참으로 떠도는 말을 주워 모은 데에 비할 바가 아닙니다. 이에 대해서는 백인걸이 이미 말하였고, 經幄의 신하가 또 발언하였습니다. 그러니 언론의 책임을 맡고 있는 자만 유독 논하는 바가 없을 수 있겠습니까. 내용을 작성할 즈음에 비록 지나치게 해서 마땅함을 잃은 말이 있다고 하더라도, 이것을 이유로 언관을 죄주어서는 안 되는 것임이 분명합니다. 그런데 지금 옥당의 뜻은 그렇지가 않아서, 대신 起草한 것이 잘못이라는 것과 언관을 배척해서는 곤란하다는 것을 잘 알고 있으면서도, 도리어 이이를 애석해하는 마음에 가려져서 온 힘을 다해 언관을 배척하였습니다. 그리하여 반드시 이이를 허물이 없는 자리에 세우려고 하였습니다. 이것이 무슨 짓이란 말입니까.[54]

이이에 대한 김성일의 신랄한 비판은 1583년 이이를 비판한 동인 송응개·박근원·허봉을 회령·강계·갑산으로 유배시킨 '癸未3竄' 이후 부메랑이 되어 되돌아 왔다. 동년 12월 해주 유생 朴橲의 상소가 바로 그것이었다. 박추는 이 상소에서 김성일을 동서당쟁의 주범으로 규정하며 중벌로 다스릴 것을 주장하기에 이르렀는데, 이는 김성일에 대한 서인계의 인식을 극명하게 보여준 사례였다. 당시 김성일은 이미 나주목사로 출보됨으로써 화망을 간신히 피해갈 수 있었고, 1586년 나주목사 해임 이후

---

53) 『선조실록』 권13, 선조 12년 6월 28일(임인).
54) 金誠一, 『鶴峯集』 권3, 「申救宋應泂箚己卯」.

1588년(선조21) 8월 종부시정에 임명되어 조정으로 돌아오기까지 한동안 정계에서 물러나 있었다. 특히 종부시정으로 입조할 때는 남북분당의 조짐이 있었지만 일각의 예상을 무색케하는 초당론적 주장을 펼쳐 조정의 여론을 일신시키도 했다.

> 김성일은 강직 개결한 사람이어서 혹 치우치게 배척하는 논의를 주장할 것이라고 여기는 사람도 있었다. 그러나 조정에 들어와서는 이렇게 말하였다. "자기와 의논이 다른 사람이라도 반드시 다 소인은 아니고 자기와 의논이 같은 사람이라도 반드시 다 군자는 아니다. 피차를 논하지 말고 어진 사람을 임용하고 불초한 사람을 버리는 것이 옳다."[55]

그러나 이런 면모에도 불구하고 여전히 서인들은 그를 '이이를 공척한 동인의 주론자'로 인식하게 되었고, 그런 인식은 김성일에 대한 학자적 평가에까지 혼효되어 나타났다. 송시열·송준길 등과 함께 17세기 중후반 기호학파의 대표적 학자였던 박세채는 자신의 저술 『東儒師友錄』가운데 퇴계문인을 수록한 「退溪先生門人篇」(72명)과 남명문인을 수록한 「曺文貞門人篇」(45인)의 입록 순서와 관련하여 1681년(숙종7) 尹拯에게 편지를 보내 김성일의 '退門高弟說'은 영남 사람들의 주장일 뿐이므로 군이 취용할 이유가 없다는 입장을 보이고 있다.[56] 더욱 주목할 것은 이

---

55) 『선조수정실록』 권22, 선조 21년 8월 1일(임오).

56) 朴世采, 『南溪集』 권29, 「再答尹子仁(辛酉十二月七日)」 "退溪南冥兩門 多係黨論以後人物 極難稱停 蓋溪門則必以西厓鶴峯爲首 冥門則以守愚東岡爲首 乃彼一邊之定論 然此則不可從矣…金崔又有與二先生大段背馳之嫌 故降而間置他人之次 自謂粗得斟量也" 박세채는 각 인물의 學問·隱逸·節義 그리고 사업에 기준하여 『東儒師友錄』의 입록 순서를 정했다. 「退溪先生門人篇」의 경우 '嶺南士論에 따른다면 西厓는 마땅히 月川의 앞이나 뒤에 위치해야 한다'고 하면서도 위의 기준을 적용하여 鄭逑·奇大升·趙穆·南致利·黃俊良·權好文·李德弘·柳成龍·金誠一 순으로 수록했다. 南致利는 학문에 전념했고, 황준량은 학문으로서 이황의 추장을 받았고, 권호문은 은일의 선비이고, 이덕홍은 이황의 언행

런 평가와 판단에 김성일과 이이와의 정치적 혐의관계가 개입되어 있다는 점이다.[57] '學'의 영역에 대한 입론이 당론으로부터 자유로울 수 없는 것이 당대의 실상이라고 할 때, 김성일의 사행 복명과 임진왜란 당시의 활동상에 대한 평가 역시 이런 추세와 전연 무관할 수는 없을 것 같다.

4. 통신사 복명과 임란 당시 활동상에 대한 정파별 인식의 차이

김성일에 대한 인식과 평가를 검토함에 있어 가장 민감하면서도 중요한 지점은 통신사행의 보고와 임진왜란 당시의 활동상이다. 김성일은

록 가운데 가장 시기가 이른 『溪山記善錄』을 저술했다는 것이 류성룡·김성일보다 이들을 앞에 입록한 이유로 제시했다. 결국 박세채는 류성룡·김성일을 학자보다는 관료로 인식했고, 학문보다는 사업으로서 이들을 평가했던 것이다. 특히, 류성룡에 대해서는 '학문에 긴요함이 없고, 사업을 위주로 했다'고 欠評했다. (朴世采, 『南溪集』 권12, 「答李君輔問 東儒師友錄(壬申七月)」) "此書等第之例 以學問隱逸節義爲次 事業最在其下 以嶺南士論言之 西厓當在月川上下 而不然者 貫趾乃專於學者也 錦溪以學被先生推獎者也 松溪隱逸之徒也 艮齋平叔 平生問學最緊 且有記善錄心經質疑也 先鶴峯以有語錄也 後西厓以於學無甚緊要 而事業爲主也 然以平日文章見識言之 則雖寒岡月川亦多不及處 宜乎有左右之論矣

57) 南冥門下인 「曺文貞門人篇」의 경우 최영경은 淸介한 高士의 풍모를 지녔음에도 이이·성혼을 공척했다는 이유로 平士로 격하되었고, 金宇顒도 李珥·成渾에 득죄했다는 이유로 수록 순위가 조정되었다.(朴世采, 『南溪集』 권12, 「答李君輔問 東儒師友錄(壬申七月)」) "守愚供辭以栗谷爲主 殊所未解 蓋平日每謂與牛溪矛盾爲敵 而今忽如此故也 大抵守愚孝友淸介 豈不爲高世之士哉 但晚年學荒意偏 至與牛栗爲讐怨 此魯西所以有衰貞瀎慶之說也 愚則常以此爲過重 故量置中間 欲以平士待之…東岡初謂並得罪於牛栗 故雖知其學問見識非西厓鶴峯之比 而不免退置此間矣") 참고하자면, 朴世采의 『東儒師友錄』 「曺文貞門人篇」(45인)은 吳健을 首題로 하여 河沆·柳宗智·盧欽·趙宗道·金宇顒·崔永慶·郭赳·李濟臣 등이 首門그룹에 편차되었다.

1590년 3월부터 1591년 2월까지 통신부사로서 일본을 다녀왔고, 임진왜란 발발 직전인 1592년 4월 11일 경상우도 병마절도사에 임명되었다.

김성일은 약 13개월에 걸친 사행 기간 동안 정사 황윤길 및 서장관 허성과 크고 작은 마찰을 수반했고, 1591년 2월 본국으로 돌아와서는 '왜적이 반드시 침략할 정상은 볼 수 없었다'는 취지의 사행보고를 마쳤다. 이는 '왜적이 반드시 침략할 것'이라고 한 황윤길·허성의 보고와는 상반되는 것이었다. 아울러 김성일은 사행보고 이후 安民論에 바탕하여 선조와 조정의 군비 강화책도 비판함으로써[58] 전란의 책임론으로부터 더욱 자유로울 수 없는 처지가 되었다.

그 결과 김성일은 당론에 함몰되어 나라를 그르친 인물로 치부되었고, 그런 인식은 당연히 서인계 인사들에게서 두드러졌다. 선조 역시 임란의 책임을 김성일에게 돌리는 입장을 취함으로써 김성일에 대한 부정적인 이미지는 더욱 강화되었는데, 선조 및 서인계의 이른바 '失報誤國論'은 이런 맥락에서 대두되었다. 이에 반해 남인계는 초유사 및 경상우감사로서 보여준 전란 타개책에 근거하여 그의 역할을 오히려 긍정적으로 평가하는 입장을 보였는데, '嶺南再造論'이 그것이다. '失報誤國論'과 '嶺南再造論'은 각기 기호 서인계와 영남 남인계의 인식을 대변하는 성격이 크고 학파 및 정파적 이해 관계와 맞물려 있다는 점에서 일정한 한계를 지니는 것은 분명하다.

1) 서인계의 '失報誤國論'

김성일의 잘못된 사행보고가 왜의 침입을 초래하여 나라를 그르쳤다는 입장의 '실보오국론'은 적어도 임진왜란에 관한한 선조 및 서인계가 김성일을 바라보는 기본적인 시각이었다.

김성일은 전란이 발발하기 한 달 여 전인 1592년 3월 1일에 특지로 경

---

58) 金誠一, 『鶴峯集』 권3, 「請停築城仍陳時弊箚」.

상우병사에 임명되었다. 축성의 불합리성을 논하며 전란대비책의 근본적
시정을 촉구한[59] 1591년 11월의 차자에 따른 일종의 문책성 인사였다.[60]

이에 따르면, 김성일은 사신 복명의 失報는 물론이고 향후의 전란대
비책까지 가로막은 인물로 기술되어 있는데, 김성일에 대한 선조 및 서
인계의 인식을 확실하게 보여주는 기사라 할 수 있다. 이런 예는 실록의
곳곳에서 산견되는데, 경인통신사행의 일원이었던 黃進이 왜란을 예견
하고 공무 후에 열심히 궁마를 익혔다는 기사도[61] 그 가운데 하나이다.

김성일은 부임 도중인 4월 15일 충주 객관에서 왜군의 침략 사실을 비
로소 인지했고,[62] 걸음을 재촉하여 임지로 갔다. 이후 그는 압송의 명을
받고 서울로 올라오던 도중에 招諭使에 임명되어 영남으로 복귀하게 되는
데, 이 과정에서 柳成龍·崔滉 및 왕세자 光海君의 구원의 힘이 컸다.[63]

경상우병사 김성일을 잡아다 국문하도록 명하였다가 미처 도착하기 전에
석방시켜 도로 본도의 招諭使로 삼았다 … 일이 장차 측량할 수 없게 되었을
때 얼마 있다가 성일이 적을 만나 교전한 상황을 아뢰었는데, 류성룡이 성일
의 충절은 믿을 수 있다고 말하였으므로 상의 노여움이 풀려 이와 같은 명이
있게 된 것이다.[64]

---

59) 『선조수정실록』 권25, 선조 24년 11월 1일(계해).
60) 『선조수정실록』 권26, 선조 25년 3월 1일(신유).
61) 『선조수정실록』 권25, 선조 24년 12월 1일(계사).
62) 閔仁伯, 『苔泉集』 권2, 「龍蛇日錄(任忠州時)」 "壬辰四月 十五日夕 金誠一以
    左道兵使入忠州 留於客館 其日子夜 烽軍來告 倭船幾隻 指向釜山浦云 即告
    于兵使 兵使曰 如此來朝之倭 朝廷過慮云 俄而釜山陷城之報至 東萊陷城之報
    又至 兵使舍駕轎 單騎馳赴"
63) 金誠一, 『鶴峯集』 附錄 권2, 〈行狀〉(鄭逑撰) "上問入侍宰臣曰 金誠一狀啓中
    有一死報國之語 誠一果能一死報國乎 柳成龍 崔滉對曰 誠一所見 雖或有蔽
    其平生方寸 只是愛君憂國 其一死報國 臣等亦知之矣 王世子侍坐 亦極諫 上
    乃霽怒 公行到稷山 聞宣傳官疾驅而來 從者皆號哭遑遑 公顏色不變 從容指畫
    後事 宣傳官至 則乃齎宥命來也 且授公招諭使"
64) 『선조수정실록』 권26, 선조 25년 4월 1일(경인).

이후 김성일은 초유사로서 그리고 경상우병사로서 전란의 극복을 위해 분투했고, 그 공로를 인정받아 1592년 10월에는 가선대부에 가자되었다.[65] 사신 복명과는 대조적으로 김성일의 초유사 및 경상우병사로서의 역할에 대해서는 그 평가가 매우 긍정적인 것이 사실인데, 전란 초기 왜적의 척후와 직면했을 때의 담대한 대응력으로 적의 기선을 제압한 점,[66] 탁월한 지휘력으로 영남의 인심을 수습하고, 의병의 전투력을 극대화시킨 점,[67] 이를 바탕으로 이순신과 함께 호남과 영남을 잘 수호한 공로[68] 등이 여기에 해당한다.

그럼에도 불구하고 김성일에 대한 부정적인 인식은 선조의 의중과 입장에서 기인하는 바가 크다고 생각된다. 선조는 김성일의 전공을 인정하면서도 기회가 있을 때마다 문책성 발언을 노골적으로 표출했다. 이런 추세는 김성일의 사후에도 그대로 지속되었는데, 여기에는 전란의 책임을 덜기 위한 정치적 의도가 내재된 것으로 해석할 수 있다. 『선조실록』과 『선조수정실록』을 토대로 선조의 김성일에 대한 인식을 정리하면 아래와 같다.

① 상은 '성일은 타고난 성품이 편벽되고 강퍅하며 용심이 거칠다. 일본에서 돌아와서 왜노들이 배반하지 않을 것이라고 극력 주장함으로써 변경의 방비를 소홀케 하여 결국 이 난리가 터지게 하였다.' 하고서 금오랑을 보내 잡아오게 하였다.[69]

② 상이 이르기를, "김성일이 秀吉에게 속임을 받은 것은 많다. 수길이 氈 笠을 쓴 데다 애를 안고 맨발까지 한 자세로 접견하자, 김성일은 장담하기를 '수길은 대수롭지 않으니 일본은 염려할 것이 못 된다. 부견의

65) 『선조실록』 권31, 선조 25년 10월 27일(계축).
66) 『선조수정실록』 권26, 선조 25년 4월 1일(경인).
67) 『선조수정실록』 권26, 선조 25년 6월 1일(기축).
68) 『선조수정실록』 권26, 선조 25년 8월 1일(무자).
69) 『선조실록』 권3, 선조 25년 10월 27일(계축).

백만 군사에 대해서도 謝安은 듣고 움직이지 않았는데, 어찌 이 적을
두려워하랴?' 하였으니, 이것이 수길에게 속임을 받은 것이 아닌가."[70]

③ 김성일은 추증할 필요가 없다는 것을 전에 이미 말하였거니와, 설령
혹 증직하더라도 서서히 의논하여도 늦지 않다."하였다.[71]

④ 예전에 류성룡이 정승이었을 때 김성일 등과 앞장서서 邪說를 말하여
적이 오지 않을 것이라고 하면서 싸우고 지킬 대비를 하지 않았고, 체
찰사가 되어서도 탈이 있다는 핑계로 가지 않았는데, 대신의 도리로
는 삼가서 이런 짓을 본뜨지 말아야 한다.[72]

즉, 선조에 있어 김성일은 풍신수길에게 속임을 당해 邪說(倭軍不來說)을
주장했고, 거기에 더해 전란대비책까지 가로막아 국난을 키운 인물로 각인
되어 있었던 것이다. 김성일의 사망시에 예외적으로 賜祭조차 하지 않고,
1595년(선조28) 金宇顒 등의 적극적인 요청에도 불구하고 김성일에 대한 증
직을 수락하지 않은 것도 이 때문이었다. 오히려 선조는 치세 후반으로 갈
수록 김성일에 대한 부정적인 입장은 더욱 심화되었다고 할 수 있다.

선조의 이러한 인식과 조처는 서인계 관료 및 그 후학들의 '학봉인식'
에 일정한 영향을 미쳤을 것으로 생각된다. 물론 서인계라고 해서 모두
김성일을 부정적으로 바라본 것은 아니었다. 沈忠謙의 경우 임란 초기
김성일을 경상우감사의 적임자로 적극 추천한 바 있었고,[73] 李恒福은 사
행보고와 관련하여 김성일의 '民心安定論'에 일부 공감을 표한 바 있기
때문이다.[74]

그러나 서인계의 대체적 인식은 '실보오국론'에 초점이 맞춰져 있었

---

70) 『선조실록』 권60, 선조 28년 2월 6일(기유).
71) 『선조실록』 권64, 선조 28년 6월 10일(신해).
72) 『선조실록』 권165, 선조 36년 8월 19일(임인).
73) 『선조실록』 권26, 선조 25년 5월 3일(임술).
74) 『선조실록』 권60, 선조 28년 2월 6일(기유).

는데, 그 대표적인 인물로는 17~18세기 서인 기호학파에서 중요한 위상을 점했던 申欽·安邦俊·朴東亮·趙翼·尹宣擧·韓元震·黃景源 등을 들수 있다.

신흠은 '물리침'이 아니라 '감싸안음'을 지향했고, 배척이 아니라 대화와 회통의 면모를 강조했던[75] 문신관료로 잘 알려져 있지만 '備倭說'에 드러난 필설은 이와는 자못 대비된다.

① 통신사 黃允吉이 돌아왔을 때 그들의 반역심이 이미 확연히 드러났는데도 부사 김성일은 반드시 침략해 오지 않을 것이라고 하니, 조정이 이 말을 믿고 고식적으로 안일 속에서 세월만 헛되게 보내면서 한 명의 장수도 선발하지 않고 한 명의 병사도 훈련하지 않았는데 적은 이미 바다를 건넜다.[76]

② 적병이 처음 부산에 이르렀을 때 망을 보던 관리가 대략 4백여 척쯤 된다고 보고하였다.… 우순찰사 김성일은 말하기를 "적의 배가 4백 척이 채 되지 않는데 한 척에 수십 명밖에 싣지 못하는 실정이고 보면 다 합해도 1만 명을 넘지 않을 것이다." 하였는데, 성일의 이러한 주장이 조정에 알려지자 조정에서도 그렇게만 여겼다.

인용문① 가운데 '倭軍不來說'은 그렇다 치더라도 조정이 김성일의 보고에 따라 방비를 소홀히 했다는 내용은 억견으로 밖에 볼 수 없고, 인용문②는 사실 관계 자체에 오류가 있다. 특히 후자는 이미 金時讓으로부터 杜撰의 의혹이 제기된 바 있지만[77] 여전히 신흠의 문집 『象村稿』

---

75) 박희병, 『한국의 생태사상』, 돌베개, 1999, 185~186쪽.
76) 申欽, 『象村稿』 권34, 「備倭說」.
77) 金誠一, 『鶴峯年譜』(壬辰)(1592) "金尙書時讓 荷潭破寂錄曰 東陽尉申翊聖 辛未年間 印布其父象村集 其東征錄 有壬辰 倭賊從竹嶺上來之語 余謂東陽曰 壬辰倭賊 從鳥嶺,秋風嶺上來 竹嶺一路 賊蹤不到 而錄云然者 何也 東陽色變 而去 丙子年間 又刊象村集以行. 東征錄削賊從竹嶺之語 更添賊兵初至 右巡

에 수록되어 전하고 있다. 이것이 신흠의 글이든 아니든 『象村稿』에 수록된 사실, 특히 일각의 지적에도 불구하고 수록을 고집했던 의도 자체에 김성일에 대한 폄박적 속내가 게재되어 있다고 할 수 있다.

뿐만 아니라 신흠은 '申汝橝傳'에서는 일본에 통신사를 파견한 것 자체가 잘못 되었고, 선조가 明을 잘 섬겨 원군을 확보함으로써 간신히 국난을 극복했다는 주장을 펼쳤는데,[78] 이는 선조 및 趙憲의 주장과 일치한다. 이 글 중에는 '왜적이 반드시 군대를 일으키지 않을 것이라는 설(倭賊必不動兵說)'을 주장한 誤事者에 대한 극언이 포함되어 있는데,[79] 그 대상이 김성일임은 두 말할 나위가 없다.

'실보오국론'에 바탕한 김성일에 대한 폄하적 기술은 成渾·趙憲의 문인 安邦俊에 이르면 그 수위가 더욱 높아진다. 선조조 東西黨爭에서 차지하는 성혼의 정치적 비중, 통신사의 파견 자체를 비판했던 조헌의 입장을 고려할 때, 안방준의 인식은 많은 의미를 함축하고 있다.

察使金某以爲 賊艘不滿四百 一艘不過載數十人 摠之不滿萬人 某之論 聞于朝
廷朝廷 亦以爲然等語 壬辰夏 宣廟以某倡賊不來之說 特除嶺南右兵使 未及到
鎭 而賊已至 宣廟命拿鞫 及西幸 更以某爲招諭使 某到稷山聞命 更就嶺南 秋
間 監司金睟罪罷 以某爲右監司 以此推之 象村集中雜錄 非其所錄者多矣云云
夫以一己之好惡 撰出無根之語 塗改先集 隨意增減者 非但白沙集晉州本己丑
錄爲然也 如安邦俊鬼蜮輩 又何足言哉 尙幸金公覿破其贗 有此記錄 獨恨有闕
者 賊艘多少之說 元無出處 而不幷爲之辨破也 象村集東征錄 今作諸士難初
陷敗志"

78) 申欽, 『象村稿』권30, 「申汝橝傳」 "余於寅卯年間 以左史得侍前席 與聞朝廷
講倭賊事首尾甚悉 蓋玄蘇之來也 朝廷不深知其故 至許遣使 使廻 副价金誠一
謂賊必不動兵 廟堂恃以無憂 如以賊爲狡獪難測者 則至曰 待外夷當以誠信 何
乃爾耶 於是人莫敢言 唯宣祖大王睿智有臨 灼見厥狀 據義斥絶 聞于天朝 曁
壬辰 寇勢不可遏矣 非宣祖大王事大之誠有以格天 而致六師張皇之擧 則國將
何賴焉"

79) 申欽, 『象村稿』권30, 「申汝橝傳」 "使廻 副价金誠一謂賊必不動兵 廟堂恃以
無憂…非宣祖大王事大之誠有以格天 而致六師張皇之擧 則國將何賴焉 誤事
者之肉其可食乎"

안방준의 저술 「壬辰記事」 및 「抗義新編」에 나타나는 김성일 관련 기술은 ① 韓興·李山甫 등의 반대와 윤두수의 '명나라에 먼저 보고한 뒤에 통신사를 파견하자(先奏聞後派遣)'는 주장에도 불구하고 류성룡이 고집하여 통신사의 파견이 전격적으로 단행되었고, ② '閤下'·'方物領納' 등 書契의 6자를 고친 것은 黃允吉·許筬의 공로이고, ③ 김성일이 사행보고 때 왜군이 '절대로 올 리 없다(萬無來理)'고 했고, ④ 의정부에서 김성일의 사행을 높이 평가하여 승진시킴은 물론 기존의 전란대비책을 사실상 중지하였고, ⑤ 전란이 발생하자 선조가 김성일을 보내 왜적을 막게 했고, 김성일이 압송의 명을 받았을 때 경상·전라도를 배회하며 왕명에 신속히 응하지 않았다는 것 등으로 요약된다.[80] ①과 ④는 동인의 실정 또는 횡포를 강조하기 위한 黨論的 기술이고, ②③⑤는 역사적 사실과 배치된다. 書契 가운데 '閤下' 및 '方物領納' 6字를 고친 것은 김성일의 요청의 결과였고,[81] 왜군의 침략 가능성에 있어서도 『선조수정실록』에 기록된 김성일의 공식 견해는 '그러한(왜군이 침략할) 정형은 보지 못했다(不見如許情形)'였을 뿐 '침략할 가능성이 만무하다(萬無來理)'[안방준의 주장] 또는 '반드시 군대를 일으키지 않을 것이다(必不動兵)'[신흠의 주장]는 아니었다. 김성일의 보고 때문에 전란대비를 중단했다는 주장의 불합리성은 앞에서 언급한 바와 같다. 김성일이 경상우병사에 임명된 것은 1592년 3월 1일이므로 전란이 발발하자 그 책임을 물어 영남으로 보냈다는 것은 전혀 사실이 아니고, 압송 당시의 정황도 무리한 서술이 많다. 아래는 안방준의 기술에 대한 변론 형식으로 설정된 『鶴峯年譜』의 한 대목이다.

80) 安邦俊, 『隱峯全書』 권6, 「壬辰記事」, 권35, 『抗義新編』 「第三封事(己丑)」, 권36, 『抗義新編』 「嶺湖備倭之策」.
81) 鄭逑, 『寒岡集』 續集 권6, 「鶴峯行狀」 "留半月 而書契始至 辭甚悖慢 至以殿下爲閤下 以所送禮幣 爲方物領納 又有一超直入大明國 貴國先驅入朝等語 公見之大駭 據義却之 作書與玄蘇曰 若不改此等語 使臣有死而已 義不敢還 玄蘇辭屈 許改閤下方物領納六字"

   안방준의『壬辰錄』에 이르기를 … 상이 분노를 참지 못하여 그로부터 며
칠 뒤에 금부도사 李通을 시켜 김성일을 잡아오라고 하였다. 그때 김성일은
호남으로부터 전주, 남원을 경유하여 嶺右로 돌아 내려갔고, 이통은 곧바로
내려가 영남 경계에 이르렀다가 길이 막혀 내려가지 못하고 되돌아왔다.” 하
였다. 아, 선생이 처음에 우도 절도사의 명을 받고 충주에 이르렀을 때 왜적이
이미 부산과 동래를 함락하였다는 말을 듣고는 밤낮없이 쉬지 않고 길을 달려
곧바로 본영으로 갔다. 이것은 같은 때의 기록 가운데에 드러나 보이는 것이
한둘이 아니다. 그리고 잡아다가 국문하라는 명이 내렸을 때에는 영남의 도로
가 이미 막혔으므로 사잇길을 따라 가느라고 호남을 경유하여 올라갔으니, 용
기 있게 곧장 앞으로 나가면서 자신을 돌보지 않은 의리는 지금까지도 그 늠
름한 모습을 상상할 수 있다. 그런데도 안방준의 말은 이처럼 사실을 변환시
켜서 마치 선생이 왜적을 피하기 위하여 길을 돌아 내려가면서 머뭇거리며 바
라보고만 있었던 것처럼 말하였다. 어찌해서 자신과 같은 자를 편들고 다른
자를 치기에 급급하여, 자신이 말을 날조해 낸 죄에 빠지는 것은 깨닫지 못한
단 말인가. 그리고 선생은 금오랑이 내려온다는 소식을 듣고는 그날로 즉시
행장을 꾸려 길을 떠났다. 그러니 안방준이 말한 ‘금부도사가 길이 막혀서 내
려가지 못하고 되돌아왔다.’는 것에 대해서는 따지고 말고 할 것도 없다.[82]

   안방준의 기술이야말로 ‘같은 자는 편들고 다른 자는 치는(黨同伐異)’
전형적인 당론적 행태로 규정하는 것이『鶴峯年譜』편찬자의 주장인 것
이다.
   사실 관계의 여부를 떠나 ‘실보오국론’은 17세기 중반에 이르러서도
서인 기호학파 내에서 중요한 화두의 하나로 자리하고 있었다. 이런 논
의를 이끈 사람은 成渾의 외손으로서 牛溪學統의 계승자적 위치에 있었
던 尹宣擧였다.

---

82) 金誠一,『鶴峯年譜』(壬辰)(1592).

윤선거는 鄭逑의 『寒岡集』에 실린 '祭金鶴峯誠一墓文' 가운데 '외국
으로 사신 가서는 큰 절개 더욱 드러내니'[83]라는 표현과 '金鶴峯墓表'
가운데 '일본에 사신으로 나갔을 때는 바르고 곧은 지조를 굽히지 않았
다'[84]는 표현에 대해 강한 불쾌감을 드러냈다.

　　寒岡(鄭逑)이 김성일을 위해 명[銘:묘표의 잘못]을 지으면서 '외국으로
　　사신 가서는 큰 절개 더욱 드러낸' 것으로 인정했는데, 일찍이 '한번 뛰어
　　大明國에 들어가서 400여 州를 우리 풍속으로 바꾸고…'라는 내용의 글을
　　받아온 자를 과연 大節이라 할 수 있겠는가.[85]

　　결과론적으로 볼 때, 윤선거의 비판은 타당하지만 國書를 고치기 위
한 김성일의 노력상은 전혀 고려하지 않은 평가라 할 수 있다. 뿐만 아니
라 윤선거는 김성일이 사행보고 때 李山海의 사주를 받아 '왜적이 침략
해 올 뜻이 없다(賊無來意)'는 설을 주창함으로써 왕명을 욕되게 하고 나
랏일을 그르친 것이 극심한데 도리어 찬미를 받는 것에 대해 불편한 심
기를 감추지 않았다. 나아가 그는 이런 폐단이 발생한 것은 양현[李珥·
成渾] 문하의 인사들이 師道를 講明하지 않은 탓이며, 그나마 趙憲이 있
어 牛栗의 道를 보전할 수 있었다고 하여 철저히 서인적 시각에서 김성
일을 바라보고 있었던 것이다.[86]

----

83) 鄭逑, 『寒岡集』 권12, 「祭金鶴峯誠一墓文」 "嗚呼惟公 資稟粹美 剛毅子良 德
　　襲春蘭 標揭秋霜 孝成于家 行著于鄉 早就有道 得聞大方 立朝事君 謇謂堂堂
　　奉使異國 大節彌彰 死生在前 神色陽陽"
84) 鄭逑, 『寒岡集』 권13, 「金鶴峯墓表」 "其奉使日本 則正直不撓 而王靈遠暢 受
　　命招諭 則至誠感動 而控制一方"
85) 尹宣擧, 『魯西遺稿』 別集 日記 「壬辰八月十六日」 "寒岡…且爲金誠一作銘
　　許以奉使異國 大節采彰 曾受一超大明之書以來者 其可謂之大節乎"
86) 尹宣擧, 『魯西遺稿』 권7, 「上仲兄」 "且其祭金鶴峯文 爲金誠一也 至曰奉使異
　　國 大節彌彰云云 誠一使倭 受其悖書 一超大明之書也 而還奏朝廷 則倡言賊
　　無來意 蓋承山海旨也 辱命誤事之罪 有甚於羅德憲輩 宣廟之只一拿問 亦未減

申欽이 숙종조 소론의 영수 朴世采의 외조부이고, 安邦俊이 성혼·조헌의 문인이고, 尹宣擧가 성혼⇒윤황으로 이어지는 우계학통의 계승자임을 고려할 때, 지금까지 살펴 본 신흠·안방준·윤선거의 '鶴峯認識'은 서인 중에서도 대체로 소론계의 인식과 평가를 대변하는 것으로 해석할 수 있다.[87]

한편 17세기까지만해도 소론계가 주도했던 김성일에 대한 '실보오국론'은 18세기에 접어들면서 노론계의 주도 현상이 두드러졌다. 그리고 이 시기에는 柳成龍과의 관계 속에서 김성일을 비판하는 경향을 보였는데, 이런 주장을 강도 높게 펼쳤던 사람은 權尙夏의 문인 韓元震(1682~1751)과 李縡의 문인 黃景源(1709~1787)이었다.

먼저 한원진은, 김성일이 일본에 사신으로 가서 나라를 그르친 만큼 죽어야 마땅했고, 죄를 사면받아 직무에 임해서도 기록할만한 공이 없는데 류성룡이 『懲毖錄』에서 김성일을 '眞忠'으로 평한 것에 대해 극도의 불만감을 토로했다.[88] 물론 이 글은 류성룡의 당인적 처세와 저술의 태도 등을

之科也 懲毖錄中 曲爲掩覆 已極謬矣 而反稱美之如此 據此一論 可斷其見之訛矣 大槩世道交喪 士論分披 好議論者 率多混白黑 執子莫以爲之公 故自癸亥至于今 迄未成一模樣 而嶺南中巨擘如鄭張 筆而牖後 若是顯然 後生之註誤頗僻 烏能免乎 兩賢門下諸賢 不能講明師道 以定是非之責 將有不可勝言者矣 若無一趙重峯 則兩賢之道 幾乎熄矣 豈不大可懼哉 此可與知者道 不可與不知者道 孝思外勿掛他眼 幸甚"

87) 趙翼·朴東亮 또한 신흠·안방준의 인식과 그 궤를 같이하고 있었다. 김성일과는 정치적으로 대립했던 尹根壽의 외손자였던 趙翼은 黃進의 행장에서 '유독 부사인 김성일이 탑전에서 왜적이 침범해 올 리가 절대로 없다고 호언장담하자, 묘당이 그 말을 전적으로 믿고는 전쟁에 대한 방비를 모두 중단하고 말았다'고 기술했고(趙翼, 『浦渚集』 권35, 「忠淸道兵馬節度使黃公行狀」), 朴東亮의 『寄齋史草』에도 임란에 대한 '김성일책임론'이 곳곳에 기술되어 있다. (朴東亮, 『寄齋史草』(上)「辛卯年5月4日」; 『寄齋史草』(下)「壬辰年6月21日」). 김상헌은 조헌의 신도비명에서 통신사 파견의 부당성을 강조하는 한편 梁應鼎의 祠宇 '貞忠祠碑'에서는 김성일의 失報 및 거기에 따른 참수론을 언급하였는데, 신흠·안방준·박동량·조익 등의 주장과 맥락을 같이하는 견해라 하겠다(金尙憲, 『淸陰集』 권28, 「重峯神道碑銘」; 권29, 「南原貞忠祠碑」)

88) 韓元震, 『南塘集』 권31, 「書西涯柳相懲毖錄後」 "金誠一之怪鬼 栗谷之所斥

비판하는데 주안점이 있지만 한원진이 가지는 학문적 지위를 고려할 때, 18세기 노론 호론계의 '鶴峯認識'의 단면으로 보아 무리가 아닐 것 같다.

황경원 역시 비판의 주된 대상은 류성룡이었다. 그는 和議論을 주창한 류성룡이 죄를 입기는커녕 中興名相으로 일컬어지는 세태에 강한 비판의식을 갖고 있었고[89] 그 일환에서 류성룡의 비호를 받은 것으로 알려진 김성일을 싸잡아 폄하했던 것이다. 황경원 또한 김성일의 허위 보고로 중외의 武備가 중단되었고, 임금을 기망한 김성일을 死罪로 다스려야 했다는[90] 점에서는 기존의 논리와 크게 다르지 않다. 다만 김성일을 처벌하지 않은 것은 失政을 넘어 民心 이반의 빌미가 되었고, 그 부담을 선조가 고스란히 떠안게 되었다고 한 점에서는 선조의 입장을 대변하는 듯한 인상을 주고 있다.

이상에서 살펴본 바와 같이 김성일을 겨냥한 '失報誤國論'은 선조의 인식에서 그 원형을 찾을 수 있었고, 신흠·인방준·박동량·조익·윤선거·한원진·황경원에 이르기까지 서인계를 중심으로 꾸준히 이어져 왔음을 알 수 있다. 다만, 일부 인사들 중에는 사실 관계의 오류 또는 왜곡의

則其爲人可知也 奉使誤國 當伏前使十輩之罪 而曲爲分解 貸罪授任 又無功績可記 而錄其一言之善 褒之以眞忠者 亦何哉 此余之所竊疑而未得其說也 大抵柳相之平生 顧余後生 未得其詳 今於是錄 備見之矣 王安石自作日記 以記其事 朱子以爲自然不易之公論 余於是錄亦云 壬戌仲夏日 暘谷老夫書"

89) 정조조 남인의 영수였던 蔡濟恭은 柳成龍·李元翼·李恒福·李德馨을 中興賢相으로 꼽은 바 있다. (蔡濟恭, 『樊巖集』 권44, 「大匡輔國崇祿大夫議政府左議政兼領經筵事監春秋館事世子傅贈原城府院君忠靖公斗巖金公神道碑銘」 "嗚呼 世之數中興賢相 必曰西厓完平鰲城漢陰")

90) 黃景源, 『江漢集』 권26, 「革土事丁應泰職爲民勑」 "先是 秀吉弑其君 遣平義智請和親 禮曹判書柳成龍 建議通使 於是 乃命黃允吉充使者 而金誠一爲之副 及使者歸自日本 秀吉謀反 而誠一啓言秀吉 必不反 王以爲然 遂不修中外武備…是時 誠一爲節度使 王命使者 卽軍中斬誠一頭 成龍論救 得不斬 乃反擢授觀察使 國人皆憤…金誠一欺君罔上 將斬之 成龍建言收還之 不惟不罪至超授爲觀察使 政令如此 何以服四方人心 而反以人心怨叛 歸罪上躬 後魏學曾箚本出 而成龍難容覆載矣"

구조 위에서 논리를 전개함으로써 그 객관성을 상실한 측면도 컸다. 여기서 한가지 유념할 것은 김성일의 오보가 당론 때문에 빚어진 의도적 결과로 단정하는 예는 드러나지 않았다는 점이다.

한편 '실보오국론'은 비단 서인계에 국한된 논리는 아니었다. 18세기 근기남인계의 대표적 학자였던 李瀷의 경우 김성일이 일본 사행시에 보여준 위엄과 체모는 매우 높이 평가하면서도[91] 사행보고에 대해서는 매우 부정적인 평가를 내렸고, 남인계가 주장하던 '民心安定論'도 사실상 부정했다.

> 대개 이때에 왜인은 바른대로 말했는데 우리나라에서는 도리어 허망한 공갈이라 여기고 하나도 조치가 없었다. 金鶴峯같은 이는 걱정 없다고 말을 퍼뜨렸는데 사람들이 이에 대하여 인심을 진정하고자 한 것이라고 말하고 있으나 어찌 이런 이치가 있겠는가? 학봉은 실지로 소견이 미치지 못한 것이다.[92]

이익은 왜의 침략 가능성을 낮게 본 김성일의 사행보고를 소견의 부족으로 보았고, 이른바 '민심안정론'도 이치에 맞지 않는 억설로 규정하고 있다. 이익의 이런 견해가 근기남인 전반의 입장으로 볼 수는 없더라도 동일한 정파인 남인계의 인식이라는 점에서 주목할 필요는 있다.

2) 남인계의 '嶺南再造論'

'失報誤國論'이 통신사로서의 활동과 사행보고에 초점이 있다면 '영남재조론'은 초유사 및 경상우감사로서의 활동과 공로에 주안점을 둔 평가와 인식이다. 그리고 전자가 선조 및 서인계의 관점이 크게 반영되었다

---

91) 李瀷, 『星湖集』 권25, 「答安百順問目」 "昔金鶴峯之使倭也 不拜庭下 倭人不敢强 金公卒於癸巳四月 未及講和 若使此公在者 恐有以處之也"
92) 李瀷, 『星湖僿說』 권25, 經史門 「平秀吉」.

면 후자는 광해군 및 동인[특히 남인]의 시각에서 도출된 인식체계이다.

'영남재조론'은 영남을 잘 전수하여 호남의 保障이 되게 했고, 그것은 곧 國家中興으로 연결된다는 논리구조를 갖고 있으며, 그 기저에 깔린 의식은 忠義와 大節이었다. 물론 서인들은 失報를 빌미로 사행 때 보여준 威嚴·體貌論을 전혀 인정하지 않지만 남인계에서는 일본에서의 꼿꼿한 처신이 곧 국가의 체모와 왕의 권위를 살리는 忠의 또 다른 실천으로 해석하고 평가하는 것이다.

김성일은 임진왜란이 발발하던 1592년 4월부터 1593년 4월 29일 진주 공관에서 사망할 때까지 만 1년 동안 경상우도에 있었다. 이 기간 동안 그가 근무지를 비운 것은 1592년 9월 4일부터 9월 19일까지 약 보름에 불과했다.

앞에서 언급한 바와 같이 김성일이 사면되어 招諭使에 임명한 데에는 柳成龍·崔滉 및 광해군의 건의에 크게 힘을 입었고,[93] 또 그가 江右 지역을 거점으로 직무를 수행하며 戰功을 세울 수 있었던 것은[94] 鄭仁弘·金沔·趙宗道·李魯·李瀞 등 남명문인들의 협조와 지원이 있었기 때문이다.

남인[退溪學派]과 북인[南冥學派]의 분열이 표면화 된 당시의 정치적 상황, 이황의 고제로서 남인의 우익으로 지목된 김성일의 개인적 입장을 고려할 때,[95] 남명학파의 본거지에서 士論을 흡수하기란 결코 쉽지 않았다. 이런 상황에서 己丑獄事 때 죽임을 당한 남명문인 최영경의 신원 및 복관을 힘써 주장한 김성일의 전력과 이황과 조식에 대한 계승의식에 바탕하여 '嶺南總和'를 강조한 招諭文 또한 강우사림의 호응을 이끌어내는 중요한 계기가 되었다.

　　또 근래의 일을 가지고 말하더라도, 退溪와 南冥 두 선생이 한 시대에 나란히 나서 道學을 처음으로 講明하면서 인심을 순화시키고 倫紀를 바로잡는

---

93) 각주 63) 및 64) 참조.
94) 『선조실록』 권60, 선조 28년 2월 6일(기유).
95) 李肯翊, 『燃藜室記述』 권18, 「東西南北論分裂」.

것으로써 자신의 임무로 삼았다. 이에 선비들 가운데에는 두 선생의 교육에
감화되고 흥기하여 본받는 사람이 많았다. 이들은 평소에 많은 성현들의 글
을 읽었으니, 이들의 자부심이 어떠하였겠는가.[96]

김성일이 경상우감사로서 발휘한 지휘력과 전공에 대해서는 『선조실
록』 및 『선조수정실록』에 매우 상세하게 기재되어 있으므로[97] 여기서는
일일이 거론치 않기로 한다. 이제 강우사림들이 김성일을 어떻게 인식하
였는가를 살펴보기로 한다.

함양 출신으로 鄭仁弘의 문인이었던 鄭慶雲은 초모유사 자격으로 김
성일을 가까이서 보좌했는데, 그의 일기 『孤臺日錄』을 통해 김성일에 대
한 강우사림들의 인식의 일단을 살펴보기로 한다. 정경운의 눈에 비친
김성일은 말의 논리가 바르고 절실한 사람이었고,[98] 軍務를 조율할 수
있는 능력의 소유자였다.

김성일은 5월 8일 도내에 초유문을 반포하는 한편으로 곽재우에게 의
병활동을 권면하는 편지를 보냈다.[99] 이 두 편의 글은 實心을 담아 忠義
를 권장한 명문으로 환난 가운데서도 자신에게 부여된 임무를 충실히 수
행하는 김성일의 임관자세가 잘 드러나 있었다. 이에 吳希文은 『瑣尾錄』
에서 김성일의 초유문과 곽재우에게 보낸 서간을 영남 倡義의 기폭제로
평가하는데 주저하지 않았던 것이다.

이 두 글을 보니 말뜻이 간절하여 忠義를 권장하고 격려하였는바, 영남의
선비들이 모두 떨쳐 일어난 것이 어찌 이로 말미암아서 발한 것이 아니겠는

---

96) 金誠一, 『鶴峯集』 권13, 「招諭一道士民文壬辰」.
97) 『선조실록』 권31, 선조 25년 10월 27일(계축); 권33, 선조 25년 12월 5일(신묘) ;
권34, 선조 26년 1월 22일(정축); 권60, 선조 28년 2월 6일(기유); 권72, 선조 29년
2월 16일; 『선조수정실록』 권26, 선조 25년 4월 1일(경인); 권26, 선조 25년 6월
1일(기축); 권26, 선조 25년 8월 1일(무자); 권26, 선조 25년 10월 1일(정해); 권27,
선조 26년 4월 1일(을유).
98) 鄭慶雲, 『孤臺日錄』 壬辰 5月 10日.
99) 鄭慶雲, 『孤臺日錄』 壬辰 5月 5日.

가. 부여받은 직임을 저버리지 않았다는 것을 족히 볼 수가 있겠다.[100]

한편 김성일은 鄭仁弘·金沔 등 남명문인들과 직접 회동하며 의병활동을 조율·지원함으로써[101] 승첩을 이끌어낼 수 있는 기반을 조성해 나갔다.

> 6월 22일 庚戌. 대장 鄭來庵(鄭仁弘)과 대장 金松庵(金沔)이 군사를 거느리고 거창으로 와서 초유사 김성일과 만나 적을 토벌할 방안을 의논하니, 신기한 智謀와 기발한 計策이 사람이 생각할 수 있는 정도를 넘어섰다.[102]

물론 정인홍·김면·곽재우 등 의병장들이 지휘 체계에 불복하는 난관이 있었고, 의병진 상호간의 불화도 적지 않게 야기되었지만 김성일은 위엄으로서 이를 통제하였다.[103]

김성일에 대한 우도 사림들의 신뢰를 단적으로 보여준 것은 경상좌감사 임명시였다. 김성일이 좌감사에 임명된 것은 1592년 6월 1일이었으나 이 명이 현지에 도착한 것은 동년 8월 초순이었다. 이에 김성일은 명을 받은 다음날 좌도 감영을 향해 출발했는데, 이로·곽재우는 군사를 파하고 따라갈 것을 청하기까지 했다고 한다. 이런 상황에서 우도 사림들은 김성일의 전직을 만류하기 위한 대대적인 운동을 펼쳤다. 김성일의 충의에 감격했고, 국가의 장래를 위해서라도 김성일을 유임시켜야 한다는 것이 주장의 골자였다.

이에 사림들은 鄭惟明을 소두로 하여 만류소를 올렸고, 조정에서는 이를 받아들여 김성일을 다시 경상우감사에 임명하는 조처를 내리게 되

---

100) 吳希文, 『瑣尾錄』 壬辰 9月 2日.
101) 의병활동의 지원 및 조율상에 대해서는 허선도, 『鶴峯先生과 壬辰義兵活動』, 학봉김선생기념사업회, 1993, 참조.
102) 鄭慶雲, 『孤臺日錄』 壬辰 6月 22日.
103) 鄭逑, 『寒岡集』 續集 권6, 「有明朝鮮國 嘉善大夫慶尙道觀察使兼兵馬水軍節度使巡察使…世子左副賓客金公行狀」.

었다. 이 상소문에서 주목할 것은 郭再祐·鄭仁弘·金沔 등이 중심이 된 강우지역 의병활동의 실질적 지휘자로서의 김성일의 역할이다.

① 招諭使가 慶尙左道監司에 제수되어 장차 강을 건너 좌도로 향해 가려고 할 때, 여러 고을의 士子들이 실망하지 않는 이가 없었다.… 마침 우리 초유사 金相公께서 애통한 교지를 받들고, 국가적 위기 상황에서 용기를 내어 눈물을 뿌리며, 이들 적과는 한 하늘을 머리에 함께 이고 살지 않겠다는 義理를 갖고서 倡義하여 회복하는 것으로 자신의 임무로 삼았습니다. 우리 지역에 도착하자마자 곧장 통문을 발송하여, 각 고을에 君臣의 본분을 밝히고 복수의 의리를 부르짖었습니다. 그의 언사가 절실하게 와 닿았기에 忠義에 감격하였습니다. 이를 들은 자는 팔을 걷어붙이지 않은 사람이 없었으며, 이를 본 자는 눈물을 흘리지 않은 사람이 없었습니다. 한목소리로 서로 호응하고 원근이 메아리처럼 일어나니, 피로에 지쳐 있고 흩어졌던 수천 명의 군졸들이 돌격해 오는 흉측한 무리의 칼끝에 대항하여 전략적 요지를 차단하고, 그 기세를 저지하게 되었습니다. 국가가 장차 회복의 희망이 있게 된 것은 누구의 힘이었겠습니까.104)

② 이보다 앞서 또 宜寧의 郭再祐는 포의의 선비로서 우뚝하게 일어났으며, 장령 정인홍과 좌랑 김면도 앞장 서서 의병의 깃발을 들고 일어났는데, 모든 일이 엉성하였습니다. 그러던 차에 김성일이 와서 친히 진영을 순찰하였으므로 사기는 백 배나 충천하였습니다. 또 병졸은 많으나 통솔할 사람이 없었으므로 김면과 孫仁甲으로 좌우 대장을 삼았습니다. 이에 각 고을의 의병도 절로 통솔하는 데가 있게 되어, 여러 차례 크게 이긴 공을 아뢰었으며, 점점 수복하는 형세가 이루어졌습니다. 그러니 그동안 시행한 일의 성과를 따져 보면 옛사람보다 적지 않을 것입니다. 그러고 보면 오늘날의 일은 그 어느 것이나 의병이 한 일이 아닌 것이 없으며, 의병들로 하여금 종시토록 그만큼 성취하게 한 것은 김성일의 공입니다.105)

위의 두 인용문은 영남을 보존한 것은 의병의 공로이고, 영남의 보존

---

104) 鄭慶雲, 『孤臺日錄』 壬辰 8월 9일.
105) 金誠一, 『鶴峯集』 附錄 권4,「慶尙右道儒生願留疏進士鄭惟明等」.

은 국가 회복의 중요한 조짐인데, 그 시발이 되는 의병의 활동을 지원
조율하여 회복의 기틀을 마련한 사람이 곧 김성일이라는 인식구조를 가
지고 있는데, 이른바 '嶺南再造論'의 논리적 근거도 이에 바탕한다.[106]
그리고 이런 인식은 김성일의 사망과 동시에 더욱 분명하게 재확인되었
다. 鄭慶雲은 일기에서 이례적으로 실록의 졸기에 해당하는 기술을 남겼
는데, 아래는 김성일의 죽음을 특별히 기록한 것이다.

> 관찰사 겸 순찰사 김성일이 진주에서 사망했다.··· 임진왜란이 일어나자
> 임금의 명령을 받아 초유사가 되었다. 처음 天嶺(咸陽)에 도착해 檄文을 지
> 었는데, 言辭가 격렬하고 절실했으며 忠義가 다른 사람들을 감동시켰다. 뿔
> 뿔이 흩어진 병졸들을 불러 모아 의병진에 나아갈 것을 권장했다. 한 지방을
> 막고 흉악한 적의 무리들의 칼끝을 차단하니, 여러 고을의 사람들이 마치 長
> 城인 양 그에게 의지했다. 이때 와서 전염병에 걸려 진주에서 사망하니, 지나
> 가던 사람들이 이 소식을 전해 듣고서는 탄식하며 눈물을 흘리지 않는 사람
> 이 없었다. 아! 金松庵이 군중에서 사망한 데 이어 金鶴峰조차 또다시 같은
> 길을 가고 말았다. 나라를 위해 자기 목숨 바칠 각오를 하고, 적을 토벌하는
> 데 공적을 남긴 사람들이 잇달아 사망하니, 앞으로 나랏일이 어떻게 될 것이
> 며, 백성들의 목숨은 어떻게 될 것인가.[107]

충의에 바탕한 인간적 신뢰, 의병을 규합하여 적의 예봉을 꺾은 장성
같은 존재감 그리고 그의 죽음을 국가의 운명과 백성의 삶과 결부시킨
이 기술은 김성일에 대한 우도사림의 의지감을 극명하게 보여주고 있다.
'영남재조론'에 바탕한 김성일에 대한 인식과 평가는 그의 죽음과 동

---

106) 이런 인식구조는 李大期 등의 「軺輶書」, 朴而文 등의 「願留疏」에서도 일관되게
　　나타난다. (金誠一, 『鶴峯逸稿』 附錄 권4, 「軺輶書」(儒生李大期等); 「願留疏」
　　(進士朴而文等)).
107) 鄭慶雲, 『孤臺日錄』 癸巳 5月 1日.

시에 영남사림을 중심으로 확대, 강조되었다. 그 흐름을 선도한 사람은 金宇顒·鄭述·曺好益 등 퇴계·남명학파의 핵심 인물들이었다.

김우옹은 1596년 2월 이조참판 때 올린 '時務16條疏'에서 김성일에 관한 사안을 하나의 조항으로 설정하기까지 했다. 이 상소에서 김우옹은 사행 때 보여준 김성일의 높은 절개, 의병을 규합하여 영남을 수호한 공로를 특서하며 추중의 은전을 내릴 것을 강력히 촉구했다. 특히 그는 김성일이 사행보고를 잘못한 것은 형세를 자세히 살피지 못한 데에서 기인한 작은 허물일 뿐이고, 사행 및 전란을 수습하는 과정에서 드러난 기상과 실천은 大節로 평가했다. 사소한 허물이 대절을 가릴 수 없다는 것이 김우옹의 핵심 논조였는데, 당시로서는 매우 과감한 주장이었다.

> 성일이 일본에 사신가서 형세를 세밀히 살피지 못한 것이 단점이 되기는 하겠으나, 이는 실로 무심한 데에서 나온 것이니, 어찌 깊이 책할 수 있겠습니까. 비록 죄가 있다 하더라도 어찌 조그만 과실로 大節을 가리울 수 있겠습니까.[108]

김우옹의 건의는 증직은 커녕 사제조차도 하지 않았던 선조의 조처에 대한 항변적 성격을 넘어 과실[失報誤國]보다는 공훈[嶺南再造]의 관점에서 김성일을 재인식하는 계기를 마련했다는 점에서 중요한 의미가 있었다. 뒤늦은 감이 있지만 1605년 김성일에게 吏曹參判이 증직된 배경도 여기에 있었다.

한편 김성일에 대한 인식과 평가는 선조가 승하하면서 새로운 변화를 맞게 되는데, 그 계기가 된 것은 광해군의 賜祭였다. 사실 사제는 신료에 대한 왕의 신임을 가늠하는 척도가 된다는 점에서 매우 중요하고도 미묘한 사안이었다.

---

108) 金宇顒, 『東岡集』 권9, 「陳時務十六條箚丙申二月吏曹參判時」 "蓋誠一奉使不能審察賊勢 此其短也 而實出無情 何可深罪 雖曰有罪 又豈可以一眚揜大節 而不擧追邮之典乎 亦惟聖明垂察焉"

이에 1596년 2월 정구는 강원감사 부임시 선조를 만난 자리에서 김성일에게 사제하여 충성을 표창할 것을 청했으나 선조는 이를 수락하지 않았고,[109] 曺好益 또한 李元翼을 통해 이 문제를 특별히 강조했지만 선조의 치세에 김성일에 대한 사제는 요원해 보였다.

> 유독 애석한 것은, 조정에서 增秩하고 賜祭하는 은전이 아직 미치지 않은 것입니다. 이에 九泉을 떠도는 忠魂을 위로하지 못하고, 지난날의 공훈을 갚지 못하게 되었을 뿐만 아니라, 또한 무엇으로써 어지러운 세상에 인심을 격려하고, 후대에 절의를 권장하겠습니까. 나라를 위하여 계획을 세우는 사람이 여기에서 실책하게 되었습니다. 원컨대 상공께서는 조정에 돌아가는 날 임금의 귀에 한 번 진술해 주시기를 바랍니다.[110]

이후에도 사제 문제는 공전을 거듭하다가 광해군이 즉위하면서 전격적으로 추진되어 1609년 8월 예조좌랑 李天樞가 사제관으로 파견되어 예를 거행하였다. 광해군은 김성일의 사면과 초유사 임명에 중요한 영향을 미친 인연이 있었고, 또 광해조의 집권세력이 정인홍으로 대표되는 북인 정권이었다는 점은 김성일의 사제와 관련하여 많은 것을 시사하고 있다.

광해군의 사제는 '鶴峯顯揚論'에 자극제가 되어 行狀(1617) 및 墓表(1619)의 찬술, 臨川鄕社의 陞院(1618) 및 廬江書院 配享(1620) 등 다양한 형태의 사업이 광해 연간에 추진되었다. 이런 일련의 분위기를 주도한 것은 정구였다.[111]

---

109) 金誠一, 『鶴峯年譜』(丙申)(1596).
110) 曺好益, 『芝山集』 권2, 「答李梧里元翼」 "而獨惜乎朝家增秩賜祭之典 尚不及焉 不但無以慰忠魂於九原 酬勳勞於旣往 亦何以激人心於板蕩 勸義士於方來耶 爲國謀猷者 於是乎失策矣 願相公還朝之日 一陳於絃繡之下也"
111) 정구는 行狀과 墓表의 찬술은 물론 묘표의 건립과 刻字까지 세심하게 지시했으며, 행장의 경우는 초고를 탈고한 후 여러 차례 수정을 거쳐 완성했다(鄭逑, 『寒岡集』 권5, 「答金活源澯」; 續集 권2, 「答金驪州」; 續集 권8, 「與權準甫」). 그리

이미 정구는 1607년 안동부사 재임시 김성일의 묘소에 치제하면서는 '忠毅道理論'으로서, 1619년에 지은 '鶴峯墓表'에서는 '正直忠誠論'으로서 김생일의 삶을 압축적으로 언명한 바 있다.[112]

충의는 골수에 가득 차 있고	忠義骨髓
도리는 심장 속을 관통했다는	道理心腸
옛 사람이 하였던 바로 이 말은	古人此言
그건 바로 공을 두고 한 말이었네	公實承當[113]

일본에 使命을 받들고 가서는 강직함을 지켜 흔들리지 않아 왕의 위엄을 멀리까지 선양했고, 명을 받들어 招諭함에 있어서는 지극한 정성으로 감동시켜서 한 지방을 진정시켰는바, 그 충성심은 社稷에 있고 그 이름은 역사책에 실려 있다.[114]

정구가 지은 여러 문자 가운데 김성일의 생애를 가장 포괄적이면서도 중요하게 기술한 것은 1617년에 지은 행장이었다. 여기에는 ① 威嚴·體貌를 중시하며 원칙론에 바탕하여 사행을 수행했고, 書契 수정을 통해 국체를 지키고자 했던 김성일의 관료적 자세, ② 民心安定論에 입각한 權道的 사행보고와 城池修築反對論, ③ 우도사림의 대대적인 호응 속에 의병을 조율·지휘하여 嶺南 및 國家를 보존케 했던 김성일의 초유사 및 경상우감사로서의 역량 및 공로가 자세하게 기술되었다. 퇴계·남명 양문의 고제라는 정구의 학문적 위상으로 인해 '鶴峯行狀'은 적어도 영남에서는 信筆로 인정받았고, 이후의 김성일 관련 문자도 여기에 바탕하여 찬술되었

고 1607년에 건립한 임천향사를 서원으로 승격할 것을 권유한 사람도 정구였다.
112) 이 두 글은 후일 尹宣擧로부터 강한 비판을 받는데, 이에 대해서는 각주85) 및 각주86) 참조.
113) 鄭逑, 『寒岡集』권12, 「祭金鶴峯墓文」.
114) 鄭逑, 『寒岡集』권13, 「金鶴峯墓表」 "其奉使日本 則正直不撓 而王靈遠暢 受命招諭 則至誠感動 而控制一方 忠存社稷 名載竹帛"

다. 정경세가 '鶴峯神道碑銘'에서 언명한 '東南砥柱論',[115] '臨川書院奉
安文'에서 언급한 '直潔忠節論'은[116] 정구의 '영남보장론'을 확충한 것이
었다. 이런 인식과 평가는 崔晛(鶴峯·寒岡門人), 鄭蘊(來庵·月川·寒岡門人),
金應祖(西厓·旅軒門人) 대에 이르면 '嶺南再造論'으로 다듬어지게 된다.

> 金鶴峯은 嶺南을 다시 살린 공이 있고, 金松菴은 한 지역을 방어한 공이
> 있으므로 두 사람의 사적을 자세히 기록하지 않을 수 없습니다. 들으니, 李公
> 魯氏에게 龍蛇錄이 있다고 하는데, 아마 이미 구하여 보셨을 것이라고 생각
> 합니다.[117]

특히 최현과 김응조는 '嶺南再造論'에 바탕하여 더욱 적극적인 주장
을 펼치게 되는데, 이른바 '疑惑解消論'이 그것이다.

> 대개 嶺南이 오랑캐 땅으로 되지 않은 것이 비록 義士들이 의병을 일으킨
> 공이라고는 하지만, 의병들이 종시토록 공을 이룰 수 있었던 것은 실로 선생
> 이 성의를 가지고 사람들을 감동시킨 데에서 말미암은 것이다.… 이에 지난
> 날에 선생을 알지 못하고 선생을 믿지 않던 자들도 모두들 칭찬하고 탄복하
> 게 되니, 선생을 알지 못하고 선생을 믿지 않는 자들이 없어졌다.[118]

---

115) 鄭經世,『愚伏集』권17,「有明朝鮮國贈嘉義大夫吏曹參判. 行嘉善大夫慶尙
　　道觀察使金公神道碑銘」"公爲砥柱 屹然東南"
116) 鄭經世,『愚伏集』권16,「臨川書院奉安祭文」"金剛矢直 玉潔壺淸 犯顔之忠
　　死難之節"
117) 鄭蘊,『桐溪集』권2,「與崔季昇晛書」"金鶴峯有再造嶺南之功 金松菴有悍
　　禦一方之力 二人事蹟 不可不詳錄 聞李公魯氏 有龍蛇錄云 想已求見耶否"
118) 金誠一,『鶴峯集』附錄 권3,「言行錄」(崔晛)"蓋嶺南之不胥爲夷 雖曰義士倡
　　率之功 而義兵之終始成就 實由於先生血誠之動人…向之不知不信者 至此而
　　翕然稱服 無有不知而不信者矣"

일본에 사신으로 가서 誠信이 오랑캐에게 드러나고, 경상우도에서 명을 받들어서 忠義가 士民들을 감동시켜, 왜인들의 짐승 같은 마음을 교화시키고, 망해 가는 나라를 다시 회복시킨 공을 이룬 다음에야, 지난날에 제대로 알지도 못하고서 선생에 대해 이러쿵저러쿵 하던 자들이 모두 다 선생을 바로 보게 되었다. 이것으로 말한다면 선생께서 험난함을 겪고 위급함을 당하였던 것은 불행이 아니라 다행인 것이다.[119]

사행에서의 志節, 임란 때 이룬 영남재조 및 국가중흥의 공로를 통해 김성일에 대한 저간의 의혹이 사라지게 되었다는 의미의 '疑惑解消論'은 선언적인 주장에 지나지 않을 수도 있다. 그리고 영남사림들이 '嶺南再造論'에 바탕한 '疑惑解消論'을 『鶴峯集』의 발문에까지 실을 수 있었던 것은 김성일 사후 약 50년에 걸쳐 전개된 신원 및 해명운동이 일정한 성과를 거두었음을 의미하는 것일 수도 있지만 동일한 시기에 서인들이 '실보오국론'을 강조하고 있었음을 고려할 때 양측의 주장과 입장은 여전히 평행선을 달리고 있었다. 그리고 이것은 학파 및 정파적 대립성이 더욱 심화되던 조선후기의 정치학문적 환경에서는 불가피한 흐름이기도 했다.

5. 맺음말

김성일은 학문적으로는 이황의 기대와 신뢰를 받은 제자로서 조선후기 퇴계학파의 확산에 중요한 역할을 담당한 학자였고, 정치적으로는 사림정치시대를 대표하는 관료의 한 사람으로서 동인[남인]의 영수로 위치지어졌다. 따라서 그의 학문·정치적 좌표는 남인·퇴계학파라는 틀 속에 존재할

---

119) 金應祖, 『鶴沙集』 권5, 「鶴峯先生文集後識」 "洎夫專對日域而誠信著於蠻貊 奉命江右而忠義動於士民 有以致狼心之化 辦取日之功 然後向之不知而談先生者 從而翕然隨以定 以此而言 先生之履險艱當急難 非不幸也 幸也"

수 밖에 없었고, 그에 대한 인식과 평가 또한 이 범주를 넘어서지 않았다.

김성일은 이황의 고제였지만 그의 기질과 성향은 여느 퇴계학파의 인사들과는 차별되는 것이 많았다. 원칙과 體貌를 중시하고, 바르지 못한 행위나 풍조에 대해서는 어전에서도 직언을 서슴지 않았던 과감성, 그로 인해 생겨난 '殿上虎', '鐵面御使' 등의 칭호는 그의 집안 또는 그가 속한 學派·政派가 만들어낸 찬사가 아니라 16세기 사림 및 공직사회가 인정했던 實語였다.

김성일은 이른바 3尹의 탄핵사건으로 인해 李珥와 정치적 마찰을 빚었고, 이 과정에서 東西和合을 망친 장본인으로 지목되었지만 그의 모든 정치적 발언과 행위를 당론적 차원에서 규정하는 것은 또 다른 형태의 당론적 폐단이자 부작용일 수 있었다. 동일한 학파·정파에 속한 동향의 선배 노수신의 부적절한 처신을 집요하게 비판·탄핵한 것과 기축옥사 과정에서 화를 당한 최영경의 신원을 주장한 건의는 결코 당론으로는 해석될 수 없었다. 그것은 오히려 김성일의 관료적 소신, 사림정치의 公論性이 추구했던 시대적 흐름에 충실코자 했던 의식의 반영으로 평가할 수 있었다. 이런 정황은 崔永慶의 신원을 요청한 김성일의 건의를 실록의 편찬자가 '淸論을 부식하는 행위'로 평가한 것에서도 일정하게 드러나 있었다. 특히 이 사안은 현실인식 및 대응방식에 있어 김성일이 남명학파의 인사들과 소통·교감될 수 있는 가능성의 근거로 해석할 수 있었다.

김성일은 1590년 3월 통신부사로서 일본에 사신으로 파견되었고, 꼬박 1년만인 1591년 2월 귀국하여 사행을 보고했다. 이 때 그는 민심안정론에 바탕하여 '왜군이 침략할 정형을 보지는 못했다(不見如許情形)'는 취지의 보고를 했고, 향후 추진된 무리한 국방강화책의 수정 및 중단을 촉구한 바 있었다. 이 과정에서 그는 문책성 인사를 당해 경상우병사로 부임하던 도중 임진왜란을 맞았고, 사행보고 및 국방강화에 대한 이론의 제기를 이유로 誤國의 장본인으로 치부·낙인되었다. 물론 그는 초유사 및 경상우병사로 활동하며 戰時 행정 및 작전을 원만하게 수행하였고,

또 의병을 성공적으로 조율·지휘함으로써 임란 초기 전세를 일전시키며 영남을 수호하는데 크게 기여한 것은 사실이었다. 그러나 이러한 공로에도 불구하고 그에 대한 인식과 평가는 근본적으로 달라지지 않았고, 그런 흐름은 오히려 그의 사후에 당론과 맞물려 보다 강조되는 추세를 타게 되었다.

사행보고 및 임진왜란 때의 활동과 관련된 사림계의 김성일에 대한 인식과 평가는 '失報誤國論'과 '嶺南再造論'으로 집약할 수 있다. 전자는 사행보고에 주안점을 둔 인식이고, 후자는 초유사 및 경상우병사로서의 활동을 강조한 평가라는 점에서 그 초점이 서로 달랐다. 그리고 '실보오국론'이 선조 및 서인계가 김성일을 바라보는 기본 관점으로서 攻勢的 성격을 가지고 있었다면 '영남재조론'은 광해군 및 동인계[특히 남인계]의 주장으로서 그 바탕에는 변명의 논리가 깔려 있었다.

'실보오국론'은 선조를 비롯하여 申欽·安邦俊·朴東亮·尹宣擧·朴世采·韓元震·黃景源 등을 통해 그 논의가 이어졌고, 17세기까지는 소론계, 18세기 이후에는 노론계가 논의에 중심에 있었다. 임진왜란이라는 미증유의 전란이 지니는 충격과 파괴력을 고려할 때, 서인계의 '실보오국론'은 정서상 공감의 여지가 큰 것이 사실이다. 하지만 일부 논의 중에는 사실 관계의 오류 또는 왜곡상이 적지 않게 노출되어 있다는 점에서 당론성을 강하게 띄고 있었는데, 그것은 주장의 신빙성과 정당성을 떨어뜨리는 요소로 지적할 수 있었다. 이 점에서 '실보오국론'은 류성룡·김성일 등 동인계[후일의 남인] 영수이자 퇴계학파의 수문에게 전란의 책임을 전가함으로써 영남남인 또는 영남학파의 정치적 진출을 원천적으로 봉쇄하기 위한 전략의 일환으로서 제기되었을 가능성을 조심스럽게 제기해 본다.

한편 '영남재조론'은 김성일의 일본사행은 국가의 체모와 왕의 권위를 세운 바람직한 공무수행의 과정이었고, '왜군이 침략할 정형을 보지 못했다'는 취지의 사행보고는 民心安定을 위한 부득이한 조처였으며, 일

본이 침략했을 때는 영남을 수호하는 공을 세우고 목숨을 바쳤다는 설명
구조를 가지고 있다. ① 사행에서 드러난 언행과 처신='節', ② 민심안
정론=養兵보다는 良民을 강조하는 사림정치의 仁政·王道論의 적용, ③
영남수호와 순국='忠'이라는 논리인데, 이 중에서도 ③이 가장 강조되
고 있다. 일견 상당히 설득력있는 논리구조를 갖추고 있는 듯 하지만 김
성일의 행위에만 초점이 맞춰져 있고, 무엇보다 결과론적 해석 또는 해
명의 요소를 배제할 수 없는 한계를 지닌다. 그리고 이런 주장이 영남남
인 또는 영남학파의 틀 속에 국한되어 있다는 점에서 이 또한 '실보오국
론' 못지 않게 정파·학파적 편향성이 강하게 반영되어 있었다.

이상에서 언급한 바와 같이 김성일에 대한 인식과 평가는 그것이 '실
보오국론'이든 '영남재조론'이든 정파·학파, 특히 당론적 이해 또는 입장
과 맞물려 '攻守構造'를 이루어 전개됨으로써 각기 '自作論理'의 틀을
벗어나지 못했다. 우리가 역사적 인물을 연구하는 것은 그 인물을 통해
시대상을 들여다보는데 목적이 있는 것이지 그 인물의 선악이나 공과를
따지는데 있는 것이 아니다. 이 점에서 김성일에 대한 사림계의 인식과
평가는 임진왜란사는 물론 인물 연구의 주의점과 관련하여 많은 것을 시
사하고 있다.

참고 문헌

1. 단행본

학봉김선생기념사업회, 『鶴峯의 學問과 救國活動』, 1993.
박희병, 『한국의 생태사상』, 돌베개, 1999.
이성무, 『조선시대당쟁사』, 동방미디어, 2000.

2. 논문

이수건, 「朝鮮後期 嶺南儒疏에 대하여」, 『斗溪李丙燾博士九旬紀念韓國史論叢』, 1985.

金彦鍾, 「鶴峯先生의 禮學」, 『鶴峯의 學問과 救國活動』, 학봉김선생기념사업회, 1993.

허선도, 「鶴峯先生과 壬辰義兵活動」, 학봉김선생기념사업회, 1993.

徐廷文, 「『退溪集』의 初刊과 月川·西厓是非」, 『北岳史論』 3, 國民大 國史學科, 1993.

김학수, 「廬江書院과 嶺南學統-17세기 초반의 廟享論議를 중심으로-」, 『朝鮮時代의 社會와 思想』, 朝鮮社會研究會, 1998.

정만조, 「月川 趙穆과 禮安地域의 退溪學脈」, 『韓國의哲學』, 경북대학교 퇴계연구소, 2000.

權五榮, 「鶴峯 金誠一과 安東地域의 退溪學脈」, 『韓國의哲學』 28, 경북대 퇴계연구소, 2000.

이상현, 「月川 趙穆의 陶山書院 從享論議」, 『北岳史論』 8, 北岳史學會, 2001.

김학수, 「고문서를 통해 본 조선시대 증시행정」, 『고문서연구』 23, 한국고문서학회, 2003.

朴賢淳, 「16~17세기 禮安縣 士族社會 研究」, 서울대 박사학위논문, 2006.

김학수, 「17세기 嶺南學派 연구」, 한국학중앙연구원 한국학대학원 박사학위논문,

2008.

이현진, 「鶴峯 金誠一의 禮學과 『喪禮考證』」, 『역사문화논총』 4, 역사문화연구소,
   2008.

3. 원전

국역 『학봉전집』; 『율곡전서』; 『석담일기』; 『고대일록』; 『朝鮮王朝實錄』; 李
滉, 『退溪集』; 金誠一, 『鶴峯全集』; 金龍洙編, 『鶴峯門人錄』; 李家煥, 『錦
帶詩文抄』; 李萬敷, 『息山集』; 李植, 『澤堂別集』; 許穆, 『記言』; 『厚光世帖』,
李珥; 『栗谷全書』, 『石潭日記』; 朴世采, 『南溪集』; 閔仁伯, 『苔泉集』; 申欽,
『象村稿』; 安邦俊, 『隱峯全書』; 鄭逑, 『寒岡集』; 尹宣擧, 『魯西遺稿』; 趙
翼, 『浦渚集』; 朴東亮, 『寄齋史草』; 金尙憲, 『淸陰集』; 韓元震, 『南塘集』;
蔡濟恭, 『樊巖集』; 黃景源, 『江漢集』; 李瀷, 『星湖集』; 『星湖僿說』; 李肯
翊, 『燃藜室記述』; 鄭慶雲, 『孤臺日錄』; 吳希文, 『瑣尾錄』; 金宇顒, 『東岡
集』; 曺好益, 『芝山集』; 趙任道, 『澗松集』; 鄭經世, 『愚伏集』; 金應祖, 『鶴
沙集』.

임진왜란사의 庚寅通信使 관련 역사서술의 문제

김돈*

1. 머리말

庚寅通信使는 1590년(선조 23) 3월에 한양을 출발하여 이듬해 3월에 다시 한양으로 돌아왔다. 사행은 주지하듯 정사 黃允吉, 부사 金誠一, 그리고 서장관 許筬 등으로 구성되었다. 경인통신사는 통신사의 이름으로 실제 사행이 이루어진 1443년(세종 25)이후 약 150년만이었다. 이 시기동안 조선은 三浦倭亂(1510, 중종 5)과 壬申約條(1512, 중종 12), 蛇梁鎭倭變(1544, 중종 39)과 丁未約條(1547, 명종 2), 그리고 乙卯倭變(1555, 명종 10) 등의 사건에서 보듯, 왜구의 왜변에 부심하면서 대마도를 통해 일본과의 관계를 유지하고 있었다.

경인통신사의 파견은 일본의 요청에 의해 이루어진 것이었으나 조선과 일본의 대외관계를 새롭게 모색해 나갈 수 있는 전환점의 의미를 지니고 있었다. 그러나 조선이 주도권을 쥐고 이 사행을 활용하여 대일관계의 새로운 전환을 모색하기에는 근본적인 한계가 있었다. 오랜 동안의

* 서울과학기술대학교 교수

국교단절로 인해 무엇보다 당시 일본의 실질적인 변화상을 제대로 파악하지 못하고 있었기 때문이었다.

지금까지 임진왜란사의 서두에 등장하는 경인통신사에 대해서는 당시 이들이 일본 정황을 어떻게 파악했는가 하는 보고여부에 마치 조선왕조의 모든 명운이 걸려있는 것처럼 인식해 왔다고 할 수 있다. 이 때문에 대부분의 개설서는 임진왜란사의 서두에 정사와 부사간의 입장 차이를 거론하고, 그 입장 차이는 당파가 달라서이며, 이로 인해 일본의 침략을 제대로 막아내지 못한 탓으로 엄청난 피해가 야기되었다는 식으로 서술되어 왔다. 그동안 임진왜란사 관련 연구가 진척되면서 이러한 서술방식이 상당부분 완화되긴 하였으나 여전히 개설서에 등장하고 있다.[1]

이로부터 영향을 받은 일반인들의 경인통신사와 관련된 통상적인 역사인식 및 이해수준도 여기에서 크게 벗어나 있지 않다. 그러나 그 동안 한국사학이 발달하고 일반인들의 역사이해 수준도 높아졌다는 점을 고려할 때, 1591년에 발생한 경인통신사의 상반된 보고가 과연 어떠한 의미를 지니는지 임진왜란 발생 七周甲을 맞는 이 시기에 과감 없이 검토할 필요가 있다.

따라서 본고에서는 경인통신사에 관한 서술방식이 언제부터 어떻게

---

1) 임진왜란사의 연구 성과에 대해서는 다음 논고가 있다. 한일관계사연구회논집 편찬위원회, 『임진왜란과 한일관계』, 景仁文化社, 2005; 조원래, 『임진왜란사 연구의 새로운 관점』, 아세아문화사, 2011; 이 연구사 정리 및 소개에서도 경인 통신사에 관한 실증적 연구는 찾아보기 힘들다. 다만 김성일과 관련해서는 다음 논고가 있다. 鶴峯金先生紀念事業會, 『鶴峯의 學問과 救國活動』, 驪江出版社, 1993; 民族文化推進委員會, 『鶴峯 金誠一의 學問과 救國活動』, 『鶴峯全集』 完譯·完刊 기념학술회의자료집, 2002; 김명준, 『임진왜란과 김성일』, 백산서당, 2005; 이해영, 『학봉 김성일의 생각과 삶』, 한국국학진흥원, 2006; 오바타 미치히로, 「鶴峯 金誠一의 日本使行에 대한 思想的 考察」, 『韓日關係史研究』 10, 1999; 金貞信, 「16世紀末 性理學 理解와 現實認識- 對日外交를 둘러싼 許筬과 金誠一의 갈등을 중심으로」, 『朝鮮時代史學報』 13, 2000; 방기철, 「鶴峯 金誠一의 對日認識」, 『인문과학논총』 42, 2004.

등장하여 서술되어 왔는가 하는 점을 사학사적 측면에서 정리해 보고, 과연 역사인식 및 역사교육적 측면에서 어떠한 서술방식이나 인식태도가 필요한지 고찰하고자 한다.

2. 경인통신사 관련 사학사적 고찰

1) 해방이전의 서술경향

일제관학자들에 이해 창출된 식민사관의 두 가지 관념지주가 정체성론과 타율성론이고, 그리고 타율성론을 입증하는 논리중의 하나가 당파성론임은 주지의 사실이다. 당파성론은 당파 및 당쟁에 관한 긍정과 부정의 두 가지 입장 가운데, 후자의 비판적 당쟁관을 우리의 민족적 특성으로 도출하여 실증해 간 왜곡된 논리였다. 다시 말해 당파성론은 조선왕조말기에 이르러 자기반성적 차원에서 제기된 비판적 당쟁관을 토대로 일제의 침략야욕이 학문외적으로 가중되면서 등장한 식민통치의 이념적 도구의 하나였다.[2]

林泰輔(1854~1922)는 일제 강제병합 이전부터 이와 같은 입장을 바탕으로 한국사 개설서를 저술하여 일인 및 한국인의 역사인식에 크게 영향을 끼친 대표적인 일제관학자였다.[3] 그는 『朝鮮近世史』(상권, 제6장 임진의 난)에서 경인통신사 관련 내용을 서술하였다.[4] 그는 "宣祖初에 東人西人論이 처음 일어나 黨同伐異의 風行뿐 아니라 紀綱이 점점 무너져 武

---

2) 졸고, 「朝鮮後期 黨爭史 硏究의 현황과 국사 교과서의 敍述方式」, 『歷史敎育』 39, 1986, 6~16쪽.
3) 金容燮, 「日本·韓國에 있어서의 韓國史敍述」, 『歷史學報』 31, 1966, 129쪽.
4) 林泰輔는 1892년에 고대에서 고려까지를 太古史·上古史·中古史로 분류하여 『朝鮮史』 5권, 1901년에 조선시대를 상·하권으로 분류하여 『朝鮮近世史』(吉川半七) 2권, 그리고 1912년에 이것을 묶어 『朝鮮通史』(富山房)로 간행하였다.

備廢弛하고 사람들 모두 怠惰해 졌다"(68쪽)고 하여, 임진왜란이전의 내
정이 붕당의 폐해로 인해 武備가 제대로 구축되지 못했음을 임진왜란사
의 서두에서 지적하고 있다. 이어서 경인통신사 관련 내용을 다음과 같
이 서술하고 있다.

> (가) 이때를 당하여 日本은 豊臣秀吉이 이미 國內를 掃蕩하여 覇權을 掌握
> 하고 길을 朝鮮에 빌려 明을 征伐한다고 하여 宣祖 22년 宗義智를 파
> 견하여 이를 알리게 하고 義智는 반드시 聘使를 맞이하여 함께 돌아오
> 도록 하였다. 朝議紛然하여 결정되지 않다가 마침내 李德馨, 柳成龍 등
> 의 말로 인해 논의가 비로소 정해져 宣祖 23년 僉知 黃允吉을 通信使
> 로 하고 司成 金誠一을 副使로 하고 典籍 許筬을 書狀官으로 하여 義
> 智와 함께 일본에 초빙되었다. 秀吉은 答書를 보내 길을 인도하여 明으
> 로 들어갈 것을 요구하다. (寬政重修諸家譜, 朝鮮征伐記, 懲毖錄, 漢陰
> 年譜, 隱鋒野史別錄, 國朝寶鑑, 寄齋雜記, 燃藜室記述, 朝野輯要)

> (나) 宣祖 24년 允吉 등이 돌아왔다 允吉, 筬 등은 모두 말하길 秀吉의 眼光
> 이 炯炯하고 膽智가 있어 반드시 大擧侵入할 것이라고 하였다. 誠一 홀
> 로 그가 만약 침입해 온다고 하더라도 두려워할 바가 없다고 하였다. 논
> 의하는 자들이 혹은 允吉을 혹은 誠一의 입장을 주장하였다. 대개 성일
> 은 東人이고 윤길은 西人인 까닭에 각각 그 黨을 庇護하고, 王은 誠一
> 을 善使라 하여 堂上으로 階하고 모든 防備를 罷하지 않더라도 실제로
> 점점 傳播하였다. 軍官 黃進은 誠一의 欺罔을 논하여 이를 斬해야 한
> 다고 하기에 이르렀다. (燃藜室記述, 懲毖錄, 隱鋒野史別錄, 國朝寶鑑,
> 朝野會通, 華海彙編)

> (다) 王은 또한 情狀을 明에 아뢸 것인가의 可否를 의논하게 하였다. 大司憲
> 尹斗壽는 일이 上國에 관계되므로 마땅히 속히 奏聞해야 한다고 하였

다. 領相 李山海는 이를 아뢰면 우리가 사사로이 日本과 내통한다고 할
수 있으므로 隱諱하자고 하였다. 左相 柳成龍 金睟 등은 山海의 말과
같다고 하였다. 兵曹判書 黃廷彧 柳根 朴東賢 등은 斗壽의 의견에 따
랐다. 王은 廷彧으로 하여금 奏本을 작성토록 하고 賀節使 金應南으로
하여금 明에 알리도록 하였다. (燃藜室記述, 國朝寶鑑, 隱鋒野史別錄,
華海彙編, 文獻備考, 日月錄, 寄齋雜記, 石室語錄)[5]

이와 같이 1590년(선조 23) 경인통신사의 파견이 일본 측의 요청에 의
해 이루어져 명을 정벌하기 위해 조선의 길을 빌려 줄 것을 요구하는 내
용(가), 1591년(선조 24)에 돌아와 豊臣秀吉에 대한 인물평과 함께 일본의
침략 여부에 대한 상이한 보고 내용(나), 그리고 이러한 정상을 명에 알릴
것인가에 관한 신료들의 논의 내용(다) 등 크게 세 부분으로 나누어 경인
통신사의 사행에 대해 서술하였다. 이후 간행된『朝鮮通史』에서는 임란
관련 서술이 이 보다 좀 더 상세하지만 전체적인 맥락은 동일하였다.[6]

이러한 경인통신사 관련 내용과 함께 주목되는 것은 서술내용에 뒤이
어 참고한 문헌을 구체적으로 제시하고 있다는 점이다. 위에서 보듯 경인
통신사 관련 서술에 공통으로 참고한 문헌은『燃藜室記述』과『隱鋒野史
別錄』이다. 황윤길과 김성일의 입장 차이에 대해『燃藜室記述』에서는
동·서인의 당파적 관점에서 비롯되었다는 점을 밝히고 있다. 반면『隱鋒
野史別錄』에서는 두 사람의 입장차이가 당파 때문이라는 직접적인 언급
을 찾아볼 수 없으나 기본적으로 서인계의 입장을 나타내고 있다. 두 책
모두 林泰輔의 임진왜란 서술에 이용되었고, 당파적 관점의 서술에 영향
을 끼쳤다고 할 수 있다.[7] 특히 그는『朝鮮近世史』의 '例言'에서「燃藜

5) 林泰輔,『朝鮮近世史』, 69~70쪽.
6) 다만 金誠一이 豊臣秀吉의 생김새를『朝鮮近世史』에서는 언급하지 않은 반면,
『朝鮮通史』에서는 "秀吉의 눈이 쥐와 같아서 두려워 할 바 없다"(318쪽)는 식으
로 구체적으로 표현하였다. 또한『朝鮮近世史』에서는 서술에 참고한 문헌을 제
시한 반면,『朝鮮通史』에는 생략되어 있다.

室記述』의 문헌적 성격을 상세히 설명하고, 이 책을 주로 이용하여 서술했음을 밝히고 있다.8) 이밖에 林泰輔가 조선시대의 편년체 사서인『朝野會通』과『朝野輯要』, 야사류인『寄齋雜記』, 기사본말체의 당론서인『華海彙編』을 통해 조선시대의 역사 및 당쟁관계를 상세히 파악하고 있었음을 알 수 있다.

　이후 林泰輔의『朝鮮通史』는 한국사 서술체제에 있어서 전통적인 역사서술에서 벗어나 근대적인 역사서술로 전환하는데 크게 영향을 준 개설서로 자리 잡게 되었다. 소개되거나 읽혀지는 정도가 아니라 玄采(1856~1925)에 의해『東國史略』(普成舘, 1906)으로 편역되었다.9) 물론 편역하기는 하였으나 한국인의 처지에서 긍정할 수 있도록 한국 측의 입장에 맞도록 고치거나 증보하기도 하였다.10) 그러나 임진왜란사의 경인통신사 관련 내용은 임태보의 林泰輔의『朝鮮近世史』및『朝鮮通史』의 서술경향을 그대로 이어받아, 다음과 같이 거의 동일하였다.

　　(가-1) 日本은 豊臣秀吉이 國內를 掃蕩하고 覇權을 握한지라, 이에 朝鮮에
　　　　　假道하야 明國을 攻코자 할 새 宣祖 22년, 距今 318년 前에 宗義智
　　　　　를 遣來하여 其事를 請할 새 義智가 報聘使를 邀하여 日本에 共往하
　　　　　고자, 하거늘 朝議가 紛然하다가, 마침내 李德馨, 柳成龍의 議를 從
　　　　　하여 23년에 黃允吉로써 通信使를 拜하고 金誠一로써 副使를 拜하고
　　　　　許筬은 書狀官을 差하여 義智로 더불어 日本에 聘하니 秀吉이 答書
　　　　　中에 我를 脅迫하여 明을 伐코자 하거늘

---

7)『練藜室記述』권15, 宣祖朝故事本末 '壬辰倭亂 大駕西狩'.『隱鋒野史別錄』
　　壬辰錄.『隱鋒野史別錄』은 일본에 전해져 1849년에 敍題, 序讚, 跋文을 붙여
　　간행되었다.
8) 林泰輔,『朝鮮近世史』, 2~3쪽.
9)『東國史略』은『朝鮮通史』와 동일한 체제인 太古史·上古史·中古史·近世史로
　　분류하여 전 4권으로 편역, 간행하였다.
10) 김용섭, 전게논문, 131~133쪽.

(나-1) 24년에 允吉 등이 還할새 允吉과 筬 등은 皆曰 秀吉의 眼光이 炯炯
하고 膽智가 有하니 必然大擧 入寇한다 하되 誠一은 獨曰 彼가 萬
萬코 不來하리니 無慮하다 하니 議者 或은 允吉을 主하고 或은 誠一
을 主하니 大抵 誠一은 東人이오 允吉은 西人이라 故로 各其 其黨
을 護함이라 上이 誠一이 善使하였다 하야 官資를 陞하고 漸漸 防備
를 罷하니 軍官 黃進이 誠一의 欺罔한 罪를 論하여 斬하기를 請하였
나이다.

(다-1) 上이 또 此狀을 明國에 通코자 하니 大司憲 尹斗壽는 此事가 明國에
係하니 速히 通知함이 可라 하고 領相 李山海는 此를 告하면 日本과
私通함과 如하니 後日을 竢함이 可라 하거늘 柳成龍과 金睟 등은 山
海의 言과 如하고(成龍이 後에 允吉의 言을 從하다) 黃廷彧 柳根 朴
東賢 등은 斗壽의 言을 從하는 지라 上이 이에 韓應寅으로 하여금
明에 通知하였나이다.[11]

위의 (가), (나), (다)와 (가-1), (나-1), (다-1)의 서술내용은 거의 대동소이
하다. 특히 (나)와 (나-1)의 밑줄 친 부분에서 정사 황윤길과 부사 김성일
이 상이한 일본의 정상을 보고한 원인을 동일하게 동·서인의 갈등에서
찾고 있다.

이와 같이 경인통신사의 귀국보고 가운데 쟁점이 된 일본의 침략여부
에 관한 상반된 보고내용을 황윤길이 서인이고 김성일이 동인 때문이라
는 당파성론에서 비롯된 극단적으로 단순화된 논리는 일제하에서 黃義
敦과 崔南善에 의해 임진왜란의 직접적인 원인으로 간주·서술되었다.

(라) 明宗 10년 이후로 30여 년간 國交가 斷絶하야 日本의 內政이 漠然함으

11) 玄采, 『東國史略』, 54~56쪽.

로 그를 偵察키 爲하야 通信使의 名義로 23년(庚寅)에 上使 黃允吉 副
使 金誠一을 派送하얏더니 翌年(辛卯)에 通信使 復命하되 黃允吉은
入寇說을 주장하고 金誠一은 非入寇說을 主張하야 서로 論爭할새 黃
은 西人이요 金은 東人임으로 柳成龍 李山海 등 當時에 得勢한 東人
輩가 金을 右袒하야 武備를 盡罷하고 滿朝가 晏然하야 昇平夢에 醉臥
하얏더라12)

(마) 宣祖 23년 3월에 黃允吉, 金誠一을 報聘의 正副使로 하야 일본으로 派
送하얏더니 兩人이 그 京都에 이르러 秀吉을 接見하고 翌年 3월에 돌
아와서 報하메 黃은 日本이 兵船을 만히 準備하야 禍가 不遠에 發하리
라하고 金은 그런 情形을 보지 못하얏는데 允吉이 공연한 말로 人心을
搖動한다 하며 秀吉의 人物에 對하여도 黃은 眼光이 炯炯하야 膽智의
人이라하고 金은 鼠目이라 두려울 것이 없다하여 言言이 相左하니 대
개 黃은 西人이오 金은 東人이라 각각 黨意를 바다서 이렇게 主張을
달리함인데 金의 말이 苟安을 貪하는 廷臣 等의 뜻에 마짐으로 金을 올
타하야 얼마쯤 着手하얏든 防備를 도로 中止까지 하얏더라13)

(라)에서 황의돈(1887~1964)은 '임진의 난'의 原因이라고 적시하고, 결국
당쟁으로 인해 두 사람이 入寇說과 非入寇說이라고 하는 상반된 견해를
나타냈다고 더욱 직접적으로 주장하였다.14) (마)에서 최남선(1890~1957)은
상반된 병화의 정형이 豊臣秀吉의 얼굴 생김새로 확인되며, 결국 이러한
입장의 차이가 黨意에서 비롯되었다고 강조하였다.

요컨대 임진왜란사의 서두에 등장하는 경인통신사 관련 내용은 일제

---

12) 黃義敦, 『新編朝鮮歷史』, 以文堂, 1923, 128~129쪽.
13) 崔南善, 『壬辰錄』, 東明社, 1931, 4~5쪽.
14) 黃義敦의 역사학에 대해서는 조동걸 외 엮음, 『한국의 역사가와 역사학』(하, 창작과
    비평사, 1994, 123쪽) 참고할 것.

의 강제병합 이전 시기부터 등장하였으며, 또한 林泰輔의『朝鮮近世史』
와 현채의『東國史略』의 관련 내용 및 서술방식이 거의 동일하였다. 즉
일본 측의 요청에 의해 경인통신사의 사행이 이루어졌고, 귀국이후 일본
측의 병화 정상에 대한 보고에서 상반된 견해가 등장한 것은 당파가 달
랐기 때문이며, 그리고 이러한 일본 측의 동향을 명에 알릴 것인가의 여
부를 둘러싼 논란 등 세 부분으로 이루어졌다. 황의돈의『新編朝鮮歷史』
와 최남선의『壬辰錄』에서는 주로 귀국보고의 상반된 내용을 중심으로
서술하였다. 하나같이 일본 측의 병화 징후에 대한 상반된 보고는 黨意
와 黨派가 달랐기 때문이라고 강조하였고, 결국 이것이 임진왜란이 일어
나게 된 원인이라고 간주하였다. 그리고 병화 징후의 확실한 근거는 각
각 자의적으로 판단한 豊臣秀吉의 용모였다. 이와 같이 경인통신사 관련
내용 가운데 초점이 된 상반된 귀국보고의 원인이 특별한 이론이 제기되
지 않은 채 으레 당파에 의해 당의를 반영하면서 이루어진 것으로 주장
되었다. 그리고 이러한 입장은 일제하에서 한국인 역사가들의 역사서에
그대로 반영되어 서술되었다.

2) 해방이후의 사학사적 고찰

해방이후 경인통신사 관련 내용은 주로 개설서에서 일본 측의 병화
정황에 대한 상반된 보고를 중심으로 서술되었다.

먼저 이병도는 상반된 보고가 과연 당색 때문일까라는 주목할 만한
의문을 제기하였다. 관련 내용을 살펴보도록 하자.『朝鮮史大觀』을 개
정·증보한『國史大觀』(普文閣, 1949),『韓國史大觀』(普文閣, 1972)에서도 이
부문 서술내용은 대동소이하였다.

前次의 倭使로부터 交涉이 不如意하면 兵禍가 演出될지 모으리라는 暗
示를 받았던 터이므로 朝廷에서도 과연 秀吉의 態度가 어떠한가를 偵察하

기 위하여-겉으로 그 要求대로 報聘을 標榜하고-宣祖 23년에 黃允吉·金誠
一 등을 通信使로 삼아 일본에 보냈었다. 兩使의 回還은 翌 24년 3월이었는
데 秀吉의 書中에는 明을 칠 터이니 먼저 와서 入朝하라는 등, 더욱 오만하
기 짝이 없는 글귀를 늘어놓았다. 允吉의 復命은 반드시 兵禍가 있을 것이라
함에 대하여 誠一은 그러한 情形같이는 보이지 아니하니 걱정 없다 하였다.
宣祖로부터 秀吉의 용모는 어떻더냐 함에 대하여 允吉은 '그 눈이 광채가
있어 膽과 智略이 있어 보인다.'하고 誠一은 '그 눈이 쥐와 같아 두려울 것
이 없다.'하였다. 이와 같이 兩人의 所見이 대단 달랐다. 允吉은 西人이요
誠一은 東人이기 때문에 이렇게 말이 일치치 아니하였다고 전하나 이는 다
시 생각하여 볼 問題이다. 아무리 黨爭이 심한 때 이기로 국가의 何等 重大
한 일에 黨色을 띠고 거짓말을 했을까? 가 문제이다. 誠一에 對한 辯護가
아니라 그의 所見은 勿論 잘못된 것이지만 自己의 主觀에는 秀吉의 態度가
虛張聲勢와 같이 보였기 때문에 이로써 너무 上下의 人心을 刺戟시키는 것
이 不可하다고 생각되었던 모양이다. 그러나 認識錯誤는 틀림없는 것이었고
더구나 重大한 使命을 띠고 갔던 사람의 觀察이 이 모양으로 迂闊하였으니
그 責任은 그가 지지 아니할 수 없는 것이다. 宣祖以下 諸臣이 누구의 말을
믿을지 모를 이때에 誠一과 同門同窓인 柳成龍은 '설령 秀吉이 쳐들어온다
해도 두려울 것이 없을 듯하다.'하여 너무도 認識不足의 姑息的 慰安의 말
을 하였다. 何如튼 衆議는 半信半疑, 無事를 爲主하던, 당시이므로 國防에
있어서도 그다지 緊急한 積極的 조치를 取하지 아니하였다. 그러나 倭使의
往來로 因하여 人心은 매우 소동되었고 李珥·成渾의 門人인 趙憲은 前年
에 上書하여 倭使의 목을 베어 강경한 태도를 보이자고까지 말하였다. 急을
告하는 邊報가 빈번히 들어오매 無事를 希望하던 朝廷에서도 드디어 防禦
에 着手하게 되었지만 때는 이미 늦었다.[15]

---

15) 李丙燾, 『朝鮮史大觀』, 동지사, 1948, 378~379쪽.

　　무엇보다 이 서술에서 주목되는 것은 일본 측의 병화 징후를 黨色 때문에 상반되게 파악하지 않았으리라고 하여 처음으로 상반된 보고에 담긴 문제점을 제기한 점이다. 김성일에 대한 변호가 아니라는 점을 전제로 하면서 아무리 당쟁이 심한 때였다 하더라도 외적의 침략이라고 하는 국가의 중대한 문제를 당색 때문에 다르게 말한다는 것은 이해할 수 없다는 것이다. 지금까지 두 사람의 상반된 보고는 으레 당색 때문이며 이로 인해 일본 침략에 대한 방비를 제대로 하지 못하여 임란이 초래되었다는 이른바 당파적 관점의 해석에 대해 문제를 제기할 수 있는 여지를 처음으로 제시했다고 할 수 있다.

　　그러나 이러한 중요한 지적을 처음으로 하였으나 그렇다면 왜 상반된 보고를 하였을까, 상반된 보고를 접했을 때 과연 당시 조정은 어떠한 대비를 해야 했을까, 豊臣秀吉의 용모를 근거로 한 상반된 보고를 과연 어떻게 판단해야 할 것인가 등등에 대한 추가적인 서술은 이 이루어지지 못하였다.

　　또한 일본 측의 침략의도에 대해 언제라도 상반된 보고가 있을 수 있는데, 이에 대처하는 조정의 분위기를 "중의는 반신반의 무사를 희망하던 당시이므로", "무사를 희망하던 조정", 그리고 "국방상에 있어서도 그다지 긴급한 적극적인 조치를 취하지 아니하였다"고 서술함으로써 경인통신사 사행이후 조정의 안이한 대처가 보다 중요한 문제였음을 적절하게 지적하였다.

　　진단학회 『韓國史』는 해방이후의 연구 성과를 학회차원에서 최초로 집대성한 개설서였다. 록펠러재단의 기금을 토대로 1959년에 발간을 시작하여 1965년에 전7권으로 간행하였다. 아직 한국사에 대한 본격적인 연구가 이루어지기 않았고 상당부분은 일제시기의 연구 성과에 입각하고 있었다.

　　　通信使 一行은 翌年 3월 서울에 돌아와 日本의 情勢를 報告하니, 西人 黃允吉은 '日本이 많은 兵船을 準備하고 있어 필경 兵禍가 있으리라'하였

으나 東人의 金誠一은 '來寇할 情形을 보지 못하였다'하여 각각 反對의 觀察이었다.

(주1) 이리하여 朝臣 가운데서도 혹은 黃允吉의 說을 옳다하고 혹은 金誠一의 論이 옳다 하여 意見이 紛紛하였으니,

(주2) 이것은 물론, 한편은 닥쳐오는 危急에 對備할 必要를 力說한 것이요 또 한편은 人心을 動搖시키지 않고자 하는 뜻이 있었다 하더라도, 東·西의 派爭이 尤甚하던 당시에 事實 如何를 不問하고 自黨의 使節을 庇護한 結果도 있었던 것이다. 僥倖을 바라던 당시의 朝廷은 半信半疑 가운데 一縷의 樂觀으로 金誠一의 意見에 기울어져 苟安과 無事를 바랄 뿐이요, 이에 앞서 諸道에 命하여 防備를 强化케 하던 것도 中止되고 말았다. 그러나 日使의 往來로 人心은 매우 洶洶하였다.이 使行이 가지고 돌아온 豊臣秀吉의 書意는 明에 직접으로 關係되는 일인데, 朝鮮으로는 물론 이를 受諾할 일이 되지 못하였으나, 이 事由를 明에 通報하느냐의 與否가 問題되다가,

(주3) 결국 聖節使 金應南이 入明하는 편에 다만 '傳聞에 의하여 日本의 情狀을 通告한다'고 하게 하였다. 이에 앞서 明은 琉球로부터 '琉球의 使臣을 接見한 豊臣秀吉이 征明의 뜻을 말하였다'는 報告를 듣고 있었고, 또 明人으로서 日本에 갔던 者로부터도 이 外征計劃의 報告를 받았으며, 거기에 또 '朝鮮이 日本의 嚮導가 되어 來攻하리라'는 流言조차 돌고 있던 터이었으므로, 明에서도 이것을 事實로 믿으려는 傾向이 濃厚하였다. 이때 마침 金應南의 通告로 그 疑惑은 다소 풀리게 되었으나, 그래도 明은 朝鮮의 態度를 譴責하였고, 宣祖는 이에 다시 知事 韓應寅을 보내어 이를 疏辯케 하였다.

(주1) 豊臣秀吉의 爲人에 대해서도 黃允吉은 '眼光이 炯炯하고 膽略이 있어 보였다'고 함에 대하여, 金誠一은 '鼠目이라 두려워할 바 못된다'고 하여 역시 觀察이 正反對였다 한다.

(주2) 이때 書狀官 許箴은 東人이었으나 黃允吉과 意見을 같이 하였으며, 金誠一에 隨行하였던 黃進도 金誠一의 誣罔을 論하고 이를 處斷할 것을 主

張하기까지 하였다. 그러나 朝廷은 金誠一이 日本의 滯在 중에 豊臣秀吉의
書契에 쓰인 閣下·方物·入朝 등 語句에 대하여 그 不當을 力說한 바 있고,
또 日本의 宣慰使 小西行長 및 對馬島主 宗義智에 대한 答書를 擬作한 바
그 言辭가 痛切하다 하여 金誠一을 善使라 하였다. 金誠一은 倭亂이 일어난
뒤, 이때의 報告錯誤의 責任으로 重罪를 받을 뻔하다가 特赦되어 招諭使가
되니, 決死報國의 뜻으로 義兵을 募集하다가 翌年에 病死하였다.

　　(주3) 이때 領議政 李山海, 左議政 柳成龍은 '日本의 入寇가 不確實하
다'는 것과 또 '이를 알리면 明이 朝鮮과 日本의 共謀로 疑心하기 쉽다'는
것으로써 이를 反對하니 副提學 金睟 등 東人一派가 이에 좇고, 大司憲 尹
斗壽는 '事大의 義理가 있고 또 朝鮮이 이를 알리지 않더라도 이는 早晚間
에 明에 알려질 것'이라 하여 通報를 主張하니 兵曹判書 黃廷彧 등 西人이
많이 이에 좇아, 이 역시 容易한 決定을 보지 못하던 중, 左承旨 柳根이 折
衷의 案을 내어 通報함이 可當은 하나 일일이 直告치 말고 機會를 좇아 대
강을 알리자고 하여 이렇게 決定이 되었다.[16]

　각주까지 부기하면서 경인통신사의 사행관련 내용을 상세히 서술하
였다. 주목되는 것은 일본 측의 침략 의도에 관한 상반된 보고에 대해
당파적 성향이 있었음을 완전히 배제하지는 않았으나, 황윤길의 보고를
"닥쳐오는 위급에 대비할 필요를 역설한 것"이며, 김성일의 보고를 "인
심을 동요시키지 않고자 하는 뜻"이 있었다고 하여, 정사 및 부사의 보고
에 담긴 본래의 의도를 중시하여 서술했다고 하는 점이다.

　이와 같이 일본 측의 침략의도에 관한 상반된 보고에 대해, 정사 및
부사의 두 사람이 말한 본래의 의도를 중시한 진단학회『韓國史』의 서
술은 당색에서 비롯된 것이 아니라는『朝鮮史大觀』의 지적과 함께, 향후
경인통신사 사행에서 가장 커다란 쟁점이 되어 온 이 문제를 새롭게 이
해할 수 있는 방향을 제시했다고 할 수 있다.

───────────────

16) 震檀學會,『韓國史(근세전기편)』, 을유문화사, 1962, 602~603쪽.

진단학회 『韓國史』 편찬이후의 연구 성과를 집대성한 국사편찬위원회 구편 『한국사』는 임진왜란사에 대한 서술 분량도 보잘 것 없었지만 경인통신사 관련 내용도 종래의 입장에서 벗어나지 못하였다.

> 통신사 일행은 3월에 입경하여 복명하는 자리에서 정사 황윤길은 왜가 반 듯이 입구할 것이라 한데 반하여 부사 김성일은 왜가 침범할 동정이 없다고 상반된 보고를 하여 이에 따라 정신들도 양파로 나누어졌다.
> (주)이는 황윤길은 서인이고 김성일은 동인이었으므로 당파적인 엇갈림도 있었으나 하여간 조정의 의견이 통일되지 못하여 양론으로 갈렸다.
> (주)懲毖錄에 의하면 金誠一의 주장은 꼭 倭軍이 침공하지 않는다는 뜻 이 아니라고 하였다.[17]

황윤길·김성일의 상반된 보고가 廷臣들의 분열을 조장했으며, 여기 에는 당파적 갈등도 영향을 주었다고 서술하고 있다. 각주에서 『懲毖錄』 을 인용하여 김성일이 본래 의도한 바를 밝히고 있으나, 왜 상반된 보고 가 초래되었는지, 상반된 보고가 의미하는 바가 무엇인지 등에 대한 서 술이 없고, 너무 축약된 내용이어서 상반된 보고의 주된 요인이 오직 당 파적 갈등에서 비롯되었다고 이해하게 된다.

국사편찬위원회의 이른바 신편 『한국사』는 해방이후 90년대 초반까 지의 한국사 연구 성과를 총 집약한 개설서이다. 앞서의 구편 『한국사』 에 비해 한국사학계의 연구역량을 하나로 모아 더욱 체계적으로 편찬하 였다. 경인통신사 관련 내용도 다음과 같이 세 부분에서 서술되었다.

> (2쪽 개요) 통신사 일행은 선조 23년(1590) 3월에 서울을 출발하여 이듬해 3월에 서울에 돌아왔는데 正使 黃允吉과 副使 金誠一의 보고가 서로 달랐

---

17) 국사편찬위원회, 『한국사(12 양반사회의 모순과 대외항쟁)』, 탐구당, 1981, 282쪽.

다. 정사는 일본이 많은 兵船을 준비하고 있어 반드시 병화가 있을 것이며, 풍신수길은 안광이 빛나고 담략이 있어 보인다고 보고한 반면, 부사는 침입할 낌새를 발견하지 못했으며, 풍신수길은 사람됨이 鼠目이라 두려울 것이 없다고 하였다. 상반된 보고를 받은 조정대신들 사이에는 정사의 말이 옳다는 사람도 있었고, 부사의 말이 맞는다는 사람도 많았다. 그런데 요행을 바라던 조정은 반신반의하면서도 결국은 후자의 의견에 머물게 되어 각 도에 명하여 성을 쌓는 등 방비를 서두르던 것마저 중지하도록 하였다. 그 후 宗義智가 부산포에 와서 풍신수길이 병선을 정비하고 침략할 계획을 세우고 있으니 조선은 이것을 명나라에 알려 請和通好하는 것이 좋을 것이라고 邊將에게 말했으나 회답이 없자 그대로 돌아가고 倭館에 머물고 있던 일본인도 본국으로 소환되자 조선은 일본의 침입이 임박했음을 뒤늦게 알고 그 대비책을 강구하였으나 때는 이미 늦고 말았다.

(25쪽) (1. 왜란 전의 정세) …… 일본에 파견된 통신사 일행은 풍신수길을 만나고 선조 24년 정월에 귀국하였다. 그러나 정사는 왜적이 침범하리라 하였고 부사는 그렇지만은 않다고 하여 국론이 분분하여 적극적인 대비책을 마련하지 못하였다. 다만 명에 대해서 과거 일본과의 국교를 비밀에 부치고 있었으나 왜사들이 말하는 '가도입명'에 관하여는 통보하였다. 이로써 이미 막연하나마 왜군의 전쟁준비의 정보를 얻고 있었던 명이 조선도 일본의 침략준비에 가담하려 한다는 의심을 풀었고 이는 임진왜란이 일어난 후 원정군을 파견하는 동기가 되었다.

(27쪽) (2. 왜란의 발발과 경과) 조선에 아무런 예고 없이 일본의 대군이 침략을 시작한 것은 선조 25년(1592) 4월 14일이었다. 일본은 이미 전쟁 전에 몇 번의 외교사절을 보내왔고 이에 대하여 조선에서도 通信使로 黃允吉과 金誠一을 일본에 파견하여 외교적인 접촉을 갖기도 하였다. 그러나 이러한 일련의 외교교섭에서 조선은 일본이 의도한 침략의 속셈을 파악하지 못하

고 다만 선린만을 희구하였다. 이리하여 외교교섭은 결렬되었고 일본의 침략
이 있을지도 모른다는 막연한 우려에서 몇 사람의 무능한 수령을 교체하고
영남과 호남지방의 연안을 중심으로 그 요해처에 城池의 수축과 무기의 정
비에 힘을 썼다. 그러나 이것마저 민심의 동요만 일으켰을 뿐 성과를 거두지
못한 채 중지하고 말았다.[18]

세 부분의 필자가 모두 다른데 상반된 보고를 당파적 관점을 배제한
채 담담하게 서술하고 있다. "개요"의 내용은 일본 측 병화 정황의 유무
를 豊臣秀吉의 용모와 연계해 설명하는 전통적 관점을 견지하고 있다.
굳이 당파를 명기하기는 않았으나 문맥으로 보면 당파의 차이 또는 갈등
의 관점이 내재되어 있다. 이 "개요"를 서술한 집필자의 다음 연구서의
관련 내용을 살펴보도록 하자.

이장희는 임진왜란사를 본격적으로 연구해 왔으며 그 동안의 논문을
모아 연구서를 편찬하였다. 경인통신사 관련 내용을 살펴보도록 하자.

　　통신사 일행이 일본의 정세를 보고하기를 서인의 정사 황윤길은 일본이
많은 兵船을 준비하고 있어 반드시 병화가 있을 것이며 풍신수길은 사람됨
이 눈빛이 반짝반짝 빛나고 담략이 있어 보였다고 하였으며, 동인의 부사 김
성일은 침략할 정형을 보지 못했으며 수길의 사람됨이 쥐눈 같아서 두려워할
바 못된다고 하여 정사와는 서로 반대되는 주장을 했다. 이때 서상관 허성은
동인이었으나 정사와 의견을 같이 하였고, 김성일을 수행하였던 黃進도 분노
를 참지 못하여 김성일의 誣罔을 책하고 그를 처단할 것까지 주장하였다. 정
신들 중에는 정사의 말이 옳다는 사람도 있었고, 부사의 말이 옳다는 사람도
많았으나 당시 동·서의 당쟁이 심하여 사실 여하를 묻지 않고 자기 당의 사
절을 비호하는 데 치우친 느낌이 든다. 그런데 요행을 바라던 조선정부는 반

18) 국사편찬위원회, 『한국사(29 조선중기의 외침과 그 대응)』, 1995.

신반의 하면서도 김성일의 의견으로 기울어지게 되었으며 諸道에 명하여 방비를 서두르던 것도 중단시키고 말았다.[19]

앞서의 "개요"와 맥락은 대동소이하나 사신들 간의 갈등을 더욱 상세히 서술하였다. 특이한 것은 '서인의 정사 황윤길', '동인의 부사 김성일', '허성은 동인이었으나'와 같이, 당색을 명확히 밝히고 있는 점이다. 또한 병화의 징후 유무를 豊臣秀吉의 용모와 연계해 설명하는 전통적인 서술방식도 따르고 있다. 그런데 상반된 보고의 일차적 기준이 당색의 차이라고 한다면 왜 동일한 동인인 김성일과 허성은 왜 다른 입장을 나타냈을까하는 의문이 드는데,[20] 이에 대해서는 별다른 설명이 없다. 요컨대 상반된 보고의 차이와 이와 연계된 豊臣秀吉의 용모, 그로 인한 조정 신료들의 분열이 당파 또는 당색 때문이라고 하는 기존의 전통적인 서술방식에 머무르고 있다.

끝으로 최근 간행된 한영우의 『다시찾는 우리역사』에서는 경인통신사와 관련해 다음과 같이 서술하고 있다

(제6장 왜란과 호란 1. 임진왜란) …… 일부 사림은 국방의 중요성을 깨닫게 되었으나, 초당적으로 다루어야 할 국방문제가 당론의 차이로 인하여 힘있게 추진되지 못하였다. 서인 이이가 10만양병설을 내세웠을 때, 동인 인사는 이를 평지풍파라고 배격하였고, 일본에 다녀온 서인 정사[黃允吉]가 일본에 대한 경계를 주장하였을 때, 동인 부사[金誠一]는 이를 공박하고 대일안심론을 폈다. 조정의 의논이 일치되지 않았다.[21]

---

19) 李章熙, 『壬辰倭亂史硏究』, 아세아문화사, 1999, 32~33쪽. 이 내용은 『개정·증보 壬辰倭亂史硏究』(아세아문화사, 2007, 32~33쪽)에 동일하게 수록되어 있다. 그리고 이 경인통신사 관련 내용은 진단학회, 『韓國史』에서 참고하였음을 밝히고 있다.
20) 두 사람의 입장 차이가 성리학의 이해에서 비롯되었다고 하는 다음 논고가 참고된다. 金貞信, 전게논문.

초판과 전면개정판의 이 부분 서술은 동일한데 상반된 보고의 차이를, 당색의 차이만을 언급한 전통적 서술방식과 달리, "대일경계론"과 "대일안심론"으로 정리하였다. 굳이 "서인 정사", "동인 부사"라고 한 것은 당시의 국방문제에 대처하는 자세에 있어 동서분당이후 당론의 차이가 있었다는 점을 지적한 것이라 할 수 있다. 이를 바탕으로 상반된 보고의 내용도 대일경계론과 대일안심론으로 대비된다고 서술하였다. 정사와 부사의 입장을 대일경계론과 대일안심론으로 정리하여 당론에 의한 정책의 차이라는 점을 강조하고 있고, 이러한 점에서 한 단계 진전된 서술방식이라 할 수 있다. 다만 개설서의 특성상 거두절미하고 지나치게 단순화한 대비여서 부가된 설명이 필요하다고 할 수 있다.

경인통신사 관련 역사서술은 사행 파견 여부, 사행 이후의 상반된 보고, 그리고 일본 침략 정황의 명나라 통보 여부 등의 논란으로 이루어졌다. 林泰輔, 현채, 황의돈, 최남선의 경인통신사 관련 역사서술에서는 이러한 내용을 중심으로 당파 또는 당색이 다르기 때문에 상반된 보고를 중심으로 한 논란이 빚어졌다고 주장하였다. 여기에서 무엇보다 초점이 된 일본 침략징후에 대한 상반된 보고는 병화의 정황 유무를 豊臣秀吉의 용모와 연계해 설명하였다.

해방이후에도 대체로 이와 비슷한 맥락에서 경인통신사 관련 서술이 이루어졌다. 다만 『朝鮮史大觀』에서 어떻게 당파가 다르다고 하여 외적의 침략이라고 하는 국가의 중대사를 다르게 말할 수 있겠는가 하는 문제제기가 이루어졌다. 이어서 진단학회의 『韓國史』에서 정사 및 부사의 보고에 담긴 본래의 의도를 중시하려는 견해가 제시되었다. 황윤길의 보고를 "닥쳐오는 위급에 대비할 필요를 역설한 것"이며, 김성일의 보고를 "인심을 동요시키지 않고자 하는 뜻"이 있었다고 간주하였다. 식민사학의 이른바 "당파성론"에 의한 역사서술에서 벗어나기 시작하였다.

---

21) 한영우, 『다시찾는 우리역사』, 경세원, 1997(초판), 2004(전면 개정판), 366쪽.

3. 경인통신사 관련 국사교과서의 서술

역사교과서의 서술은 시기별 교육과정의 개편에 양향을 받으면서 이루어졌다. 우리나라의 중등학교 교육과정은 고등학교를 중심으로 할 때, 교수요목기(1946~1954), 제1차 교육과정(1954~1963), 제2차 교육과정(1963~1974), 제3차 교육과정(1974~1981), 제4차 교육과정(1981~1988), 제5차 교육과정(1988~1992), 제6차 교육과정(1992~1997), 제7차 교육과정(1997~2007)에 따라 역사교육의 이수방식이나 역사교과서의 체제와 서술 등이 변화하였다. 제7차 교육과정 이후에는 "2007년 개정교육과정", "2009년 미래형 교육과정", "2011년 개정교육과정"에 따라 수시로 바뀌고 있다.

이 가운데 국사교과서의 내용이나 체제가 크게 달라지는 것은 제3차와 제7차. 그리고 2011년 개정 교육과정이었다. 제3차에 이르러 국사교육 강화의 일환으로 국사교과서가 검인정에서 국정체제로 바뀌었다. 제7차에서는 국정체제의 국사와 함께 검인정체제의 한국근현대사 과목이 등장하였다. 2011년 개정교육과정은 2007년 개정교육과정에서 예고한 국사와 한국근현대사를 합쳐 필수인 "역사", 그리고 선택과목인 "세계사·한국문화사·동아시아사" 체제를 무력화시키고 등장하였다. 모두 검인정과목으로 역사를 한국사로 바꾸고, 선택으로 "세계사·동아시아사"의 두 과목을 두었다.

교수요목 시기의 대표적인 국사교과서는 진단학회의 『국사교본』이었다. 경신통신사와 관련된 내용은 없었다. 임진왜란 관련 서술은 '제1장 동서의 분당'에 이어 '제2장 왜란과 이순신'에서 다루어졌다. 다만 서술체제에서 동서의 분당에 뒤이어 왜란과 이순신을 서술한 것은 분당과 왜란의 발발이 불가분의 관계에 있음을 보여준다.

〈표 1〉교수요목기~제3차 교육과정 고교 국사교과서의 임진왜란 관련 항목 비교[22]

교수요목기	제1차 교육과정	제2차 교육과정	제3차 교육과정
진단학회,『국사교본』 (목차) 근세의 중기 제1장 동서의 분당 제2장 왜란과 이순신 임란 이전의 왜변 제1차 왜란과 이순신 의 활약 3. 제2차 왜란(정유)과 이순신의 최후활약 4. 전시의 신시설과 신 무기 5. 전후의 국내형편과 국 교회복	최남선,『국사』 五. 유교중심의 조선 사회 1. 초기의 정치와 문 화 (6) 유학과 그 폐단 2. 왜란과 호란 (1) 삼포왜변 (2) 임진왜란 [히데요시의 야심] [민족의 항전] [왜란의 영향」	① 이병도,『국사』 Ⅷ 사회의 동요와 새 학풍의 대두 1. 지배층의 분열과 일본 및 만주의 침입 당쟁의 시작 농촌사회의 쇠잔 일본의 침입 임진왜란 중에 사 용된 무기 전란의 영향 ② 유홍렬,『국사』 제8장 조선 중 기의 역사와 문 화 1. 당쟁 정치와 세 도정치의 변천 ③ 김상기,『국사』 Ⅲ. 근세 8. 조선의 확립 9. 문화의 융성 10. 시련기의 조선 1) 귀족사회의 분열 과 사화·당쟁 2) 성리학의 융성과 서원의 발생 11. 조선의 수난 1) 왜인의 동태와 왜 란	문교부,『국사』 Ⅲ. 조선사회 3. 양반 문벌사회의 형 성과 민족의 시련 (1) 양반 문벌사회의 형성과 분열 양반계층의 형성 양반사회의 사회 적 모순 양반사회의 경제 적 모순의 확대 양반계급의 분열 (2) 민족의 시련 왜란 호란

　　제1차 교육과정 시기의 국사 교과서로 최남선의『국사』가 있다. 직접적

---

22) 진단학회,『국사교본』, 군정청 문교부, 1946, 107～115쪽; 최남선,『국사』(문교
　　부 검정필, 1956년 중학교 사생교과서), 민중서관, 1956, 103～106쪽; 이병도,

으로 경인통신사 관련 내용은 아니지만, "우리나라에서는 미리 이 일을 걱정하였으나 당론 관계로 조정의 의론이 일치하지 아니하여 미처 방비를 다하지 못하고 갑자기 일을 당하였고"라는 서술에서 보듯,[23] '당론 관계로'라는 설명에서 경인통신사 관련의 여러 내용을 상상할 수 있도록 하였다.

제2차 교육과정의 국사교과서는 검인정체제이고 제3차에서는 국정화되지만 이 시기의 국사교과서 어디에서도 경인통신사 관련 내용은 찾아볼 수 없다. 이병도의 국사는 "1. 지배층의 분열과 일본 및 만주의 침입" 항목에서 "당쟁의 시작", "농촌사회의 쇠잔"에 뒤이어, "일본의 침입"을 서술하였다. 유홍렬의『국사』에서는 "당쟁 정치와 세도 정치의 변천" 항목에서 임진왜란 관련 내용을 서술하였다. 당쟁 정치의 틀 속에서 임진왜란을 서술하였다. 김상기의『국사』에서는 "임진왜란과 정유재란" 항목에서 "임란의 원인, 해전과 이순신의 활약, 의병의 봉기, 정유재란, 왜란의 영향, 왜란후 대일관계"를 표제로 하여, 임진왜란에 대해 무척 상세한 서술을 하였다. 여기서 제시된 임란 서술방식은 제4차~제7차 교육과정 국사교과서의 임진왜란 서술방식에 크게 영향을 주었다.

국사교육의 강화를 위해 국정화된 제3차 교육과정의『국사』에서 경인통신사 관련 내용은 다루고 있지 않다. 다만 "왜란" 항목의 서두를 "사화와 당쟁으로 민생이 피폐되고 국방이 약화되었던 16세기 말에 일본에서는 토요토미 히데요시가 나타나 1세기 간에 걸친 전국 시대의 내란을 수습하여 전국을 통일하였다."라고 시작하여,[24] 당쟁의 토대 위에서 국방이 약화되고 결국 임진왜란이 발생했음을 전제하고 있다.

제4차~제7차 교육과정 시기의 국사교과서는 "1종도서"라는 이름으

『국사』(문교부 검정필, 1956년 사회과 고등학교 1학년용), 일조각, 1964, 134~139쪽; 유홍렬, 『국사』(문교부 1955년 고등학교 사회과 검정필), 탐구당, 1964, 156~157쪽; 김상기, 『국사』(인문계 고등학교 문교부 검정, 1968. 1. 1), 장왕사, 1973, 153~158쪽; 문교부, 『국사』, 1974, 134~6쪽.

23) 최남선, 『국사』, 103쪽.
24) 문교부, 『국사』, 134쪽.

로 국사편찬위원회에서 사실상 국정교과서로 편찬하였다. 물론 경인통신
사 관련 내용은 서술되지 않았다. 전체적으로 임진왜란 관련 내용 및 분
량이 풍부해 지면서 서술방식이 전형적인 체제를 갖추었다. 다음 〈표 2〉
에서 임진왜란 관련 항목을 비교해 보자. 이들 교과서는 모두 국사편찬
위원회의 1종도서연구개발위원회에서 편찬하였다.

〈표 2〉제4차~제7차 교육과정 고교 국사교과서의 임진왜란 관련 항목 비교[25]

제4차 교육과정	제5차 교육과정	제6차 교육과정	제7차 교육과정
4. 왜란과 호란 (1) 왜란 　왜란전의 정세 　왜군의 침입 　수군의 승리 　의병의 항쟁 　정세의 전환 　왜군의 재침 　왜란의 영향	2. 근세의 정치와 　그 영향 (4) 왜란과 호란 　임진왜란 　수군의 승리 　의병의 항쟁 　전세의 전환과 　왜군의 패퇴 　왜란의 영향	2. 근세의 정치적 　변화 (4) 왜란과 호란 　임진왜란의 발발 　수군의 승리 　의병의 항쟁 　왜란의 극복 　왜란의 영향	Ⅲ. 통치구조와 　정치활동 6. 양난의 극복 　왜군의 침략 　수군과 의병의 　승리 　전란의 극복과 　영향

　제4차에서 제7차로 갈수록 항목이 통합되기는 하지만, 임진왜란이 발
생하고 이를 수군의 승리와 의병 항쟁으로 극복하여 전세를 전환해 가는
방식으로 서술하였다. 제4차 국사교과서에서 보듯 "왜란전의 정세"에서
"우리나라는 국제 정세에 어두웠고, 국론의 통일이 이루어지지 못한데다
가, 장기간의 평화가 계속되었으므로 외세의 침략에 대한 준비가 갖추어
지지 못하였다."고 하여, 왜군의 침략을 당하기는 하였으나 이를 극복해
가는 방식으로 임진왜란사의 서술 체제를 구성하였던 것이다.
　이와 같이 제4차 교육과정 이후에서는 임진왜란사의 서술에 관한 전
형적인 체제가 등장하여, 전체적으로 왜군의 침략을 당하였으나 이를 슬

---

25) 국사편찬위원회 1종도서연구개발위원회, 『고등학교 국사』, 1982(초판, 4차),
　　167~174쪽;『고등학교 국사』, 1990(초판, 5차), 154~158쪽;『고등학교 국사』,
　　1996(초판, 6차), 185~189쪽;『고등학교 국사』, 2002(초판, 7차), 90~91쪽.

기롭게 극복하고 임란 이후 새로운 변화의 시기를 맞이하게 되었다고 서술하였다. 경인통신사 관련 내용을 역사교육의 관점에서 과감하게 생략함으로써 이루어진 변화였다고 할 수 있다.

"2011년 개정교육과정"에 의해 국사교과서는 커다란 변화를 맞이하게 되었다. 하나는 "국사"에서 "한국사"로 그 명칭이 바뀌었고, 또 하나는 교과서 간행방식이 1종 도서라는 이름의 사실상의 국정체제에서 검인정체제로 바뀌었다. 1974년 이후 37년 만에 맞이하는 변화였다. 그러나 "2009년 미래형교육과정"이라는 미명하에 졸속으로 편찬되는 과정에서 검인정을 받기 위해 제출했을 때는 과목명이 "역사"였으나, 검인정이 끝난 뒤 과목명이 "한국사"로 바뀌었다. 가장 커다란 문제는 졸속으로 진행되는 과정에서 고려의 전시기와 조선전기를 하나의 장으로 묶는 기형적인 시대구분으로 구성된 교과서가 등장하였다. 6종의 교과서가 검인정을 통과한 가운데 임진왜란 관련 서술 내용 및 분량은 1쪽으로 축소되었다. 1쪽의 분량에서 임진왜란의 전개와 극복, 영향 등에 관해 피상적으로 서술하였다.[26] 물론 경인통신사 관련 내용은 서술되지 않았다.

4. 결론 : 역사교육과 역사인식의 문제

지금까지 살펴본 바와 같이 경인통신사 관련 연구는 1차 연구가 거의 이루어지지 않은 채 개설서의 임진왜란사 서두에 주로 언급되었다. 경인통신사 관련 내용은 사행파견 단계의 논란, 사행 이후 일본 측의 침략 징후에 대한 상반된 보고, 명나라에의 통보 여부를 중심으로 구성되었다. 이와 같은 경인통신사 관련 내용은 시기를 경과하면서 내용 전체가 점차 소략해진 반면, 일본 측 침략 징후에 대한 상반된 정사 및 부사의 보고내

---

26) 주진오 외, 『고등학교 한국사』, 천재교육, 2011, 54쪽.

용은 더욱 강조되었다. 그리고 정사와 부사의 당색으로 인해 당파가 달
랐기 때문에 상반된 보고가 초래되었고, 이후의 대처도 침략이 없을 것
이라는 보고를 근거로 주로 마련되었기 때문에 임란에 따른 엄청난 피해
가 야기되었다고 서술하였다. 경인통신사에 관한 일반적인 인식도 여기
에서 크게 벗어나 있지는 않다. 따라서 이러한 점을 전제로 왜 경인통신
사에 관한 이와 같은 인식이 아직도 잔존하고 여기에서 어떻게 벗어날
수 있는지 역사인식 및 역사교육적 측면에서 살펴보도록 하자.

첫째, 대부분의 개설서에서 동서분당 이후의 정치적 변화 직후에 곧
바로 임진왜란 관련 서술이 이루어지고 있다고 하는 점이다. 이 때문에
으레 경인통신사의 정사·부사가 당색을 달리하고 그로 인해 일본 측의
침략 징후를 다르게 판단했다는 설명이 이어졌다고 할 수 있다. 물론
1575년(선조 8)의 동서분당이후 1589년(선조 22)에는 기축옥사가 발생하여
동·서인의 갈등이 첨예하였고, 특히 동인 측에 많은 사상자가 생긴 것은
주지의 사실이다. 이것이 통신사의 상반된 보고를 당색 또는 당파 때문
이라고 파악할 수 있는 소지이기도 하고, 당파의 영향이 전혀 없다고도
할 수 없는 측면도 있다. 그러나 『朝鮮史大觀』의 서술에서 보듯, 외적의
침략이라는 국가존망의 중대사를 당색 때문에 다르게 보고했다는 것은
사리에 맞지 않다는 문제제기를 되새길 필요가 있고, 아직 이 시기는 굳
건한 당파의식을 바탕으로 특정 정책에 대한 입장이 확연히 달라지는 시
기도 아니었음을 명심할 필요가 있다.

둘째, 일본 측의 兵禍 징후에 대해서는 구체적인 설명이 없이 병화
가능성의 유무를 말하는 간략한 사료만이 있고, 곧바로 병화를 일으킬만
한 위인인가 하는 豊臣秀吉의 용모에 관한 자의적 인물평을 연계하여 병
화 징후의 근거로 판단하는 문제점을 살펴볼 필요가 있다. 현재 경인통
신사가 돌아와 정사 황윤길이 반드시 兵禍가 있을 것이라고 판단한 그
情形을 馳啓한 보고의 구체적인 내용은 알 수가 없다.[27] 그런데 대부분
의 연구에서 이러한 서술 뒤에 정사 및 부사가 자의적으로 판단한 豊臣

秀吉의 용모를 덧붙여 서술함으로써 병화 징후의 근거로 삼고 있다. 사행의 귀국보고를 서술할 때 대개 이러한 설명을 덧붙인다. 국사편찬위원회에서 간행한 신편『한국사』에도 이렇게 서술되어 있다. 결과적으로 에피소드에 불과한 주관적이며 자의적인 용모 품평이 병화 징후의 중요한 근거로 작용한 셈이다.

셋째, 경인통신사의 상반된 보고에 대한 논란을 보면 사신으로서 상대국에 대한 情形을 자신의 관심과 신념, 판단력, 통찰력, 정치적 식견 등에 근거하여 얼마든지 상이하게 살필 수 있다는 점을 당시에도 그렇지만 오늘날에도 간과하고 있다. 상식적으로 볼 때, 정사·부사의 일본 측 정형 보고가 동일하면 동일한대로 혹은 상이하면 상이한대로, 왜 동일하고 왜 상이한 지, 구체적이고 객관적인 근거는 무엇인지, 각각 그렇게 판단한 본래의 의도는 무엇인지 등등의 측면을 고려하여 대처하면 될 일이다. 진단학회『韓國史』의 "닥쳐오는 위급에 대비할 필요를 역설한 것"과 "인심을 동요시키지 않고자 하는 뜻"이라는 설명과 같이, 병화 가능성의 유무 여부에 대한 점술가적인 판단이 아니라, 1차 사료에 담긴 본래의 의도를 파악하려는 자세가 필요하다. 사신이 점술가가 아닌 바에야 병화의 징후가 있다고 해서 혹은 병화의 징후가 없다고 해서 상찬과 폄하가 이루어지고, 심지어 임진왜란을 초래한 당사자 내지 원인으로까지 간주되는 것은 올바른 태도의 역사의식 및 역사인식이 아니라고 할 수 있다.

넷째, 설령 정사·부사의 정형 보고가 동일하여 일본의 병화에 대비할 수 있었다면 당시에 과연 일본의 침략을 초전에 격퇴하여 피해를 최소화할 수 있었을 것인가 하는 점이다. 주지하듯 조선의 통신사 파견은 거의 150년 만에 이루어졌다. 이 동안 일본은 전국시대를 거쳐 마침내 통일된 豊臣政權이 출범하였다. 조선은 일본이 1세기에 달한 전국시대를 거치면서 일본이 어떻게 어느 정도 변화했는지 제대로 알지 못하였다. 예컨대

---

27)『宣祖修正實錄』권25, 선조 24년 3월 丁酉.

1589년(선조 22) 7월, 일본은 통신사 파견 요청을 하면서 鳥銃 몇 자루를 헌상하였고, 이를 軍器寺에 보관토록 했다는 기록이 있다.[28] 이때가 임진왜란이 일어나기 3년 전이었다. 그 후 군기시에 보관된 조총이 어떻게 활용되었다는 기록은 없다. 1543년 일본에 전래된 조총이 전국시대에 커다란 위력을 발휘하였고, 임진왜란에서도 일본이 전세의 주도권을 장악하는 데에 커다란 역할을 했다는 점을 되돌아 볼 때, 오히려 이러한 점은 당시의 일본과 조선의 새로운 문물 도입에 따른 대처능력을 살펴볼 수 있는 역사적 교훈이나 비교사의 중요 사례 가운데 하나가 될 수 있다. 역사교육의 측면에서 당시 조선과 일본의 객관적인 국력 비교와 함께 오히려 이러한 점을 지적할 필요가 있다.

다섯째, 경인통신사 사행이후 상반된 보고를 둘러싼 조선 조정의 대응 관련 자료가 누락되어 있다는 점이다. 『선조실록』 및 『선조수정실록』에 수록된 경인통신사 관련 자료를 살펴보면 일본의 요청에 의해 사행이 결정되는 과정과 豊臣秀吉이 밝힌 '정명가도(征明假道)'의 내용을 명 조정에 어떻게 알릴 것인가 하는 조정의 논의과정은 각각 수록되어 있다. 그런데 정작 정사와 부사의 상반된 보고에 대해서는 당시 조정이 어떻게 대처하기로 했는가 하는 관련 자료가 실록에 수록되어 있지 않다. 반면에 실록에 수록된 자료만으로도 당시 조정은 일본이 침략해 오리라는 사실을 분명히 알고 있었다. 그러나 임란 발발이후 김성일의 잘못된 보고 때문에 일본의 침략에 제대로 대비하지 못해 결과적으로 엄청난 피해가 초래되었다는 점만을 강조하였다. 정상적인 국가의 조정이라고 하면 이럴 정도로 무대책일 수 없는 것이다. 어떻게 병화 징후가 없다는 보고에만 근거하여 무방비 상태로 있을 수 있는가 하는 점이다. 그런데 사행이후 임란 직전까지의 실록 자료를 잘 살펴보면 조선은 나름대로 군사적 역량을 동원하여 일본의 침략에 대비하고 있었음을 알 수 있다. 따라서

---

28) 『宣祖修正實錄』 권23, 선조 7월 丙午.

왜 이런 자료가 누락되었는지, 임란 직전의 군사적 대비태세는 구체적으로 어떠하였는지 등에 관한 실증적 검토가 필요하다고 할 수 있다.

끝으로 임진왜란이 일어난 지 七周甲을 맞이하는 올해에 왜란이 일어나기 2년 전에 파견된 경인통신사의 사행이 갖는 의미가 무엇인지 되돌아볼 필요가 있다는 점이다. 당시 경인통신사의 사행을 전후하여 일본의 침략이 있을 것이라는 시그널은 대마도를 통해 계속 전달되고 있었다. 중세시기라고는 하나 정상적인 정부라고 하면 침략에 대비하여 군제 및 병력 동원, 군량 상태, 무기의 실태 등을 점검하고, 민심의 동요에도 만전을 기해야 함은 두말할 필요가 없다. 그러나 임란 발발과 함께 조선의 군사적 대비태세는 물론이고 왕조 자체가 사실상 붕괴되었다. 엄청난 인명, 재산상의 피해는 말할 것도 없었다. 우리는 이러한 상황을 불과 60년 전에도 겪은 바 있다. 역사를 배우는 중요한 이유 중의 하나는 교훈이다. 민족사와 국가사가 거의 합치된 우리 역사의 특성을 계속 존속해 가고 과거의 잘못된 대응을 반복하지 않기 위한 소중한 지혜를 여기에서 찾아야 한다. 한 차례의 사행으로 이후 발생하는 대외관계의 모든 변화를 전망할 수 없으며, 우리를 둘러싼 주위 국가들에 대한 꾸준한 관계유지와 관찰, 그리고 어느 한 나라에 절대적으로 의존하지 않는 균형 잡힌 대외관계의 형성과 지속이 임란 당시는 물론이고 오늘날에도 필요하다.

참고 문헌

1. 단행본

국사편찬위원회, 『한국사(12 양반사회의 모순과 대외항쟁)』, 탐구당, 1981.

국사편찬위원회, 『한국사(29 조선중기의 외침과 그 대응)』, 탐구당, 1995.

김명준, 『임진왜란과 김성일』, 백산서당, 2005.

民族文化推進委員會, 『鶴峯 金誠一의 學問과 救國活動』, 『鶴峯全集』完譯·完刊
　　　　　　기념학술회의자료집, 2002.

李丙燾, 『朝鮮史大觀』, 동지사, 1948.

李章熙, 『개정·증보 壬辰倭亂史硏究』, 아세아문화사, 2007.

이해영, 『학봉 김성일의 생각과 삶』, 한국국학진흥원, 2006.

조동걸 외 엮음, 『한국의 역사가와 역사학』 (하), 창작과 비평사, 1994.

조원래, 『임진왜란사 연구의 새로운 관점』, 아세아문화사, 2011.

崔南善, 『壬辰錄』, 東明社, 1931.

震檀學會, 『韓國史(근세전기편)』, 을유문화사, 1962,

林泰輔, 『朝鮮近世史』, 吉川半七, 1901.

鶴峯金先生紀念事業會, 『鶴峯의 學問과 救國活動』, 驪江出版社, 1993.

한일관계사연구회논집 편찬위원회, 『임진왜란과 한일관계』, 景仁文化社, 2005.

黃義敦, 『新編朝鮮歷史』, 以文堂, 1923.

玄采, 『東國史略』, 普成館, 1906.

2. 논문

金燉, 「조선후기 黨爭史 연구의 현황과 국사 교과서의 서술방식」, 『歷史敎育』 39,
　　　1986.

金容燮, 「日本·韓國에 있어서의 한국사서술」, 『歷史學報』 31, 1966.

金貞信, 「16世紀末 性理學 理解와 現實認識-對日外交를 둘러싼 許筬과 金誠

一의 갈등을 중심으로」,『朝鮮時代史學報』, 13, 2000.

방기철,「鶴峯 金誠一의 對日認識」,『인문과학논총』 42, 2004.

오바타 미치히로,「鶴峯 金誠一의 日本使行에 대한 思想的 考察」,『韓日關係史研究』 10, 1999.

3. 원전

『宣祖實錄』,『宣祖修正實錄』,『燃藜室記述』,『隱鋒野史別錄』,『국역 학봉전집』.

학술회의 종합토론

사회자 : 손승철
발표자 : 한명기 민덕기 하우봉
　　　　 김학수 김돈
토론자 : 노영구 김시덕 박병련
　　　　 박현순 박인호

사회자 : 그러면 지금부터 종합토론을 시작하도록 하겠습니다. 저는 종합토론 사회를 맡은 강원대학교 사학과에 재직하고 있는 손승철입니다. 오늘 11시부터 건국대학교의 신복룡 선생님의 기조발제를 시작으로 다섯 분의 발표를 들었습니다. 여러 가지 많은 말씀이 있으셨습니다.

간단히 말씀을 드리면 기본적으로 경인통신사는 1592년에 임진왜란이 발생하기 2년 전에 일본에 국정을 탐색하기 위해서 파견된 통신사였습니다. 그런데 그 통신사가 일본을 다녀와서 보고를 하는데, 그 내용에 차이가 있었습니다. 다 아시는 내용이지만, 부사였던 김성일과 정사인 황윤길의 보고내용이 달랐고, 특히 학봉 김성일의 전쟁이 일어나지 않을 것 같다는 보고가 결국 전쟁 대비를 소홀하게 했으며, 그 결과 임란이 일어났지만 거기에 대응을 하지 못했다, 그래서 임진왜란 발발의 책임을 김성일에게 다 뒤집어씌우는 것이 학계의 인식이 되어 왔습니다. 그런데 그러한 인식의 큰 이유는 기본적으로 그 당시 정사와 부사의 탐색이 달랐기 때문에, 그 탐색의 차이에 의해 그런 보고를 했다하는 것이고, 그것이 식민사관에 의해 더 증폭되면서 그리고 그 이후의 각종 교과서라든지 또는 미디어매체를 통해서 그렇게 유포됨으로 해서 그것이 사실인 것으로 정착되는 역사인식의 결과를 가져왔다, 이렇게 일반적으로 생각이 되어 왔습니다.

그러한 통설이 어떻게 만들어졌는가 하는 과정을 우리가 오전부터 지금까지 다섯 분의 발표를 통해 들어보았습니다. 역시 기본적으로 15·16세기에 동아시아 정세에 대해서 한번 면밀하게 검토해 볼 필요가 있다는 것이 첫 번째였습니다. 그 다음에 15·16세기에 살았던 사람들의 생각, 다시 말해 가치관이라는 것이 무엇이었는가? 우리가 21세기를 살고 있지만, 사실은 우리 시대를 지배하고 있는 어떤 조류, 풍조, 가치관들이 있는데, 15·16세기에 임진왜란이 발생하기 그 즈음에 있어서 그 조선시대 사람들이 어떠한 생각을 가졌을까? 이것을 파악하는 것이 굉장히 중요하다. 그리고 그 시기에, 다시 말해서 1592년에 임진왜란이 일어나는데, 왜

2년 전의 그 시기에 100년 동안 파견하지 않았던 통신사를 그 시기에 파견했을까? 그 파견 목적은 무엇이었는가? 그리고 정사와 다른 보고를 했던 부사, 학봉 김성일의 기본적인 인간 됨됨이는 어떠하였을까? 그리고 김성일은 어떤 인생관을 가지고 삶을 살았을까? 그런 측면을 통해서 과연 우리가 통설로 생각하고 있는 것들이 과연 얼마만큼 정확한 이해인가 하는 것에 대해 재검토하는 자리였습니다. 다섯 분의 발표를 통해서 정리해 보면, 당초의 목적에 근접하는 그런 내용들이 오늘 많이 나왔다고 생각이 됩니다. 그래서 그런 내용을 보완하는 의미에서, 그리고 전체적인 내용을 종합하는 의미에서 이 종합토론을 전개하도록 하겠습니다.

우선 다섯 분의 주제에 대해서 각론적으로 궁금한 점, 보완해야 하는 점을 각 주제마다 약정토론자들이 우선적으로 질문을 하고, 거기에 대해서 발표자가 보충 설명을 하는 식으로 진행을 하고, 그 다음에 청중석에서 질의, 응답하고 난 후에 제가 사회자로서 마무리하는 식으로 진행하도록 하겠습니다. 저희에게 주어진 시간이 70분 정도 됩니다. 그래서 시간을 통제하지 않으면 실수가 있을 수 있기 때문에, 제가 사회자의 입장에서 강력하게 통제하도록 하겠습니다. 대략 발표자에 대한 약정토론은 10분 이내에, 4~5분 정도의 질문과 답변으로 한 50분 정도의 시간을 쓰고요. 그 다음에 플로어에서 20분 정도 질의, 응답을 하고 난 다음에 마지막으로 제가 마무리하는 식으로 진행하도록 하겠습니다. 그럼 순서에 따라서 우선 첫 번째 주제가 명지대학교의 한명기 교수님의 "임진왜란 직전의 동아시아 정세"였습니다. 거기에 대해 국방대학원의 노영구 교수님께서 질의를 해주시도록 하겠습니다. 토론 내용은 이미 각 주제의 맨 뒤에 첨부되어 있습니다. 예를 들면 노영구 선생님의 토론문은 37쪽에 있습니다. 이 정도면 3,4분 정도 걸릴 것 같은데, 시간을 꼭 엄수해주시기 바랍니다. 노 선생님, 부탁드립니다.

노영구(토론자) : 한 교수님 논문 잘 읽었습니다. 제가 이 논문에 대해서 세 가지 정도를 질문할 수 있을 것 같습니다. 임진왜란 직전의 조선의 일본에 대한 판단 착오에 대해서 그동안에는 개인이나 당파적 차원에서 접근을 했던 것 같습니다. 그런데 이번에 당시 조선 측의 전반적인 대일인식에서 접근한 것은 최초가 아닌가 그렇게 판단하고 있습니다. 우선 기본적으로 필자의 생각에 동의합니다. 다만 세 가지 측면에서 검토가 필요하지 않을까 하는 생각입니다.

첫 번째입니다. 16세기 중반 이후에 조선지식인들이 철저하게 존명(尊明)의식을 강조하는 것과 함께 명 중심의 외교를 통해 조선 주변에서 일어나고 있던 대외 환경의 변화 방향을 제대로 인식하지 못한 것으로 발표자는 파악하고 있는 것 같습니다. 그런데 여기에는 상당히 논란이 있을 수 있다고 생각합니다. 왜냐하면 1580년이 되면, 동아시아 전체가 요동치는 상황이 전개되고 있습니다. 특히 1580년에 니탕개의 난이 있습니다만, 이러한 상황에 조선 지식인의 대응양상, 일본을 포함한 주변국가에 대한 인식의 수준, 이전보다 좀 더 적극적이고 자세한 검토가 있었을 것으로 판단됩니다만, 1580년을 전후한 시기 즉, 1580년 이전과 이후의 시기에 아마도 차이가 있었을 것으로 생각됩니다. 그러한 일본의 조선지식인들의 시기별, 또 개인별 차이를 미시적으로 접근할 필요가 있다고 생각됩니다.

두 번째입니다. 저희들이 조선의 패망, 임진왜란 때 초기의 패전을 보았을 때 문치(文治)의 조선과 무비(武備)의 일본을 대비시켜 설명하는 것이 일반적인 것 같습니다. 그런데 개인적으로 보았을 때 문치라는 용어 자체를 그렇게 쓸 수 있을까, 그렇게 생각하고 있습니다. 문치는 긍정적인 의미를 가지고 있거든요. 사회가 상당히 안정적으로 유지되고 있다는 의미를 가지고 있는데, 그것과 무비를 추구하는 일본과 대비하여 보면 어떤 입장이 되냐 하면, 무비를 했던 국가가 상당히 근대화되었다든지, 아니면 발전되었다고 이해할 수 있는 측면이 있습니다. 제가 볼 때는 조선이 문치를 추구했기 때문에 어려움을 겪을 수밖에 없었다는 데에는 논란이 있을 것으로 판단을 하고 있습니다. 오히려 그 당시 조선의 대응 수준을 보는 것이 더 낫지 않을까, 막연하게 문치라는 것을 가지고 임진왜란의 체계를 묶는 것은 어렵지 않을까 생각합니다.

마지막으로, 임진왜란 중에 명나라가 조선에 구원병을 파병하게 됩니다. 원인을 조선의 명에 대한 극단적인 존명의식과 그에 대한 명의 부채의식, 이러한 시각에서 보는 것은 상당한 특견이 아닌가 생각하고 있습니다만, 이것이 파병을 이끄는 논리가 되었다는 것은 약간 의문입니다. 당시 명의 경우, 주변 제후국에 대해서 직접적인 명의 본토의 군대가 파견된 몇 안 되는 경우로 판단됩니다. 그 시기까지는. 단순히 극단적인 존명의식과 명의 부채의식으로 생각할 수 있을까. 다양한 입장들이 추구된다면, 보다 이 글이 임진왜란을 이해하는데 도움이 되지 않을까 그렇게 생각하고 있습니다.

사회자 : 네, 고맙습니다. 한 선생님 답변을 듣겠습니다.

한명기 (발표자) : 사회자께서 워낙 시간을 강조하시기 때문에, 거기에 주눅이 들어서 저도 간단하게 답변을 드리도록 하겠습니다. 노 교수님의 질문 요지는 크게 세 개인데요. 첫 번째 질문은 조선 지식인들의 대일인식과 그 대응 양상에 대해서는 오늘 발표하신 하우봉 교수님의 논문에도 일부 언급이 되어 있고, 또 민덕기 교수님의 발표에도 일부 언급이 되어 있는데. 제 발표문의 각주 6번의 논문을 참고하셔서도 대충 변화 양상에 대해서는 참조할 수 있다고 생각하기 때문에, 그것으로 돌리겠습니다.

두 번째, 세 번째 질문에 간단히 드리도록 하겠습니다. 문치와 무비라고 하는 것이 어떠한 의미로 쓴 것이냐는 질문이신데, 이것은 학봉의 활동과 연계시켜 해석할 수 있는 요지가 될 수 있기 때문에 중요한 질문이라고 생각됩니다. 왜란이 일어나기 직전 상황을 연구한 사회경제사학자들의 논문에 따르면 당시 일본에서는 중요한 변화가 일어납니다. 우선 첫 번째는 조총의 도입으로 대표되는 무기 체계의 혁신, 두 번째는 제철 혁명이라고 불릴 정도로 강철의 품질이 재고되고, 가용성이 늘어난 철의 사용 증가, 세 번째는 은 생산량의 대폭 증가로 대표되는 경제력의 신장이 있습니다. 그리고 1477년 이래 약 100년에 가까운 시간동안 戰國時代를 치러오면서 일본 자체의 군인들이 전투에는 베테랑이 되었던 상황, 이러한 요소들이 개전 초기 조선 육군이 일방적으로 패배할 수밖에 없었던 결정적인 원인이라고 생각됩니다.

제가 여기서 문치라고 했을 때의 개념은 초전에는 비록 육전에서 밀렸지만, 조선이 결국은 일본에게 망하지 않았던 것과 관련된 것입니다. 즉 사대부들이 비록 대단히 경직된 夷狄觀을 바탕으로 존명의식에 빠져 있었지만, 내치에서는 이른바 사족지배체제라고 하여 정교하게 민을 지배할 수 있는 지방행정 체계를 만들어 놓았고, 초전의 패전에도 불구하고 그것이 망가지지 않았기 때문에 의병활동까지 나올 수 있었다고 봅니다. 당시 일본의 전투에서는 한 다이묘(大名)가 다른 지역의 다이묘를 정복하게 되면 그 지역의 민들은 별다른 문제없이 새로 정복자로 등장한 다이묘에게 그대로 인수인계되는 것이 일반적이었는데, 일본군들이 조선에 들어와서 당황할 수밖에 없었던 것은 바로 의병활동처럼 민이 사족들의 지휘 아래 들고 일어나서 자기들에게 저항한다고 하는 상황 자체를 전혀 예측하지 못한 것이지요. 이런 면에서 문치와 무비가 반드시 대치되거나, 어느 것이 더 강하고 약하다 하는 개념이 아니라, 조선은 조선 나름대로 자기의 개성을 갖고 있는 통치체계, 문화 체계를 갖고 있었기 때문에 궁극적으로는 임진왜란을 극복할 수 있었다라고 하는 시각에서 이해를 해주시면 문치의 개념 자체를 좀 더 포괄적으로 볼 수 있지 않을까 생각을 합니다.

다음 마지막 질문은 명나라의 구원군 파병이 과연 조선의 존명의식 때문에 이루어진 것인가?의 문제입니다. 저도 그것은 아니라고 생각합니다. 다만 생각해 볼 것은 당시 명나라는 동아시아의 패권국이었고, 일본의 정세를 조선보다는 일찍이 잘 알고 있었습니다. 그래서 대단히 강력한 군세를 가진 일본군이 만약에 조선을 점령하고, 요동지역으로 들어온다고 하면 요동지역에서 설사 백만 대군을 동원해도 일본군을 방어할 수 없다고 하는 사실을 명의 전략가들은 잘 알고 있었지요. 따라서 조선을 방어하는 것이 궁극적으로 명을 방어한다고 하는 논리에서, 즉 순망치한(脣亡齒寒)의 논리에서 조선에 참전을 했습니다. 제가 하나 강조하고 싶은 것은, 저도 옛날에는 명군의 참전을 그들이 끼친 민폐 문제라든지 이런 것들 때문에 부정적인 시각에서 봤습니다만, 이번 발표를 준비하면서 느낀 것은 우선 조선이 명군의 파병을 이끌어내는데 있어서 상당한 외교적 수완을 발휘했다는 것이지요. 대표적인 예가 1593년 1월 평양전투 직후에 선조와 명나라 찬획주사(贊劃主事) 유황상(劉黃裳)이라는 사람의 대화입니다. 그때 선조가 이렇게 얘기하지요. "우리가 명나라 황제에게 충성을 다하려고 했다가 이렇게 침략을 당했는데, 군대를 보내주서서 고맙습니다." 그랬더니 유황상이 그 당일에는 그 의미를 몰랐는데, 이틀 후에 가서 선조를 만나자고 하면서 성질을 버럭 냅니다. "일본군이 명나라를 치려면 강남지방에 상륙해도 될 텐데 군이 조선으로 왜 오겠느냐? 당신은 그런 건방진 말을 하지 말고, 그저 군대를 보내준 황제의 은혜에 감사해야지 뭐 조선이 명 때문에 희생당했다 이런 논리는 하지 말라"는 투로 이야기합니다. 여기에서 서로 입장이 팽팽하게 부딪치고 있습니다만, 어쨌든 선조나 조선 신료들이 당시 상황에서 조선의 사대(事大)라든가 하는 것을 단순한 사대가 아니라 상당히 전략적인 관점에서 활용할 수 있을 만큼의 역량을 가지고 있었다고 평가할 수 있는 것입니다. 이 두 번째, 세 번째를 종합하여 결론을 내리자면, 결국 학봉이 논란에 휩싸였음에도 불구하고 경상도 지역을 보존하고, 궁극적으로는 곽재우 같은 사람을 잘 다독여서 일본군의 낙동강 도하를 막아서 호남을 지켜냄으로써 전쟁을 극복하는데 기여할 수 있었다는 것은, 결국 초전에는 문치의 약점이 드러났는지 모르지만, 장기적 안목에서 놓고 보면 조선은 나름대로 개성이 강하고 역량있는 나라였다고 보는 것이 올바르지 않을까 이렇게 생각합니다. 예, 이상입니다.

사회자 : 예, 감사합니다. 아주 중요한 시각이라고 생각이 됩니다. 우리가 역사를 보는 기본적인 시각 문제인데, 한순간만 보면 어떤 부정적인 결과 때문에 그것을 부정적으로 평가할 수 있지만, 길게 보면 결국 그것이 하나의 방법이었고, 어쩌면 그런 방법 때문에 궁극적으로는 역사가 보존될 수 있었던 것이 아니냐는 생각도 나올 수 있는 것 같습니다. 한국사를 볼 때, 한국사의 부정적인 측면을 많이 강조하지요. 역사를 비판적으로 보는 것은 중요하지만, 그렇다고 부정적으로 본다면 오늘의 현실이 어떻게 이렇게 있을 수 있겠느냐. 이런 시각에서 기본적으로 역사를 접근하는 것이 중요하지 않겠느냐 생각합니다. 특히 임진왜란을 볼 때, 그렇게 봐야 되지 않겠느냐. 예를 들어서 문치냐, 무비냐 이렇게 양론적인 시각에서 평가하는 것도 상당히 문제가 있다는 이런 생각이 들었습니다.

정확하게 10분을 지켜주셨습니다. 감사를 드리고, 다음 분들도 첫 번째를 모델로 삼아서 꼭 시간을 지켜주길 바랍니다. 휴대폰을 여시면 시간의 알람을 재는 것이 있습니다. 거기에서 시간을 재면 지금 몇 분인지 정확히 알 수 있습니다. 자 그러면 두 번째 경인통신사의 활동과 일본의 대응이라고 하는 주제를 청주대학교의 민덕기 교수님이 발표해 주셨는데, 거기에 대해서 고려대학교의 김시덕 교수님께서 토론을 해주시겠습니다.

김시덕(토론자) : 예, 방금 소개받은 고려대학교 일본연구소의 김시덕입니다. 저는 민덕기 선생님의 연구나 연구서, 논문을 늘 공부하면서 배우는 입장에서 제가 딱히 반론을 할 것은 없습니다. 다만 약간 궁금한 부분이 있어서 여러 가지 적었습니다만, 시간 관계상 7번까지 있는 번호 중에서 3번과 6번에 대해서만 질문을 드리고, 한 30초 정도만 간단하게 소회를 말씀드리고자 합니다.

우선 3번 부분인데요. 3번 부분에 선생님이 쓰신 글을 인용했습니다. "이외에도 김성일은 의례 문제와 관련하여 대마도주를 자주 견제하고 있다. 왜 그랬을까? 이전의 통신사에게 대마도측이 무례하게 굴었음을 김성일은 이미 파악하고 있었을 것이다.", 그 다음에 다섯 줄 아래 내려가서 "통신사 이형원, 1479년 건에 대해서 분노해서 죽었다"라는 얘기를 한 다음에, "김성일은 도일에 앞서 이러한 대마도의 무례함을 『예조등록』 등을 통해 파악하고 있었을 것이다." 라고 말씀을 하셨습니다. 그래서 이제 대마도주를 확실하게 조선의 번신(藩臣)으로서 바로잡아야 한다는 것인데요. 여기서 아마 무례라는 것은 이제 대마도주, 쓰시마 번이 조선측에 와서 신속(臣屬)을 하고, 식량도 받아가고, 무역도 한다는 차원에서 조선국왕의 아래에 있는데, 왕을 대리하는 사람에 대해서 이렇게 거만할 수 있냐 하는 차원에서 조선 측에서는 무례라고 받아들였을 것 같습니다. 그런데 이것이 일본 측에서는 어떻게 받아들여졌는가 하는 것입니다. 이제 조선 후기의 통신사에 대해서는 잘 알려져 있으니까 생략하구요. 15, 16세기 통신사들에 대해서 쓰시마번이 왜 이러하였는가, 단순하게 중화질서를 몰라서 이랬는가, 또는 어떠한 정치적, 경제적 목적이 있는가가 조금 궁금해졌습니다. 혹시 그 부분에 대해서 선생님이 말씀해 주실 수 있는 부분이 있으시면 부탁을 드리겠습니다.

다음으로 6번 부분인데요. 당시 조선 측이 히데요시의 통신사 파견 요청 의도를 어떻게 파악했는가. 요컨대 선생님께서는 조선을 '차중(借重)'해서 파견을 요청한 것이다. 그렇기 때문에 통신사의 사명은 일본정세 정탐이나 히데요시의 조선침략 여하 탐지 따위가 아니었을 것이다는 결론을 내리셨습니다. 그런데 저는 당연하게 통설에서 이것은 탐지다.

적정을 탐지한 것이라고 되어 있고, 오늘도 여러 선생님이 이런저런 사료를 소개하셨고, 『선조실록』 1591년 2월 6일자를 봐도 군사적인 목적에 대한 이런저런 대응책이 나오는데, 선생님의 설은 혹시 이러한 정치적인 것을 부정하는 것인지, 궁금해서 질문을 드리겠습니다.

　마지막으로 제가 오늘 발표를 전체적으로 들으면서 느낀 바가 하나 있어서 말씀드리고자 합니다. 저는 전국시대부터 청일전쟁까지 일본문헌을 공부하고 있는데요. 읽다보면서 느끼는 점은 이 1590년 시점에서 조선뿐 아니라 류큐도 히데요시 측에 사절을 보냅니다. 그런데 여기에 대해서 일본인들은 히데요시의 천하통일을 축하하는 축하사절, 또는 이른바 신공황후의 삼한정벌 이래로 종속, 계속 지속되어 왔다고 상상되는 복속의 사신의 연장선상에서 보았지 그 이상으로 보지 않았습니다. 그래서 이 사절이 오고 안 오고, 또 여기서 대화가 오고간 것으로 인해서 히데요시가 대륙침략을 중지시킨다던지, 그런 식의 변수로 작용할 수 없었다고 하는 것이 제가 지금까지 일본문헌을 읽은 바에서의 이해입니다. 그리고 당시의 정세를 봐도 16, 17세기의 동아시아 정세에 대해서는 한명기 선생님이 검토를 하셨듯이, 이것이 한 사람의 보고의 실패나 통신사절의 성공, 실패에 따라서 바뀔 수 있었는가에 대해서 극히 회의적입니다. 그리고 일본은 전국시대의 100년 이상의 실전을 겪으면서 풍부한 경험을 가지고 있었는데, 이것을 과연 조선이 그 자리에서 방어한다고 해서 1592년 상황에서 초기에 막을 수 있었겠는가. 스스로 회의가 듭니다. 그러한 의미에서 김성일 선생의 개인의 책임을 물어가는 것은 희생양 만들기로 역사적으로 그러한 일환이 아니었을까 그렇게 생각하고 있습니다. 질문이 길었습니다. 감사합니다.

　사회자 : 예, 답변해 주시죠.

민덕기(발표자) : 김시덕 선생님의 질문에 대해서 제가 제대로 답변해드릴지 모르겠습니다. 3번에 대한 답은 우리 한문종 교수님께서 전공인데. 아마도 조선 전기에 있어 대마도는 조일간의 무역 독점으로 해서 갈수록 행패를 많이 부린 것 같습니다. 일본이 내란으로 뭘 어찌하고, 또 다이묘나 영주들의 흥망 등 이러한 것들을 가능한 비밀로 하면서 대마도의 독점적인 무역 확대라든가, 또 가짜 명의로 사절을 보내서 이익을 추구한다거나, 예를 들어서 피로인이나 표류했던 사람까지도 선별적으로 송환하더라구요. 이 사람을 조선에 송환해서 대마도가 감추고 있는 비밀이 탄로나면 안 된다고 생각하면, 송환을 해주지 않지요. 그처럼 비인도적인 측면까지도 가지고 있으면서 조선과의 관계를 독점적으로, 그리고 한정적으로 하려고 하는 그런 것들이 조선이 점차 알아나가면서 도저히 견딜 수가 없어서 그러한 사건들이 벌어졌지 않았나 생각합니다.

그리고 6번인데요. 분명히 선생님께서 제시한 1591년 2월 6일자 기사, 우리나라는 삼면으로 적의 침입을 받을 형세인데, 철환을 쓰는 것이 어떠냐, 방어적으로 대일 대비를 하고 있자 라는 등의 말씀입니다. 저는 최근에 임진왜란 전공도 아니면서 그런 생각을 해보았습니다. 임진왜란이 발발하기 1년 전, 아니 반년 전까지 임진왜란을 조선은 상상하지 못했을 것이라고 생각하고 있습니다. 오히려 1583년에 3만 기병의 니탕개의 난이라던가, 더구나 1587년에도 1천의 기병이 함경도 6진 지역에 쳐들어와서 160명을 납치한다거나, 1588년 이를 응징하기 위해서 2,500명의 군사를 동원해서 응징을 하고 있습니다. 임진왜란 4년 전이네요. 그렇게 동북방도 문제고, 또 누르하치가 있는 서북방도 문제였습니다. 또 남방으로 보면 1555년 을묘왜변 때에 70척이 동원되어서 쉽게 진이 함락되고, 이런 것들을 겪으면서 남방에 대한 나름대로 위기의식을 갖고 있습니다. 또 1587년에 18척의 왜구가 흥양현을 침범했다거나 1591년 2월의 기사에는 이런 얘기가 있네요. 전라도는 적을 맞을 지역이기 때문에, 새로운 전라좌수사가 필요하다는 논리에서 이순신이 좌수사에 임명되거든요. 1589년 8월 임진왜란이 일어나기 3년 전에는 선조가 왜구가 수만 명 침략할 가능성이 있느냐, 변방의 일정지역을 점령하고서 이를 교두보로 삼아서 계속 전쟁을 수행하지는 않을까? 또 조선이 전라도를 중점 방어하고 있는데, 왜구가 이것을 알고 딴 지역을 공략하면 어떡할까 하는 얘기도 있었습니다. 임진왜란이 일어나기 3개월 전에 선조가 제주도와 남해에 유배된 2사람의 지인을 왜구의 침략을 맞을 수 있으니 제주도와 남해는 곧바로 유배된 사람을 내륙으로 이송하라는 실록의 내용이 있습니다. 이런 것을 보면 16만의 대군이 조선에 쳐들어온다는 것은 당시 조선에선 상상하지 못한 상황이었다는 것입니다. 다만 선생님께서 제시한 그러한 사료는 그것은 어디까지나 왜구적인 세력의 침략은 충분이 생각한 것 같습니다. 그래서 성을 쌓고, 나름대로 대비를 한 것으로 생각합니다. 이상입니다.

사회자 : 1590년 경인통신사가 일본에 왜 갔겠느냐 할 때, 일반적으로는 임진왜란이 일어날 것이니 사전에 일본국정을 탐색하기 위해 파견됐다고 다 생각하고 있거든요. 그런데 갔다 와서 하는 보고가 너무 간단해요. 침략할 것 같지 않다, 침략할 것 같다, 그리고는 그 이후에 다른 얘기가 없습니다. 그러니까 조선왕조실록을 보더라도 통신사를 왜 파견하느냐, 일본이 침략해올지 모르기 때문에 그것에 대해서 사전에 탐색하기 위해서 간다, 이렇게 명확하게 나와 줬어야 합니다. 또 갔다온 이후의 실록의 내용도 그렇고, 특히 학봉선생이 쓴 『해사록』을 봐도 일본의 국정을 탐색하는 그런 내용이 나오지 않습니다. 기본적으로 화이론적인 입장에서 볼 때 일본은 야만인이다는 이런 얘기만 나오고 있고. 버르장머리가 없다, 예의를 못 지킨다, 문(文)을 모른다, 이런 얘기만 나오지, 정말 일본사회가 어떻다 라는 것에 대한 내용이 안 나오거든요. 그래서 아까 민 선생님 발표가 국정탐색보다는 무역관계에 있어서 어떤 문제가 1590년에 경인통신사의 파견목적이 아니었겠느냐. 그래서 일본 국정 탐색을

소홀히 했고, 갔다 와서 한 보고도 역시 전쟁에 관한 내용보다는 다른 내용들이 주가 됐고, 관심도 그게 아니었겠느냐 이렇게 말씀하셨거든요. 사실은 오늘 그것이 결판날 것은 아니지만 굉장히 중요한 내용입니다. 그래야 그다음에 학봉 선생이 갔다 와서 쓴 해사록이라든지 조선왕조실록이라든지 그 이외의 사료들에 나오는 어떤 평가가 정확해질 수 있지 않겠느냐, 그러한 생각을 하고 있습니다.

예, 제가 사족을 붙여서 죄송합니다만 그렇게 해서 10분 30초입니다. 그래서 대충 잘 가고 있는 것 같구요. 그러면 이거와 연관해서 세 번째 하우봉 교수님의 "김성일의 일본인식과 귀국보고"에 관해서 한국학중앙연구원의 박병련 교수님께서 질문해 주시겠습니다.

박병련(토론자) : 공부하는 사람을 불러다 놓고 5분 안에 요약해서 질문하라고 하면 일종의 고문인데, 시간을 지키도록 해보겠습니다. 한글 못 읽으시는 분은 없으실 테니까, 저의 토론문을 읽어보시면 다 알 수 있구요. 하우봉 교수님은 읽고 오셨을 것이기 때문에, 플로어에 계신 분들을 위해서 간단하게 요약하겠습니다. 하 교수님께서 학봉 김성일 선생의 귀국 보고에 대한 기왕의 당쟁적 구도에 따른 이해를 하지 않고, 학봉 선생이 갖고 있던 세계관과 가치관, 그리고 그에 의거한 대외인식과 일본관에 근거한 이해를 시도한 데에 대해서는 본인도 공감을 합니다. 그리고 학봉선생이 그 귀국보고에서 지금 당장 오지 않을 것이라고 한 판단에 대해서 당파적 사고로 이해하는 것은 잘못이며, 그것은 퇴계학파의 대외 온건론적인 경향과 본인의 일본이적관, 일본소국관에 근거한 것으로, 일본을 야만의 나라로 인식한 결과로 이해하는 것이 타당하다는 시각을 보이고 있습니다. 본인도 공감을 합니다. 좋은 논문, 이 분야 연구에 대해서 한 단계 진일보 시킨 것이 아닌가 그런 생각을 해 봅니다.

그런데 비단 하 교수님 논문에만 해당되는 질문은 아닐 수도 있습니다. 우리가 조선시대 인물을 이해하는 접근 방식의 기본 구도가 많은 경우에 특정 학파로 환원시켜서 이해하는 방식, 또는 특정 당색으로 환원시켜서 이해하는 방식, 나아가서 성리학적인 이기론으로 환원시켜서 이해하는 방식으로 부지불식간에 도입하는 경우가 많습니다. 저는 이런 식의 이해방식은 이제 좀 면밀하게 재검토해야 할 시점에 와 있지 않은가 합니다. 큰 조상님들을 너무 지나치게 왜소화시켜서 이해하는 방식이 아닐까 하고 생각합니다. 예를 들면 선조 시대에 사색당쟁이라는 그런 당파성을 과연 선조시대의 모든 관료들이 지니고 있었을까? 아마 아닐 겁니다. 예를 들어서 서애 유성룡 선생같은 경우에도 임란 중에는 오히려 서인당색인 서경, 유건 같은 분을 추천해서 군량미 운송을 담당시키기도 합니다. 그리고 또 이런 경우에 기록하는 주체, 좀 복잡한 얘기입니다만, 그런 것도 우리가 깊이 고려를 해봐야 되지 않겠느냐. 예를 들어서 학봉 선생님이 일본이적관을 가지고 계셨다면 황윤길과 허성은 그런 일본이적관을 가지고 있지 않았는가? 허성이나 황윤길 같은 분은 본인들이 그 때 사행을 갔던 그 마음을 진솔하게 기록한 저술이 없는 것으로 알고 있습니다. 그런 기록들이 실록이나 다른 사료에서 발견되지 않는 것을 보면 과연 한 측면의 기록을 가지고 논의하기에는 문제가 있지 않겠느냐 하는 생각을 합니다.

두 번째는 누구는 어떤 학파라서 이러한 경향으로 생각하고 행동할 것이다 라는 서술들이 좀 많이 있는데. 예를 들어서 우리 하 교수님도 김성일이 이황의 주리론을 계승한 이본체론(理本體論)에 근거했고, 허성이 사세(事勢)를 중시하는 서경덕의 기일원론에 근거했기 때문에 사명(使命)에 대한 인식과 현실적으로 부딪히는 사안에서 사사건건 대립하였다고 말씀을 하셨습니다. 그런데. 거꾸로 반론적으로 생각하면 퇴계학파인 서애 유성룡 선생과 화담학파인 박순 선생이 사행을 같을 때 동일한 결론에 도달했을까? 사회과학적인 질문을 해보면 이렇게 말할 수 있지 않을까 합니다. 어떻게 보면 한 인물을 이해하는데 지나치게 학파, 또는 스승의 사상이나 학문으로 환원시켜서 이해하는 것이 위험이나 오류가 없을까 그런 질문을 해봅니다. 예를 들면 퇴계선생 같은 경우에는 실록 전체를 검토를 해 보아도 매우 정치적인 온건론을 견지합니다. 윤원형 같은 권신과도 적대적인 관계를 노골적으로 피력하지 않습니다. 그러나 학봉 선생의 언행이나 정치적 기록을 보면 '불의'에 대해서는 추호의 타협도 없는 모습을 보이십니다. 이런 것을 볼 때, 과연 정치적 측면에서까지 학파, 스승 이런 부분으로 환원시켜서 이해하는 것이 과연 정당할까, 그것이 맞는 이해일까 하는 그런 의문을 가져 봅니다.

세 번째는 간단하게 하겠습니다만, 하 교수님도 깊이 생각하지 않고, 남명학파는 기(氣)가 중심이다 라고 하셨는데, 『천군전(天君傳)』에도 보면 '심즉리(心卽理)'로 보고 있기 때문에 남명학파 역시 퇴계선생과 비슷한 이(理) 중심의 사고를 하고 있었던 것으로 생각합니다.

마지막으로 귀국 보고의 정치성 문제인데, 김돈 선생님도 말씀하셨지만, 왜적이 곧바로 올 것이다 라고 보고했다면 임진왜란의 전개가 달라졌을까 하는 의문을 제시해봅니다. 한명기 교수님도 했지만은 그것은 우리의 판단과는 상관없이 일본은 그 당시에 조선을 침공했을 것이다 라는 생각을 해봅니다.

그리고 두 번째는 그런 상반된 보고를 받고 판단을 한 정치적 주체들, 임금과 그 당시의 정승들이 도대체 어떤 의견을 제시해서 황윤길의 보고와 학봉 선생의 보고를 취사선택 했는가에 대한 기록이 실록에서 아직 찾지 못했는데, 혹시 하 교수님이 발견한 것이 있으면 말씀해 주시길 바랍니다. 그 당시의 실록도 그 다음 대에 기록을 하기 때문에, 아마도 후기적인 관점이 들어가 있기 때문입니다. 그런데, 그 당시 동강 김우옹 선생이 일기를 기록한 데에 보면, 오히려 귀국 보고가 중심이 된 것이 아니라 종의지(宗義智)나 현소(玄蘇)가 가져온 일본 측의 서계를 보고 놀라가지고 군사체제를, 소위 군부의 인사이동을 합니다. 예를 들면 이순신을 발탁하든지, 신립을 올린다든지, 이광이라는 사람을 전선에 배치한다든지 이런 결정을 하는 것이 조보(朝報)에 나와 있거든요. 그리고 또 『징비록』에 보면 서애 선생 같은 경우에도 학봉 선생이 안 올 것이다 하는 그 보고를 있는 그대로 믿고 있지 않았다는 것을 확인할 수 있습니다. 몇 가지 질문을 던졌습니다.

사회자 : 고맙습니다. 답변해 주시죠.

하우봉(발표자) : 짤막짤막하게 말씀드리겠습니다. 첫 번째 황윤길하고 허성은 일본이적관을 가지지 않았을까 하는 질문입니다만, 그 당시의 사림파 지식인들은 거의 대부분 일본이적관을 공통적으로 가지고 있었던 것 같습니다. 단지 제가 발표 때에는 생략했습니다만, 퇴계학파, 남명학파, 율곡학파의 대표적인 세 학파 안에서는 현실에 대한 인식이라든지, 또 일본에 대한 대책에 있어서는 나름대로 주목할 만한 차별성을 보이고 있다고 생각됩니다. 그 다음에 황윤길의 보고가 왜 실록에 제대로 기록되지 않고, 또 본인 스스로도 자기 문집이라든지 그런 기록이 없을까 하는 문제입니다. 실은 황윤길의 보고가 실록에도 구체적인 내용이 기술되어 있지 않습니다. 또 허성도 자기 문집 속에 일본 사행 중에 일에 대해서는 거의 기술하지 않고 있습니다. 왜 그렇게 됐을까를 유추해보면, 첫째 황윤길의 보고가 설득력이 약하지 않았을까, 좀 부실하지 않았을까 하는 생각이 있습니다. 그래서 실록에서도 사료로 남길만한 가치라는 점에서 궁극적인 채택을 받지 못했지 않았을까 여겨집니다. 또 왜 본인들 문집에 그것들을 기록하지 않았을까 하는 문제입니다만, 사행 중에 있었던 여러 가지 일들을 본인 스스로 떳떳하지 못하다, 내세울 만하지 못하다 라는 판단이 있었기 때문에 본인이나 본인 후손들이 문집에 그러한 기록들을 제외하지 않았을까 하는 그런 추정을 해봅니다.

두 번째로 어떤 한 인간을 평가하거나 이해할 때, 당색이라든지 학파가 가지는 규정성을 너무 강하게 하는 것은 좀 문제가 있을 수 있고, 그분들에 대한 예의가 아닐 수가 있다, 혹은 정확하게 이해하지 못할 수가 있다 라는 지적에 대해서는 저도 그대로 공감합니다. 물론 제가 당색을 앞에 밝히기도 하고 그랬지만, 그것은 그 사람이 서인이기 때문에 그 당색에 함몰된다라는 식으로 규정하기보다는 참고적으로 그렇게 구분을 한 것이구요. 기본적으로 어떤 당파성의 입장에 따라 이 문제를 보는 것은 저도 부정적인 입장이기 때문에 박 선생님과 같은 생각입니다.

그리고 임진왜란을 전후한 그 당시는 동서 분당이 생긴지 15년 정도 지난 시점입니다. 물론 기축옥사가 있었지만, 전반적으로 보면 우리 편이니 다 맞다, 다 찬성한다는 식의 진영논리에 함몰되지 않았던 단계라고 생각합니다. 조선 후기에 그런 식의 진영의 논리가 아주 강화되었던 것은 대체로 17세기 중반에 예송논쟁이 치열했던 시기에 가서라고 생각합니다. 실은 어떤 경우라도 위대한 사상가나 학자들은 그런 데에 구애받지 않고, 다 뛰어넘지요. 예를 들면 18세기 후반, 19세기 초반에 우리가 아는 실학자들 경우는 학파나 당색을 다 뛰어넘어 교류하고, 소통하고 합니다.

세 번째 남명 조식의 이기론에 대해서는, 실은 잘 모르는 분야이기 때문에, 제가 조금 더 공부를 하도록 하겠습니다. 단지 남명이 통상적인 성리학의 범주에 머무르지 않고, 굉장히 다양한 사상을 섭렵하였고, 흔히 '칼을 찬 선비'라고 묘사되듯이, 매우 독자적인 사상체계를 구축한 분이라는 점은 말씀드릴 수 있을 것 같습니다.

네 번째로 정사, 부사의 귀국보고가 이후의 정책과 어떻게 연결되었느냐 하는 질문입니다만, 실은 귀국보고를 받고 난 이후에 그것을 바탕으로 조정에서 국방대책이라든지, 혹은 다른 대책을 논의한 기록이 정말 불가사의하게도 선조실록이나 선조수정실록에 거의 나오지 않습니다. 이런 사실이 저로서도 이해가 잘 안 되는 부분입니다. 제가 관견한 범위 안에서는 그 당시 귀국 보고에 바탕을 두고 조정에서 정확한 판단을 하고, 대책을 마련하는 조치가 거의 없었다고 말씀드릴 수 있습니다. 그러면 조정에서 왜 황윤길의 보고를 채택하지 않고, 부사 김성일의 보고를 결과적으로는 많은 사람들이 동의를 해서 채택하였을까 하는 의문이 듭니다. 제 나름대로 상상을 해보면, 첫째 정사 황윤길의 보고가 굉장히 부실했을 것이다. 정확하게 침략할 것이라고 한다면 구체적으로 어떤 근거 자료를 가지고 침략할 것이다 라고 해야 하는데, 그런 근거 자료가 매우 부실하지 않았을까. 둘째 사행 중의 일들에 있어서 정사 황윤길과 서장관 허성이 했던 행동들이 조정 대신들이 보았을 때 부적절, 내지 부족했다고 판단했기 때문일 것이다. 즉 사행 중에 있었던 일들에 대한 판단이 부사 김성일에 대해서 긍정적으로 평가하게 되면서, 일본의 정세와 침략 가능성에 대한 보고에 있어서도 오히려 부사의 보고에 대해 조정 대신들의 공감하는 측면이 있었을 것으로 생각됩니다. 셋째로 그 당시 조정 대신들이 김성일과 마찬가지로 일본이적관, 일본소국관을 지니고 있었고, 또 일본에 대해서 관심도 없고, 무지하고, 일본을 무시하는 경향이 김성일의 혼자만의 독특한 것이 아니고, 그 당시 조선의 지식인, 조정대신들 사이에 일반화되었다고 봅니다. 그래서 김성일의 보고에 쉽게 공감하고, 그러한 결론을 내린 것이 아닌가 생각합니다.

사회자 : 감사합니다. 사실은 하우봉 교수님의 발표의 핵심은 지금 답변에도 나왔지만, 전쟁 발발에 대한 책임에 대해서는 당시 국왕이 선조였습니다, 그리고 전쟁에 대한 국방 정책이나 대비를 결정하는 것은 선조를 비롯해서 조정 회의라고 생각합니다. 거기에 좀 초점을 맞춰야 되겠다는 것이고, 또 하나는 학봉이 보고할 때 반드시 쳐들어올 것 같지는 않다. 조금 애매한 표현이기는 합니다만, 전쟁에 대한 전면 부정은 아니었다. 부분 부정을 했는데, 그것을 임란이 끝난 다음에 5,60년 이후에 쓰여진 여러 사료들에 의해서 그것이 완전 전면 부정하는 것으로 왜곡되었기 때문에 그러한 경향을 가졌다는 것입니다. 사실 그것이 발표의 핵심이었습니다. 그래서 앞으로 그런 점들에 대해서 심도있는 논의가 필요하지 않을까 생각됩니다. 다음 주제로 넘어가겠습니다. 네 번째 주제는

김학수 선생님이 "조선후기의 사림계의 김성일에 대한 인식과 평가"를
발표해주셨는데, 거기에 대해서 서울대학교 규장각에 계신 박현순 선생
님께서 토론을 해주시겠습니다.

박현순(토론자) : 김학수 선생님께서는 학봉의 사행 부분의 평가
에 상당히 왜곡되거나 와전된 부분이 있다고 생각하시고, 그 부분을 사
료에 입각해서 다시 조명을 하고 계십니다. 발표문을 보면 선생님께서
학봉에 대한 평가가 당대보다 후대에 더 가혹했다고 말씀하셨는데, 그
부분에 저도 충분히 공감을 하고 있습니다. 특히 아까 김돈 선생님이 발
표하신 부분에 나왔듯이 그런 평가는 한말에서 식민지 시대로 넘어가는
과정에서 오히려 당파성론의 영향을 받아서 더 본격적으로 제기된 것이
아닌가 하는 그런 생각도 해봅니다. 그런 측면에서 김학수 선생님의 발
표문을 읽고 느꼈던 것을 네 가지로 정리를 해 봤습니다.

첫 번째에 제가 서술한 부분은 전체적인 인상에 관한 것입니다. 이
발표에서는 아마 학봉에 대한 평가를 정치적인 입장이 다른 시각에서 어
떻게 보고 있는가 하는 인식의 차이를 주로 파악하고 계신데요. 그러다
보니 그 당파간의 인식 차이가 너무 지나치게 부각되는 것이 아닌가 라
는 그런 생각이 듭니다. 특히 서인계에서 보이는 부정적인 인식들이 이
시기에서부터 박세채나 그 뒤에 이어서 설명하고 계신데, 실제로 당시의
사림들이 학봉을 인식하는 일반적인 인식론이었을까, 핵심적인 것이었을
까 하는 의문이 듭니다. 그래서 아마 이 문제를 인식할 때에는 당파를
초월해서 당시에 학봉에 대해서 글을 썼던 이미지가 어떤 것인가 하는
이런 식의 접근이 필요한 것이 아닌가 생각해 보았습니다.

두 번째는 선조와 서인계가 학봉의 사행보고에 대해 기본적으로 시각
이 동일한 것처럼 서술하고 계신데요. 선조의 입장은 전쟁을 당한 입장
에서 상당히 당황하고 있었고, 누군가에게 그 책임을 지워야 했다고 생
각됩니다. 그러한 상황에서 학봉이 희생양이 되었다고 볼 수 있는데요.

그런데 서인계가 그렇게 동일한 방식으로 접근하고 있었는가에 대해서는 저는 다른 생각이 듭니다. 일반적인 사람들의 인식과 선조의 인식을 구분할 필요가 있다고 생각하고, 그런 면에서 봤을 때 서인계에서 학봉의 책임론을 전면적으로 제기하고 있는가에 대해서 저는 부정적으로 생각하고 있습니다. 오히려 저는 역으로 그런 문제들을 제기하지 않았는가 하는 생각이 들구요. 반대로 제 입장에서 학봉의 임진왜란 활동에 대해서 서인들이 어떻게 평가하고 있었을까 하는 점을 조명해 보는 것이 어떨까 하는 생각이 들었습니다. 그럼에도 불구하고 정치적으로 문제가 됐느냐, 안 됐느냐의 문제와 상관없이 이것이 상당히 부담으로 남을 수밖에 없었다는 생각이 드는데요. 그러는 과정에서 학봉에 대한 증시(贈諡)가 이루어지는 과정은 그 이전에 있던 어떠한 불편한 내용들을 사면해 나가는 과정이었다고 생각합니다. 그래서 학봉이 증시되는 과정을 보면 당대에 활동했던 다른 분들에 비해서 상당히 시기가 늦다고 저는 생각하는데요. 그런 과정에서 그 이전에 있었던 평가들이 어떻게 사면되어 나갔는가 하는 그런 얘기를 조금 듣고 싶습니다.

그리고 또 하나는 남인계의 입장에서 봤을 때, 학봉의 사행보고에 대한 평가들을 어떻게 하고 있는가, 이런 것에 대해서 얘기를 듣고 싶습니다. 기본적인 논지들이 서인들이 제기하고 있는 부정적인 인식들과 남인들이 제기하고 있는 긍정적인 인식이라는 측면으로, 두 개가 나누어지면서 학봉에 대한 평가가 양분되는 듯한 인상을 주고 있는데, 저는 오히려 서인들이 학봉에 대해서 평가하는 긍정적인 부분과 남인들이 쥐고 있는 부담들을 통해서 통합된 형태의 학봉상을 만들어 보는 것이 어떨까, 그런 생각을 해 보았습니다.

사회자 : 바로 답변해 주시죠.

김학수(발표자) : 토론을 아주 잘 해주셔서, 제가 논문을 완성하는 데 많은 도움이 될 것 같습니다. 저는 이 글을 쓰면서 학봉이 일본을 갔을 때, 그리고 갔다 와서 보고를 할 때의 정치적인 상황보다, 시기가 가면 갈수록 이해하게 하는 후대 사람들의 생각이 훨씬 더 정치적이었다고 생각을 하면서 이 글을 만들어 봤습니다. 실제 당론성이 희박했던 사항이 시대가 지날수록 공격하는 사람도, 방어하는 사람도 굉장히 당론적 차원에서 이해가 되어 버리는, 그러다 보니 정론화되어 버리는 특성이 분명히 존재합니다. 그것이 맞고 그른 것이 문제가 아닌, 상황이 그렇다는 것을 먼저 말씀을 드리겠습니다.

그 다음에 아까 발표하면서 이야기했지만, 서인 또는 학봉이 속해 있는 학파, 정파적으로 대척점에 있다고 하는 서인, 혹은 북인 가운데에는 학봉을 굉장히 우호적, 긍정적으로 평가하는 사람들이 많습니다. 한 예를 들면 유영순이라든지, 『어유야담』으로 유명한 유몽인이라든지, 이러한 경우가 있습니다. 또 송강 정철의 사위였던 임회라고 하는 분들은 학봉의 삶이라든지, 정치와 학문적인 활동에 대해서 긍정적으로 평가를 하고 있는 측면도 있습니다. 그래도 대체적인 인식은 모든 서인들의 모든 기록을 모아서 이것을 계량화해서 데이터베이스로 이해할 수 있는 부분이 아니라고 생각합니다. 그 시대 상황 속에서 나름대로 그 단체 속에서, 대표성을 가지고 있고, 상당한 역사적인 흐름을 주도하고 있는 사람들의 인식이 매우 중요하다는 것입니다. 그런 의미에서 신흠이나 박세채, 아까 제가 얘기했던 윤선거라든지, 이런 사람들의 생각을 주목해야 한다고 생각합니다. 다만 박 선생님이 말씀하신 선조의 생각과 신료그룹, 즉 서인계의 생각은 조금 구분해야 한다고 하는 지적은 옳으신 말씀이라고 생각합니다. 제가 뭉뚱그려서 그것이 그것처럼 표현이 됐습니다만, 이것은 매우 구분을 해서 표현하는 것이 맞고, 제가 분명히 구분해보도록 하겠습니다.

그 다음에 임란시 활동에 대한 평가, 구국활동이라고 우리가 얘기하는데, 한두 가지 예를 들면, 사신 자체를 보내면 안 된다고 하는 굉장히 강경론자였던, 중봉 조헌의 문인이었던 조경남 같은 경우는 학봉의 임진 왜란 활동을 굉장히 훌륭한 행위로 표현하고 있습니다. 사실 그대로를 얘기하면 사신 갔을 때에도 위엄이 있었고, 그 다음의 활동에서도 충의 에 바탕해서 의병을 규합하고, 그리고 그가 죽었을 때 장성이 무너졌다, 장성이 무너지면 곧 영남이 무너지는 것이고, 그것이 곧 조선의 붕괴로 이어질 것이 두렵다는 취지의 표현도 하고 있습니다. 그것은 그런 이야 기들도 분명히 그 반대측의 입장에서도 학봉을 우호적으로 평가하는 측 면이 있다는 것, 그것을 좀 더 보완할 수 있는 측면이 있습니다.

그 다음에 시호의 문제는 그렇습니다. 시호는, 김수항이 그랬습니다. 숙종 때에 남인정권이 되어서 남인들이 일을 꾸며서 학봉에게 시호를 내 렸다고 하고 있습니다. 그때 주관자가 누구냐. 바로 허적입니다. 영의정 허적은 학봉의 행장을 지은 한강 정구와 아주 관계가 깊습니다. 제가 볼 때는 허적의 장인이 이서라는 사람인데, 이서는 한강 정구의 애제자이자 처질입니다. 바로 이런 구조 속에서 허적이 학봉에 대한 시호를 주장했 다고 봅니다. 물론 서애라든지, 다른 인물에 비해서 학봉의 증시와 추증, 즉 현양이 좀 늦어진 측면은 그 자체가 포폄적인 의미가 있는 것은 맞다 고 봅니다. 그것이 바로바로 이루어져야 할 사항임에도 불구하고, 한 템 포, 또는 두 템포 늦춰져 수십 년의 시간을 경과시킨다는 것 자체가 하나 의 역사적인 포폄의 의미로 보여지는데. 어쨌든 이 사실이 숙종 때 남인 정권하에서 이루어졌다는 것, 이 자체도 정치적인 성격과 결코 무관할 수 없습니다. 좋고 나쁘고의 문제가 아니고, 사실이 그렇다는 것을 이야 기하는 것입니다.

그러나 여기서 한 가지 말씀드릴 것은 학봉이 과연 국가를 그르치는 인물이었다면, 과연 그에게 '문충(文忠)'이라는 시호를 줄 수 있었겠는가? 남인이 주었다 할지라도, 서인 정권 때 얼마든지 삭탈할 수 있는 것이 정치의 논리인데, 300년 서인정권 속에서 단 한번도 '문충'이라는 시호를 삭제해야 된다는 논의가 없었습니다. 이것은 추론입니다만, 서인들의 마음속에는 학봉의 잘잘못을 다 알고 있다고 보고 있습니다. 그러나 표현하는 잘못, 마음속에 내재하는 잘못이 따로 있다고 생각합니다. 표현하는 잘못은 정치적인 것과 무관하지 않다는 것이지요. 정말 선조 당대에 누구라도 그렇게 할 수 없고, 그렇게 할 수 있다는 것을 서인들 자체도 알고 있지만, 정치적 논리가 가미되면서 마음속에서는 이해를 하면서도 표현하고, 드러내고 이야기할 때에는 어떤 수준에 올려놓고 이해할 수밖에 없는 것이 서인의 본심이었고 그것은 정치성의 결과였다. 좋든 그르든, 그런 측면에서 이것을 보았습니다. 그리고 남인들을 이야기하자면, 기본적으로는 방어론적인 입장에서 기록의 오류내지는 왜곡을 수정하고 변명하고, 해명하고, 변파하는 것이 곧 남인들의 대응 논리가 아니었나 싶습니다. 그리고 그 자체를 사행에서 그렇게 보고하는 것이 옳았다, 정당했다 이런 이야기는 거의 찾아볼 수 없습니다. 적어도 곡해되고, 조작되고, 날조되고, 호도되는 이런 것에 대한 철저한 해명과 바로잡음의 역사가 자손을 비롯한 그 주변 핵심 내외 친족들, 그리고 학파 그룹 속에서 이루어진 흐름이 아니었을까 하는 생각을 가지고 있습니다. 어쨌든 우리 박 선생님이 가지고 있는 생각에 제가 참조해야 할 부분이 많아서 감사하게 받아들이겠습니다.

사회자 : 예 고맙습니다. 마지막 주제의 토론을 들어가도록 하겠습니다. 마지막 주제는 김돈 교수님의 "임진왜란사의 경인통신사 관련 역사서술과 역사교육의 문제"에 관해서 금오공대의 박인호 선생님께서 토론을 해주시겠습니다.

박인호(토론자) : 예, 소개받은 박인호라고 합니다. 사실 김돈 선생님께서 발표하신 이 주제는 귀국보고 문제에 대해서 어떻게 기술해 왔고, 어떻게 가르쳐야 할 것인지에 관한 문제입니다. 사실 역사 교육부분에서 이 부분을 한번 다루어 보아야 된다는 점에 대해서는 시기적절하다고 생각하고요. 또 문제를 그렇게 지적하신 부분에 대해서는 저도 동감합니다. 이것이 토론이니까, 다른 관점에서도 문제 제기가 있을 수 있다, 그런 측면에서 여쭈어 보고자 합니다. 토론 내용은 여기에 있으니 참고하시길 바라구요. 제가 한 두 개만 말씀을 여쭈어 보고자 합니다.

선생님께서는 근현대의 사서와 교과서의 당파적 입장 때문에 보고를 달리하게 되었을 것이라는 교육적 문제를 이야기하고 계십니다. 그런데 문제를 그렇게 보게 되면, 당파성에 의해서 그렇게 보고했던 일들을 문제라고 분석이 되면, 결과론적으로는 과거 책임을 물어두자는 비판을 받게 될 소지가 있지 않을까, 다시 되묻고 싶습니다. 그에 대한 입장이나 생각을 말씀해 주시면 명확하게 되지 않을까 싶습니다.

두 번째는 이병도 선생이 『조선사대관』에서 국가 존망과 관련된 것을 당색 때문에 다르게 보고했다고 말하는 것은 사리에 맞지 않다는 문제제기가 있었다고 말씀하셨는데, 실제로 이병도 선생님의 의견 자체는 제가 보기에는 그런 책임론을 귀국보고에 맞추는 것이 아니라 당시 우리 사회의 분위기, 우리 사회가 너무 허물어져 있다는 것에 초점이 있는 것 같습니다. 어쨌든 『조선사대관』의 논리를 지지할 수 있는 근거라든지 그 입장이 있다면 한번 말씀해 주셨으면 하고요.

그 다음에 제가 보충하고 싶은 부분인데요. 발표문에서 전통시대 사서에 대해서 얘기하고 계셨습니다. 이게 사학사적인, 역사 인식에 대한 것이라서 아마도 언급하셨던 것 같은데요. 문제는 전통시대 사서의 성격에 대해서 조금은 곡해가 있지 않나 생각됩니다. 왜냐하면, 언급하신 내용들 가운데 『연려실기술』은 당파적 관점에서 적었는데, 『은봉야사별록』은 그런 기술도 없는 것을 보니까 꽤 괜찮다는 해석을 내릴 수 있습니다. 그러나 그것은 아닌 것 같다는 것이죠. 왜냐하면, 전체 발표에서 그런 논의는 별로 없었는데, 전통 시대 사서에서 이 부분에 대해서 어떻게 언급했느냐 하는 것이 사실은 중요한 내용이 될 수 있을 것입니다. 제가 보기에는 『노서일기』와 『석실어록』 등과 김시양이 썼던 『부계기문』 등, 이런 몇 가지 문구가 문제가 되어 이 뒤에 서술하는 과정에서 어떤 것에 중점을 두는가에 따라서 매우 다른 해석이 되어 버립니다. 이것이 바로 역사서술인데요, 그 뒤에 나오는 역사책에서는 이 부분들에 대해서 매우 미묘한 차이가 있습니다. 당파적으로 일괄적으로 해석하는 것은 김학수 선생님도 약간은 문제될 수 있다는 말씀을 하셨는데요, 저도 조금씩 차이는 있는 것 같습니다. 『연려실기술』은 오히려 이런 문제들을 모두 다 내세워서, 이런 식의 해석을 했고, 이런 식의 논의가 있다고 하는 정도였구요. 사실은 안방준의 『은봉전서』를 보면 소위 말해서 학봉을 치는 입장에 섰던 사람입니다. 그래서 그런 것을 봐야 될 것이다. 그리고 소론계열에서 나왔던 『조야기문』 같은 것을 보면, 이쪽 보고 문제를 그렇게 중요하게 여기지 않았어요. 그런 입장 차이가 있구요. 어떤 책에서는 당심에 따라서 이렇게 했다는 표현을 쓰고 있습니다. 그 쪽은 아마 그런 논리에서 접근했을 테구요. 남인의 입장에서 쓰여졌다고 여겨지는 『조야집요』에서는 인심이 흉흉해서 그랬다는 표현이 있구요. 안정복이 썼던 『열조통기』 같은 것을 보면 역시 인심론을 듭니다. 남인 계열의 사서에서는 인심론이 주로 많이 거론되고, 서인계열에서는 주로 당파에 따른 해석이 많이 논의되는 것 같습니다. 서인계 사서에서는 『소대기년』 등의 몇 가지 전통시대에 나왔던 역사책들이 있습니다. 그 역사책의 기술을 보면 좀더 가혹한 책임론을 내세우고 있는 것 같습니다. 그래서 이것이 사학사 논문이라면, 만약 그런 쪽에서 좀 더 보충이라든가, 수정이 있었으면 좋겠다는 생각이 듭니다.

사회자 : 네. 그런 부분은 차후 연구에 참고로 하시고, 지금 질문 내용에 대해서 간단하게 답변 좀 부탁드립니다.

김돈(발표자) : 예, 좋은 질문 감사드립니다. 제 발표가 사학사 및 역사교육 관련이면서도 잘 정리하기 어려워서 질문하기 쉽지 않았을 텐데, 세밀하게 읽어주시고 질문해 주셨습니다. 지적하신 내용에 대해 하나하나 말씀드리는 것보다는, 결론에서 말한 것처럼 경인통신사에 대한 기존의 서술에 있어서 근본적인 전환이 필요하다는 취지에서 정리를 한 것입니다. 그래서 오늘 한명기 선생님은 16세기 정세 변화의 큰 틀 속에서 임진왜란 문제를 발표하셨는데, 그렇게 볼 때 정사, 부사 간의 상반된 보고와 같은 것들은 진짜 하찮은 문제이지요. 국가의 모든 명운이 상반된 보고에 달려 있는 것처럼 지금까지 서술해 왔고, 그리고 서인과 남인 사이에 이 문제를 두고 전개된 당쟁 자체에 대해서 근본적인 인식 전환이 필요한 것이라는, 그러한 차원에서 정리를 한 겁니다. 하여튼 질문에 대한 것들 가운데 사학사적인 측면에서의 여러 지적과 미흡한 점들은 제 글을 완성하는데 도움이 될 것 같습니다. 그리고 당색 차원에서 국가 존망의 중대사를 거론했겠는가 하는 이병도 박사의 논리에 대해서는, 질문을 하신 박 선생님의 의견을 토대로 다시 한 번 잘 살펴보겠습니다. 예, 이상입니다.

사회자 : 지금 시간이 5시 40분입니다. 사실은 45분까지 하기로 했는데, 아직 하실 말씀이 많으신 거 같지만, 가능한 6시 정각에 끝내도록 하겠습니다. 방청석에는 많은 분들이 발표자들에 대해서 먼저 질문지를 주셨습니다. 그런데 질문지가 양이 많이 일일이 답변하기는 어렵고, 발표하신 선생님이 대표적인 질문에 대해 간략하게 답변해 주시기 바랍니다. 우선 한 선생님부터.

질문 내용은 다음과 같습니다.
(1) 16후반 조선지식인의 대외인식이 존명사대(尊明事大)의 틀 안에 있었다는 것은 일반론이고 학봉 역시 이 틀을 크게 벗어나지 못했다는 것

을 교수님의 지적은 부인할 수 없을 것입니다. 그런데 이우성 교수 같은 분은 학봉의 일본에서의 『대명일통지(大明一統志)』를 비판한 저술을 평하여 '명의 제국주의적 세계관을 뛰어 넘는 강열한 자주의식의 발로를 본다'고 하고 있는데 이 점은 어떻게 보시나요?

(2) 이우성 교수는 프로이스가 포르투갈사절과 조선통신사의 입경(入京) 풍경을 비교한 기록을 인용하면서, (당시 부사 학봉만이 예복을 정장하고 정사 등 다른 사절들은 예복이 아닌 편복을 입었다) "당시 사절들이 학봉을 중심으로 단결하여 따질 것은 따지고 주장할 것은 주장했다면, 역사의 방향이 달라졌을 수도 있었지 않았나." 라고 지적하는 것은 어떻게 보아야 할까요? 실상 히데요시는 대마도의 사기외교와 무지로 조선 사절을 귀복내조(歸服來朝)라고 믿고 있는 등 전적으로 조선사정에 대한 무지와 오해 속에 있었기 때문에 조선 침략을 쉽게 결정한 측면이 있지 않을까요?

한명기 : 제 글은 어떤 학봉 선생님의 직접 행적을 다룬 것이 아니라, 벙벙한 배경을 다루기는 한 것인데, 질문 나온 것 중에 저와 겹치는 것은 학봉이 했던 언행을 과연 성리학의 경직이라든가, 화이론적인 시각에서만 평가할 수 있느냐. 일본에 가서 직접 보고, 듣고, 거기서 내렸던 결론을 놓고 보면, 학봉은 『대명일통지』에서 언급한 조선의 상황이 잘못됐다는 것을 일본인에게 깨우쳐주게 할 만큼 대단히 탈 중화적인 자주의식을 보였다고 말할 수 있는 측면이 있습니다. 그 부분은 생각은 했습니다만, 발표문에서 거기까지 언급은 안했는데, 전체적으로 제가 가지고 있는 시각은 학봉이라고 하는 분도 16세기에 전통적인 성리학자들이 일반적으로 가지고 있는 국제 감각에서 크게 벗어난 분이 아니라는 전제에서 하다 보니, 그런 부분까지 신경을 못 썼습니다만, 차후에 검토를 해서 가능하다면 반영을 하겠습니다. 저는 이 정도입니다.

사회자 : 두 번째, 민덕기 선생님.

질문내용은 다음과 같습니다.

(1) 통신사일행의 일본 체제기간 동안 히데요시는 1590년 9월까지는 내전에 몰두하였고, 11월 통신사를 만날 때까지는 궁궐을 꾸미는데 여념이 없었습니다. 이듬해 1591년 8월 아들이 급사하자, 광란적 우울상태에서 '자신의 슬픔을 위로하기 위해' 갑자기 조선출병을 결심하고 명령했다고 하야시 라잔(林羅山)은 『풍신수길보(豊臣秀吉譜)』에서 기록하였고, 상당 기간 동안 이러한 설이 주류를 이루었던 적도 있습니다. 1591년 9월 비로소 다이묘(大名)에게 출병준비를 명하고 10월 출병거점 나고야(名護屋)의 축성 등 전쟁준비가 시작되었습니다. 최근 케네스 로빈슨 교수가 발표한 논문 「정치와외교 '동아시아국제전쟁 임진란'」에서도 통신사의 일본체재기간 중에는 ① 히데요시가 다이묘에게 조선침략준비를 명령하지 않은 것. ② 침략본진을 구성하지 않은 것 ③ 조선사절단이 들린 대마도 이끼, 하카다, 나가토, 나고야, 사카이 등은 오사카와 교토로 향하는 해로였으므로 군사준비태세를 평가할 정보가 있었는지 명확하지 않다고 했습니다. 이렇게 본다면 통신사 일행은 일본에 체류하는 동안 히데요시의 '대륙침략' 풍설을 들을 수는 있었겠지만 침략을 위한 의미 있는 군사적 준비를 관찰하거나 정보에 접할 수 없지 않았을까요?

(2) 경인통신사행의 정사 황윤길은 명신 황희의 후손으로 중국 사행경험이 있고, 서장관 허성은 명신 허봉의 동생이자 허균의 형으로 유명한 문장가이며, 제술관 차천로는 당대의 문장가였습니다. 그럼에도 학봉이 『해사록』을 남긴 것 외에는 아무 기록도 남아 있지 않은 이유는 무엇일까요?

민덕기 : 첫 번째 질문에 대한 답입니다. 저도 통신사 일행이 일본에 체류하는 동안, 조선침략을 위한 의미 있는 군사적 준비상황이 전혀 보이지도 않았고 통신사행이 접하지도 않은 것으로 알고 있습니다. 김성일의 『해사록』에도 없고, 황윤길과 허성과의 대화에도 그런 류의 대화가 없습니다. 히데요시는 간토(關東)지방의 호죠(北條)씨 정벌 때문에 3개월간 그곳에 출정해 있었고, 교토로 돌아와서도 천황 궁전의 수리 때문에 11월에 가서야 통신사를 접견합니다. 아마 김성일이나 통신사행은 이처럼 내란 진압에 분망하고 천황 권위 고양에 진력하는 히데요시를 바라보고 전쟁의 임박을 전혀 느끼지 못했으리라 생각됩니다.

또한 대마도도 통신사 파견을 기회로 조선과의 무역관계 확대를 기도하고 있었습니다. 특송선의 부활이나 세견선과 도서(圖書)의 증가를 획책하고 있습니다. 평화가 지속될 것이라는 예상 하에 무역관계 확대를 획책하는 것이겠죠. 전쟁이 곧 터진다고 대마도가 생각했다면 그러한 동향을 보일 리가 없습니다. 대마도가 그처럼 전쟁을 걱정하지 않고 있는데, 이 대마도의 동향을 일본 왕환 내내 관찰하고 있는 통신사행이나 김성일 또한 임진왜란의 발발을 상상할 수 없었겠죠.

임진왜란이 터진다는 것을 일본 전국의 다이묘가 파악하는 것은 아마도 규슈 북단에 나고야성을 쌓는 1591년 8월 단계일 것입니다. 조선침략의 교두보로 쌓는 성이기 때문이죠. 그 이전 단계에선 조선침략이 히데요시의 희망사항 정도로 주변에선 알고 있었다고 봅니다. 대마도조차 '설마' 정도로 여겼다고 생각합니다.

두 번째 질문에 대한 답입니다. 조선시대 일본에 간 사절의 기행기록은 조선후기에 주로 보입니다. 임진왜란을 겪어 기록하고자 하는 동기가 있어서 그럴까 생각도 해봅니다만, 중국에 간 사절기록도 조선후기에 많이 남긴 것을 생각하면, 예를 들어 『연행록(燕行錄)』을 들 수 있겠는데요, 조선 전기엔 기행기록을 별로 남기지 않는 시대였나 봅니다. 다만 실록에 보이는 복명 기사 정도라고 여겨집니다. 이에 비해 김성일의 기록정신은 대단합니다. 허성에게 보낸 서한, 대마도주에게 보내려한 서간 등등 모두 초고로서 남겨두었다가 책으로 실을 수 있게 했으니까 말입니다. 그런데 김성일이 통신사 부사로 일본을 왕복하면서 확실하게 일기를 쓰고 있었다는 사실은 해사록의 기사를 통해 알 수 있습니다. 이 소중한 일기가 어떻게 망실되었는지는 안타깝습니다.

사회자 : 네, 감사합니다. 다음으로 하 선생님.

질문내용은 다음과 같습니다.

발표논문집 85면에서 선생님은 "김성일의 경우 국제관계나 조일 간의 외교의례 등에 관해 당위적 인식이 현실의 판단을 압도하였다고 여겨진다"고 하시고는 "1591년 윤3월 동평관에서 겐소(玄蘇)를 만났을 때, 그가 침략을 예고했음에도 불구하고, 김성일은 그것의 가능성을 심각하게 받아들이기 보다는 대의명분에 맞지 않는 일이라며 부당성에 대해 훈계하려 했다는 사실에서도 엿볼 수 있다"고 기술하셨습니다. 이 말씀과 관련하여 김성일이 도요토미 히데요시(豊臣秀吉)가 조선을 침략할 것이라는 현소의 말을 동평관에서 듣게 된 것은 비변사의 요청에 따라 국왕이 일본의 사정을 자세하고 철저하게 알아보라고 명령해서였습니다. 이런 내용은 『선조수정실록』과 『국조보감』, 『징비록』 등 세 곳에 모두 기재되어 있습니다. 따라서 1591년 윤3월, 왕과 비변사는 겐소로부터 들은 풍신수길의 침략야욕을 당연히 보고받았다고 보는데, 선생님의 의견은 어떠신지요? 그리고 만약 보고되었다고 보신다면 논쟁이 되고 있는 1591년 3월의 귀국 보고와 1개월의 시차밖에 없는데, 왜 지금까지 학계의 귀국 보고 논의에서는 이 윤3월의 보고는 철저하게 외면되어 왔는지 그 이유가 짐작되는 것이 있으면 말씀해 주시면 감사하겠습니다.

하우봉 : 1591년 윤3월 황윤길과 김성일이 동평관에서 겐소를 만났는데, 그에 대한 보고 여부와 판단에 대한 질문입니다. 물론 이 면담내용은 왕명에 의해 이루어진 만큼 당연히 조정에 보고되었을 것입니다. 그런데 실록에 보고내용이 전혀 기술되어 있지 않기 때문에 그 구체적인 내용을 알 수 없습니다. 학계에서 이 보고를 외면했다기 보다는 기록이 없기 때문에 더 이상의 유추해석을 하기 어려운 것이 원인이라고 생각됩니다.

사회자 : 김학수 선생님께서 답변해 주십시오.

질문내용은 다음과 같습니다.

(1) 1578년 11월 경연에서 3윤의 수뢰사실에 관한 김성일 발언에 대하여 율곡 이이는 두 가지 상반된 기록을 남겼습니다. 하나는 발표논문에 인용한 바 『석담일기』 하권에서는 극도의 악평을 하였으며, 다른 하나는 『율곡전서』 권7, 「사대사간겸진세척동서소」에 쓴 대로 "김성일이 경연에서 탐오한 자들의 뇌물 쓴 것을 언급하였는데, 전하가 갑작스럽게 이름을 물어 그에 대한 답변에서 비롯되었으며, 당초 3윤을 배척 공격할 의도는 없었던 우연 발설이었습니다. 오히려 김계휘의 행동이 괴이합니다."라고 말한 것입니다.

이 두 가지 상반된 기록과 관련하여, 첫째 율곡 같은 분이 동일한 사안에 대하여 1년의 시차를 두고 어떻게 이렇게 상반된 두 기록을 남겼는지 궁금합니다. 신하는 왕에게 거짓말을 하지 않는다고 알고 있습니다. 더구나 현인인 율곡이 왕에게 거짓말을 하지는 않았으리라고 봅니다. 그렇다면 발표논문에 인용된 『석담일기』 내용이 율곡이 직접 쓴 일기가 아니고 변조된 것은 아닌지요? 만약 『석담일기』의 내용이 변조된 것이라면, 『석담일기』에 근거하였거나 기반을 두고 전개된 과거의 김성일에 대한 당쟁 관련 주장이나 논의는 사실이 아니거나 왜곡 날조된 것일 수 있

습니다. 이점에 대한 선생님의 견해는 어떠하신지요? 그리고 만약 『석담
일기』의 내용이 변조된 것이 아니라면, 『석담일기』와 다르게 상소문을
쓴 율곡을 어떻게 평가해야 할까요?

(2) 발표문 116면 밑에서 5째 줄 재인용문을 보면, "일본이 침략할 가
능성이 없다는 동인의 당론을 고수하려고 일본의 침략 가능성을 부인하는
허위보고를 했던 김성일은, 용서할 수 없는 역사의 죄인이다." 라는 글을
인용하셨습니다. 이어 이 글을 상세하게 보완까지 하면서 다시 "용서할 수
없는 역사의 죄인이라는 것이다."라고 부연 설명하셨습니다. 그래서 얼핏
보면 문맥상 이 인용문이 김선생님의 주장인 것처럼 보이는데, 김선생님
의 견해를 상세하게 기술해 주셨으면 합니다. 그런데 각주 59번에 보면
"정만조, 「김성일, 과연 당심 때문에 나라일을 그르쳤는가?」, 『당인열전』
에서 재인용."이라고 되어 있습니다. 또한 이 부분도 문맥상 위 인용문이
정만조교수의 견해인 것처럼 표현되어 있습니다. 정만조교수의 책 원전
내용과 정교수의 견해를 상세하게 기술해 주셨으면 합니다.

김학수 : 첫째 질문에 답변입니다만, 율곡문집과 석담일기 서술내용
의 차이점입니다만, 이에 대해서는 각주를 통해 질의 내용을 수렴할 수
있는데, 이에 대해 『선조수정실록』의 찬자는 김성일이 3윤의 수뢰 사실
을 폭로한 것은 동료 전랑이었던 윤현과의 불화와 갈등에서 비롯되었고,
3윤에 대한 탄핵 및 논죄 과정에서 동인과 서인은 빙탄이 되어 더 이상
화합할 수 없는 관계가 된 것으로 기술했다. 사실 김성일의 보고에서 촉
발된 3윤의 파직이 동서 대립을 가열시킨 것은 분명했고, 율곡의 이른바
'동서조정론(東西調停論)'도 이 사건을 계기로 대두되었다. 이 과정에서
율곡은 김성일에 대해 그와 같은 극론을 가하게 됩니다.
두 번째 질문은 사행보고 관련하여 정만조 교수 원고를 인용하였으나
혼동이 있다는 것이었는데, 문맥상 저나 정만조 교수의 견해가 김성일을

‘용서할 수 없는 역사의 죄인’으로 규정한 것처럼 보일 수는 있으나 두 사람 모두 이런 취지로 서술한 것은 아닙니다. 문맥 구조를 선명하게 다듬지 못한 데에서 기인한 혼동으로 사료됩니다.

사회자 : 그 다음에는 마지막으로 김돈 선생님.

질문내용은 다음과 같습니다.

역사서와 교과서, 역사교육에서 통신사 보고문제가 어떻게 다루어졌고 굴절 왜곡 될 수 있나를 보여주셨습니다. 그러나 보다 큰 왜곡 굴절을 보이는 것은 언론 연예 소설 드라마 등 사회적 소통유통과정에서도 보임을 신복룡 교수께서 기조발제에서 지적하셨습니다. 특히 우리 역사에서의 ‘당쟁’과 관련해서는 오늘의 당쟁 또는 정쟁이나 이와 연관된 언론의 논쟁 등에서 더욱 확대 재생산 유통되고 있다고도 보입니다. 예컨대, 1971년 선거에서 박정희대통령후보는 바로 오늘 우리가 다루는 이 문제를 거론했습니다. 후일 후손과 유림에게 사과 했습니다만 전 국민을 향해 전파된 이후의 일입니다. 오늘의 정치인이나 언론인들이 당쟁을 비판하는 척 하면서 당쟁을 확대 왜곡, 재생산하여 자신을 위해 상대당파를 공격하는 데 이용하는 것입니다. 이러한 인식과 태도는 일제가 심어준 조선당쟁론을 성찰 없이 반복하는 것이 아닐까요?

김돈 : 올해가 특히 대선이 있는 해여서 정치에 대한 관심도가 높은데, 국회를 중심으로 벌어지는 것을 보면 흔히 조선시대의 당쟁이 다시 재현되고 있는 것이 아닌가 하는 이야기를 흔히 하지요. 저에게 주신 질문 같은 경우도 툭하면 과거에 아주 나쁜 사례였고 악용되었던 당파성론, 또는 식민사관으로 악용되었던 사례를 자신의 정치적 이익을 위해 이용하는 예들을 질문해 주셨는데. 이것을 어떻게 해야 됩니까. 그리고 지금 교과서 등에서는 이런 얘기들은 거의 나오지 않고, 아까 문치(文治)

와 무비(武備)의 대비에 대해 말씀하셨는데. 지금까지 조선이 지향하고자 했던 정치는 문치의 정치였고, 붕당정치의 양상을 나타냈었죠. 그러면서 일시적으로는 무비를 갖춘 그런 국가의 침략을 받았지만, 끝내 그것을 극복해 갔던 그런 저력이 문치에 있었던 것이 아닌가 합니다. 이를 흔히 당쟁이라 하여 비판적으로 보지만, 한 마디로 조선시대에 역사적 경험을 했던 당쟁이라고 하는 것은 굉장히 수준 높은 정치행위였다고 할 수 있습니다. 그런데 일제는 당쟁의 부정적인 면과 피상적인 것만 끄집어내서 식민사학의 소위 당파성론으로 이를 오도했는데, 이러한 잘못된 논리를 자기의 정치적 이해관계에 이용하는 것은 지양되어야 합니다. 오늘 이 경인통신사 관련 학술회의를 통해 도출된 실증적 결과를 활용하여 올바른 역사교육을 꾸준히 해나가는 가운데 그런 잘못된 역사인식이 시정되지 않을까 합니다. 이 정도로 대답할 수 있겠습니다.

사회자 : 이제 마무리하도록 하겠습니다. 사실 저도 한일관계사학회 회원입니다만, 우리가 이런 학술심포지엄을 하는 이유가 두 가지라고 생각합니다. 하나는 학봉 김성일에 대한 역사적인 평가가 지금 제대로 되고 있는가 하는 것에 대한 재점검, 재평가가 첫 번째 목적이고. 또 하나는 왜 이 시대에 와서 우리가 학봉을 다시 다루는가? 다시 말해서 21세기 한일관계가 복잡합니다만, 복잡한 상황에서 경인통신사행을 전후한 시기의 사실에서 얻을 수 있는 역사적인 교훈은 뭘까? 역사적인 메시지는 뭘까? 하는 것을 재음미하기 위해서입니다. 상당히 어려운 문제입니다만, 그래도 어렵지만 그 문제까지 다루어주어야지 오늘 학술 심포지움이 성공하는 것이 아닌가 생각합니다. 발표자와 토론자 선생님들, 그리고 아침부터 오후 늦게까지 장시간 경청해주신 방청석의 여러분들께 대단히 고맙다는 인사를 드립니다. 감사합니다.

학술회의 토론문

**원래 제시된 약정토론자의 토론문을 참고로 첨부한다.

「임진왜란 직전 동아시아 정세」 토론문

토론자: 노영구*

　이 글은 16세기 후반 조선 지식인들의 대일 인식 硬化 배경을 15세기 이래 조선과 주변의 정세 변화의 과정, 특히 조선 내부의 정치적 격동과 이에 따른 사상 및 대외인식의 변화 등에서 찾고자 한 것이다. 특히 조선과 명의 긴밀해지는 인식의 흐름 속에서 조선 지식인의 대일 인식의 추이가 변화하는 일본에 대한 판단을 흐리게 하였다는 점을 지적한 것은 의미 있는 성과라고 보인다. 그동안 임진왜란 직전 조선의 일본에 대한 판단 착오를 개인이나 당파의 입장에서 바라보던 것에서 벗어나 조선 지식인 전반의 인식의 수준을 통해 설명하고자 한 점은 탁견이라 생각된다.

　토론자는 필자의 논지에 동의하면서 부분적으로 추가적인 검토를 하고자 한다. 먼저 16세기 중반 이후 조선의 지식인들은 철저하게 尊明을 강조하는 입장과 명 중심의 외교를 통해 조선 주변에서 일어나고 있던 대외 환경의 변화 방향을 제대로 인식하지 못한 것으로 파악하고 있다. 그러나 임진왜란 직전인 1580년대 동아시아 정세가 점차 요동치는 상황에서 조선 지식인의 대응 양상, 대일 인식의 수준은 어느 정도인지에 대해서는 보다 미시적인 검토가 요망된다. 아울러 일본의 정세에 대한 조선 지식인의 인식의 차 등도 살필 필요가 있다.

　다음으로 맺음말에서 16세기 중반 이후 철저한 文治의 조선과 武備만을 추구한 일본을 대비시켜 설명하고 있다. 그러나 16세기 대외적 위기가 계속 나타나고 있는 조선이 철저한 文治를 추구함으로 인해 임진왜란에서 어려움을 겪을 수 밖에 없었다는 입장에 대해서는 논란의 여지가

---

* 국방대학교 교수

있다. 아울러 文治의 용어에 대한 부정적 이해가 적절한지에 대해서도 의문이 있다.

마지막으로 임진왜란 중 명의 조선 구원군 파병이 조선의 명에 대한 극단적 존명 의식과 명의 부채의식으로 보는 시각으로 보는 시각은 매우 참신하지만 실제 이것이 파병을 이끄는 논리가 되었다는 점에 대해서는 논란이 있을 수 있다. 아울러 추가적인 논증의 필요성도 있다고 생각한다.

「경인통신사의 활동과 일본의 대응」 토론문

김시덕*

민덕기 선생님의 발표를 잘 들었습니다. 늘 유의미한 학술적 성과를 제시해주시는 선학의 발표에 대해 질의를 드리게 된 것은 영광스럽기도 하고 황송하기도 합니다. 제가 드리는 질문 가운데, 민 선생님의 의도나 설명을 잘 이해하지 못하고 드리는 것이 있을지라도 부디 너그러이 보아주시면 감사하겠습니다.

1. "임진왜란 연구는 아직도 새로운 시각에서 재조명해 볼 수 있는 측면들을 가지고 있다. 그 하나가 율곡의 십만양병설이다. 십만양병설은 임진왜란용이 아니라, 오히려 제2의 니탕개의 난에 대비한 동북방용이었을 것이다."

: 선생님의 이러한 주장을 일전에 선생님의 다른 논문에서 접하고 신선함을 느낀 바 있습니다. 선생님의 이 학설에 대한 국내외 학계의 반응 또는 평가는 현재 어떠한지요?

2. 이것은 질문이 아니고 의견입니다만, 〈2. 임진왜란 以前의 일본 정세〉와 〈3. 100년만의 모범 통신사 되려 한 경인통신사〉두 부분의 유기적 연결성이 약간 부족한 것이 아닌가 하는 느낌을 받았습니다. 2절에서 모처럼 전국시대로부터 오다 노부나가, 도요토미 히데요시 시기까지의 일본사를 개설해주셨으니, 이러한 개설이 3절의 통신사 문제에 어떻게 직접적 배경으로 작용했는지가 좀 더 유기적으로 연결된다면, 선생님의 발표

---

* 고려대학교 일본연구센터 HK연구교수

문 또는 논문을 접할 독자나 후학들이 좀 더 이해하기 쉬울 것 같습니다.

3. "이외에도 김성일은 의례 문제와 관련하여 대마도주를 자주 견제하고 있다. 왜 그랬을까? 이전의 통신사에게 대마도측이 무례하게 굴었음을 김성일은 이미 파악하고 있었을 것이다. 예를 들어 1535년 중종이 통신사의 일본 파견 여부를 묻자 좌의정 김근사가 답하는 가운데, 1479년 통신사 이형원이 渡日하려 대마도에 이르렀을 때 대마도측이 애초와는 달리 조금도 사절을 호송할 의도가 없었고, 하사하는 물품을 받을 때에도 뜰아래에서 절하는 庭下拜를 하지 않았었다고 말하고 있다. 또한 1557년 지평 유승선이 통신사 파견에 대해 명종에게 말하는 가운데에도, 『禮曹謄錄』을 상고해 보니 1479년 통신사 이형원이 대마도에 갔을 적에 그들이 오만하게 대하여 국위를 훼손시킨 것 때문에 분을 이기지 못해 병이 되어 죽으면서 '島夷'와 통신하는 것은 하나도 좋은 일이 없다고 전했다고 하고 있다. 김성일은 도일에 앞서 이러한 대마도의 무례함을 『예조등록』 등등의 기록을 통해 파악하고 있었을 것이다. 그리고 선위사 건에서 주장하듯, 100여 년 만에 통신사이므로 이후의 모범이 되어야한다는, 그러기 위해 조선국왕의 臣下 입장에 있는 대마도주로 하여금 통신사에 대해 깍듯한 대우와 예절을 보이게 하려 한 것으로 여겨진다. 그렇다면 이번 기회에 대마도주를 닦달해 조선의 藩臣으로 확실히 바로잡아야 한다는 신념을 가지게 되었을 것으로 여겨진다."

: 15~16세기 통신사들에 대한 쓰시마 번 측이 이러한 "무례"한 행동을 한 일본측의 이유, 또는 조선과 일본 사이에 오해가 발생한 양국 각각의 논리를 조금 더 자세하게 말씀해주시면 감사하겠습니다. 이러한 문제를 이해하기 위해서는 당사국 쌍방의 역사적 맥락이나 문헌을 모두 검토하는 것이 필수적이리라 생각되며, 그런 의미에서, 이 시기의 "무례"에 대한 일본측의 맥락을 보여주는 문헌 등이 있다면 소개해주시면 감사하겠습니다. 물론, 선생님께서도 지적하셨듯이, 일본측(주로 중앙정부)은 이 "경인 통신사"에 대해 큰 관심을 가지지 않은 듯 하고, 저도 이 통신

사에 대한 문헌을 별로 접하지 못합니다만, 혹시 이 문제에 대하여 1차
사료로서 기능할만한 고문서를 선생님께서 확인하신 것이 있으시다면
소개해주시면 공부가 되겠습니다.

4. "『해동제국기』에도, 왜인들도 히데요시를 '관백'이라 하고 '국왕'이
라 안한다.", "『海東諸國記』는 물론 일본 국내에서도 히데요시를 '관백'
이라고만 하지 '국왕'이라 칭하지 않고 있음을 가지고 허성의 주장에 반
대하고 있다." 라는 부분이 있습니다만, 『해동제국기』와 도요토미 히데요
시를 직접적으로 연결시키는 것은 시대적으로 문제가 있는 것 같습니다.

5. "경인통신사는 1591년 1월 28일 귀국한다. 그런데 『선조실록』에서
귀국 관련기사는 있어도 復命 기사는 없다. 황윤길과 김성일의 히데요시
에 대한 상반된 復命은 임진왜란이 일어난 후인 5월 3일자 『선조실록』에
가서야 회상의 형태로 실리게 된다. 이는 무엇을 뜻하는가? 경인통신사의
주된 파견목적이 일본정탐이 아니었으며, 그러므로 그 상반된 복명은 왜
란 대비 여하에 어떠한 영향도 주고 있지 않음을 시사하는 것이 아닐까?"
: 제가 외교사 연구에 문외한이어서 잘 이해하지 못했기 때문에 질문
을 드립니다. 선생님께서 거론하신 『선조실록』 및 『선조수정실록』 해당
조에 보이는 "귀국 관련 기사"와, 이듬해 기사에 회상의 형태로 실린다
고 하신 "복명"의 차이는 무엇인지요? 예컨대, 『선조실록』은 아닙니다만
『선조 수정실록』 1591년 3월 1일에 보이는 내용과 『선조실록』 1592년
5월 3일자에서 "황윤길은 평의지가 간사하여 염려된다고 하였고 김성일
은 족히 염려할 것이 없다고 하였는데"라고 선조가 회상하는 대목은, 저
에게는 같은 것으로 보입니다만... 또한, 이 부분에 대한 각주 63번을 보
면 "『선조실록』 24년 1월 13일(경술), 2월 6일(계유). 『선조수정실록』엔
선조 24(1591)년 3월 1일자에 복명 기사가 있다"라고 하셔서, 선생님께서
는 『선조실록』과 『선조수정실록』을 용도 구분해서 사용하시는 듯 하십

니다만, 두 문헌간에 당파성 문제 이외에 주목하시는 차이점이 있으시다면 소개해주시면 감사하겠습니다.

6. "당시 조선측이 히데요시의 통신사 파견 요청의 의도를 어떻게 파악하고 있었는가… 히데요시가 조선을 '차중'하여 파견된 통신사를 통해 대내적인 정치안정에 이용하려고 한 것으로 조선은 평가하고 있었던 것이다. 그렇다면 통신사의 使命은 일본 정세의 정탐이나 히데요시의 침략 여하 탐지 따위가 아니었을 것이다."

: 『선조실록』 1591년 2월 6일자 기사를 보면, "병조가 아뢰기를, "우리 나라는 삼면으로 적의 침입을 받을 형세입니다. 싸움에 쓰는 도구는 철환(鐵丸)만한 것이 없는데 익히는 자들이라고는 화포장(火砲匠) 몇 사람에 불과하여 급한 일이 생길 경우 응하여 대적할 자가 매우 적습니다. 의자(議者)들은 철환은 쏘기를 연습한다면 누구나 할 수 있다고들 합니다. 이후부터 출번(出番)하는 제색(諸色) 군사들은 본조(本曹)에서 군기시 제조(軍器寺提調)와 함께 쏘기를 연습하게 하는 것이 어떻겠습니까? 대신(大臣)의 뜻도 같으므로 감히 아룁니다." 하니, 아뢴 대로 하라고 전교하였다." 라고 되어 있습니다. 만약, 김성일이 전혀 전쟁의 낌새를 눈치채지 못했고, 경인통신사의 목적이 일본측의 침략 의도를 파악하는데 있지 않았다면, 임진왜란 발발 1년전의 이러한 전쟁 준비 기사는 무엇을 의미하는 것입니까? 혹은, 『선조실록』이 임진왜란 후에 편찬되었기 때문에, 이러한 기사가 임진왜란 전에는 전혀 무의미했다가 전후에 재평가되어 실록에 수록되었다고 이해하면 될른지요?

7. "이 논문을 끝내면서 한 가지 문제를 제기하고 싶다. 임진왜란의 원인에 대해서다. 먼저 히데요시의 조선인식을 보자. 전술했듯이 조선이 대마도 종씨에게 지배되고 있다고 여겼다. 그런 인식이라면 침략 일본군의 조선 점령은 그다지 어렵게 여겨지지 않았을 것이다… 조선은 물론

明에 대한 제대로 된 정보나 지식도 없이 히데요시가 '明入'을 획책하고 있다는 것이다. 히데요시의 일본 전국 평정은 호죠씨 정복으로 1590년 중반에 가서야 이뤄진다. 조선침략 기지로서 나고야 성곽 축조는 1591년 8월에 시작된다. 그리고 1592년 초엔 완성된다. 그리고 임진왜란이다. 이런 전개로 보면 임진왜란은 일본 全國 평정의 연속선상에 있다. 전국 평정의 전쟁이 慣性의 힘 때문에 일본 내에서 멈춰지지 못하고 그대로 조선으로까지 옮겨지게 된 것으로 보인다… 이런 분위기라면 조선침략을 위한 전진기지로서의 나고야 성곽이 완성된 시기에도 과연 임진왜란이 시작될 것인가 의아해했을 것으로 보인다. 전쟁에 의해 모든 것을 잃게 될 대마도에게 특히 전쟁 임박은 어느 시점부터 실감된 것일까 궁금해진다."

: "경인통신사가 일본에 체류했을 당시 히데요시의 전국 통일은 완결형이 아니라 아직 진행형이었다."는 말씀은, 당시의 일본사에 대한 현재의 역사적 평가로서는 합당합니다. 그러나, 도요토미 히데요시 그 자신이 "통일 사업은 완결형이 아니라 아직 진행형"이었다고 생각했는지의 여부에 대해서는, 이번 발표에서 제시하신 내용만으로는 조금 설득되기가 힘들다는 느낌입니다. 프로이스의 증언은 물론 당대인의 진술로서 중요하지만, 이는 어디까지나 관찰자의 견해입니다. 역사속에서 역할을 하는 사람이 반드시 당대의 역사를 객관적으로 파악하고 있었으리라고는 생각하기 어렵습니다. 역사적 사실과 당대인들의 믿음/확신의 문제를 구분하고, 특히 후자에 대해서는 당시의 고문서 가운데 이와 관련하여 적용가능한 것을 알고 계시다면 사례로 들어주시면 납득하기가 좀 더 쉬워질 것 같습니다.

「김성일의 일본인식과 귀국보고」에 대한 토론

박병련*

　　역사에서 지속적으로 '기억'되는 것과 그렇지 않은 것은 많은 경우 '기록'에 의존한다. 그런데 사실에 대한 기록은 '기록할 만하다'고 생각하는 기록주체의 사상과 세계관, 가치관이 개재된다. 조선시대에는 '처녀가 애를 낳으면' 기록할만한 사건이었지만, 현재의 대한민국에서는 일반적으로 일고의 기록할만한 가치도 없는 사건이다. 또한 같은 시대의 기록주체라 하더라도 그 사람이 지배계층인가? 피지배계층인가? 등에 따라서 '기록'하는 관점과 기록하는 방식도 차이가 있다.

　　학봉 김성일의 '귀국보고'라는 역사적 사실에 관련한 기록은 '실록', '징비록', '당후일기'와 '은봉야사별록'등에는 물론 한 때는 교과서에도 실려 있었다. 이 '기록'에 대해서 어떤 시각, 어떤 맥락에서 접근하는 것이 적실할까?

　　하우봉 교수님의 이번 논문은 이 '역사적 사실'에 대한 기왕의 통설적 접근을 비판하고, 새로운 접근을 원용한 해석을 시도하고 있다. 즉, 기왕의 '당쟁적 구도'에 따른 이해가 아니라, 세계관과 가치관, 그리고 그에 의거한 대외인식과 일본관에 근거한 이해를 도모했다.

　　즉, 본 논문에서는 김성일의 귀국보고의 핵심이 "(왜적이) 쉽게 오지 못할 것이다. (『징비록』)"에서 "(왜적이) '반드시' 오지 않을 것이다. (『선조수정실록』)"라고 바뀌어 가고 있는 것을 추적했다. 그리고 어떻던 "(쉽게) 오지 못할 것"이란 보고 내용은 인정하더라도, 김성일의 그러한 판단을

---

* 한국학중앙연구원 교수

당파적 사고의 결과로 이해하는 것은 잘못이며, 그것은 퇴계학파의 대왜 온건론적인 경향과 본인의 '일본이적관(日本夷狄觀)'과 '일본소국관'에 근 거한 것으로, 일본을 '야만의 나라'로 인식한 결과로 이해하는 것이 타당 하다는 시각을 드러내고 있다.

토론자는 하교수님께서 채택한 접근법과 시각이 김성일의 '귀국보고' 가 갖는 성격과 맥락을 이해하는데 있어 보다 풍부한 이해를 가능하게 한다는데 전적으로 공감한다.

아울러, 『선조실록』과 『선조수정실록』, 그리고 『징비록』과 『당후일 록』, 『은봉야사별록』 등의 기록에 대하여 사료비판을 통한 비교과정도 '사실'의 확정에 기여하는 바가 매우 크고, 서술의 방식도 객관성을 유지 함에 따라 이 분야 연구를 한 단계 진일보시켰다고 본다. 즉, 김성일의 '귀국보고'를 둘러싼 여러 가지 문제에 대해 매우 신중하고 적실하게 균 형을 유지하면서 접근하였고, 사료를 비교하고 경중을 고려하여 이용한 점도 높이 평가할 부분이다.

토론의 책무를 다하기 위해, 머리카락에서 흠을 찾아내는 심정으로 '질문거리'를 찾아내 보고, 앞으로의 이 분야 연구에 조금이라도 기여하 였으면 한다.

1. '기억'과 '기록'의 생산과 소멸, 그리고 상대성의 문제

성리학적 명분주의, 또는 성리학적인 정치적 이상주의를 담보하는 사 림세력들이 당대 '기록'의 주체였다는 것과 사림의 분열에 따른 당파세력 이 '기록'과 평가의 주체였다는 점은 당시의 '기록'을 검토하는 현대의 학 자들이 유의해야 할 부분이 아닌가 한다. 하교수님도 이 점에 유의하여 북인의 기록과 서인의 기록이 갖는 당파성을 고려하여 서술하고 있다. 다 만, '당파성'이 과연 선조시대 모든 관료들의 사고를 지배했을까? 그런 식으로 보면, 임진왜란을 맞아 김성일이 크게 활약한 영남우도는 소위 '북인'의 소굴이라 할 수 있는데, 어떻게 지역의 협조를 얻어 큰 공을 이 룰 수 있었을까?

김성일이 '일본이적관'을 갖고 있었다면, 황윤길과 허성은 '일본이적관'을 갖고 있지 않았다는 증거는 있는가? 황윤길과 허성은 경과야 어떻던, 그리고 보고의 과장이 있었던 없었던 간에, 결과적으로 '정확한' 보고를 하였는데, 왜 '기록'이 그들을 외면하였고, 그들 스스로도 '기록'하기를 외면하였을까? 오늘날 학계에서 보수적 시각의 글들이 외면 받는 경향과 구조적 유사성은 없는가? 성리학적 명분주의와 그와 결부된 정치적 이상주의가 정치적 현실주의자들의 설 자리를 축소시켜갔던 조선의 현실과도 연관이 있는 것은 아닌지? 과연 황윤길과 허성의 인격적 '하자'를 부각시키는 것이 '귀국보고'를 해석하는데 '중요'한 것인지? 하는 일반적인 문제에 대해 의견을 듣고 싶다.

2. '당파'나 '학파'가 개인의 정치적 판단과 행위의 의미를 귀속시키는데 절대적인가?

많은 경우, '000은 00학파라 '이러한 경향'으로 생각하고 행동할 것이다.'라는 설명방식은 조선시대 인물의 사상과 행동을 이해하는 데 중요하게 동원되는 도식이다. 물론, 이러한 설명방식이 이해의 단서를 제공하는 것은 분명하다. 그러나 전부를 설명하는 것으로 보는 것은 '다른 요인'을 간과하는 함정이 될 수도 있음은 유의해야 할 것이다. 김성일이 이황의 주리론을 계승한 이본체론에 근거하였고, 허성이 事勢를 중시하는 서경덕의 기일원론에 근거하였기 때문에 使命에 대한 인식과 현실적으로 부딪히는 사안에서 '사사건건 대립'하였다고 큰 줄기를 잡으시는데, 퇴계학파인 유성룡과 화담학파인 박순이 사행으로 갔어도 같은 결론에 도달했을 것이라고 확신하실 수 있는지 묻고 싶다. 이것은 조선시대 인물들, 특히 조선전기에 속하는 인물들을 이해하는데, 지나치게 학파 또는 스승의 사상이나 학문으로 환원시켜서 이해하는 것에 '위험'이나 '오류'가 없을 것인가에 대한 질문이다. 즉, 개인의 기질이나 성장과정, 환경, 사상이나 신념에서의 강조점이 생각과 판단에 영향을 미치는 부분을 간과하는 것이 타당한가하는 것이다. 淺見으로 볼 때, 김성일의 스승인 이황의 정치적 행적은 국내적 현안에 대해서도 온건론을 개진하고, 정치적 태도 역시 권신과 부딪히기 보다는 후일을 기약하는 불관여의 태도를 견지한 걸로 알고 있다. 반면, 김성일의 경우는 '고집이 세고', '준엄, 강직'하다는 평을 들을 정도로 '불의'앞에서 참지 못하는, 광정(匡正)하고자 하는 의지에 충만해 있음을 볼 수 있다. 현실 정치에 있어서 스승과 제자의 '다르게 보이는' 정치적 태도는 어떻게 설명될 수 있을까?

3. 기타 남명학파와 '기'의 연관성에 관한 간단한 견해

학파나 당파의 정치적 사유와 정치적 행위를 이기론의 패러다임과 연관하여 설명하는 방식이 여러 가지 함의를 제공하는 것은 분명하다. 다만 도식적인 연결은 위험할 수 있다. 본 논문에서 크게 의식하지 않고 언급한 것으로, 조식 사상의 이기론적 바탕을 '기'라고 보는 관점을 보인 곳이 있다(p6). 그러나 이 부분은 논란의 여지가 많이 있는 부분이다. 아마도 정치적으로 남명학파와 화담학파가 느슨한 연대를 구성하여 북인 세력이 되었던 점에서 착안 한 것으로 보이는데, 남명은 이기보다는 활물로서의 '심(心)'에 초점을 둔 성리학자였다고 본다. 굳이 이기론적인 구도에서 보면 '主氣'이기 보다는 '主理'에 가까운 것으로 보인다(권오영). 김우옹이 조식의 명으로 지은 「天君傳」에도 '心卽理'로 보고 있다. 좀 더 연구가 필요한 영역일 것 같다.

4. 김성일과 '귀국보고'의 정치성

학봉 김성일에 대한 진정한 이해를 가로막는 가장 큰 장애가 그의 '귀국보고'였다. 김성일이 '왜적이 곧바로 올 것이다.'고 보고했다면, 임진왜란의 전개가 달라졌을까? 당시의 정책결정구조와 집행구조를 보면, 별로 달라질 것이 없었을 것으로 보는 것이 평자의 관점이다(아울러 거시적으로 일본의 국내사정과 대중국관의 변천 등을 고려하면 더욱 그렇다). 당시에

정사와 부사의 상반된 보고를 두고, '누구'의 의견을 채택하여 정책에 반영한 근거가 있는지? 즉, 김성일의 의견을 따라 '전쟁준비를 하지 않는다.'라는 정책이 구체적으로 생산된 근거가 혹시 있는지?

아니면, 황윤길의 보고에 따라 '전쟁준비를 철저히 하라.'라는 지시에 따라 구체적인 국방정책이 생산되고 집행된 근거가 있는지?

그럼에도, 조선 후기나 근래에 이르기 까지 임진란의 책임이 마치 김성일의 잘못된 '귀국보고'에 있는 것처럼 서술되고 인식되게 한 것은 학문적 근거를 가진 것인지? 아니면, 우리나라의 특수현상이기도 한 '정치성'이 개재된 해석과 '기억'이 지속적으로 확대 재생산된 것은 아닌지? 고견을 듣고 싶다. (정사의 의견보다 부사의 의견이 더 존중된 근거가 있는지? 하교수님은 '국왕과 조정의 책임전가와 희생양의 필요에 의해서'라는 관점을 보이는데, 공감을 표하면서 부연 설명을 해 주셨으면 한다.)

부연하면, 김성일의 활동은 임진왜란 기간에 영남우도의 의병을 고무 격려하고, 관군과의 충돌을 조정하여 영남우도와 호남을 보전함으로서 국가회복의 기반을 마련한 것이 중심이라고 본다. 그런데, 이 부분은 지나치고, 그의 '귀국보고'에 왜란발발과 초기패전의 원인이 있는 것처럼 책임을 '전가'하는 기왕의 관점에는 나쁜 의미의 '정치성'이 개재되어 있는 것은 아닌지?

(상반된 보고를 받고, 판단하는 정치적 주체들의 존재는 사라져 버린 것이 아닌가? 그들은 이미 왜적의 침략이 있을 것이라는 다양한 정보를 갖고 있지 않았는가? 유성룡이나 윤두수, 이항복 등이 김성일의 보고를 전적으로 신뢰했다는 증거는 없다. 유성룡 마저 『징비록』에 의하면, 보고의 진실성에 대하여 반문하고 있는 것 아닌가?)

다시 한 번 좋은 논문을 생산해 준데 대해 경의를 표한다.

「조선후기 사림계의 김성일에 대한 인식과 평가」토론문

박현순*

본 발표는 庚寅通信使行의 副使로 일본을 다녀온 후 일본의 침략 가능성을 부인한 학봉 김성일에 대한 사림계의 인식과 평가를 다루고 있다. 김성일은 퇴계학파의 학문을 계승한 학자이자 忠義를 실천한 관료로 존숭되고 있다. 그러나 한편으로 임진왜란 직전에 통신사로 파견되어 일본의 침략 가능성을 파악하지 못한 중대한 오판을 범한 인물로 기억되고 있다. 발표자는 김성일에 대한 평가 가운데 왜곡이나 와전된 부분이 있다고 파악하고 사료에 입각하여 객관적으로 조명한다는 입장에서 김성일에 대한 인식과 평가를 검토하였다. 아래에서는 논의를 위하여 몇가지 문제를 제기하였다.

1. 본 발표에서는 김성일에 대한 평가를 학자, 관료, 통신사 복명[실보오국론(失報誤國論)], 임란 당시의 활동[영남재조론(嶺南再造論)] 등의 문제로 나누어 고찰하였다. 그리고 각기 다른 평가가 나타나는 양상을 당파 간의 인식 차이로 파악하고 있다. 이식의 '강학부재론', 박세채의 '퇴문고제설' 부정, 서인계의 '실보오국론(失報誤國論)'과 영남 남인계의 '영남재조론(嶺南再造論)'이 그것이다. 그런데, 이 중 서인계의 부정적 인식으로 제시된 사례들이 서인계의 일반적인 인식이었는가 하는 의문이 생긴다. 본문에 제시된 인용문에서도 李植이 김성일의 충절과 학문을 흠모하였다고 언급한 것을 볼 수 있는데, 이것이 보다 일반적인 평가에 가까운 것이 아니었을까? 당파간의 인식 차이에 주안점을 두면서 서인계의 부정적인 인식이

* 서울대학교 규장각한국학연구원 HK조교수

지나치게 부각된 것은 아닐까하는 생각이 든다. 당파를 초월하여 공통적으로 나타나는 평가는 어떠하였는지에 대한 발표자의 견해를 듣고 싶다.

2. 발표자는 김성일에 대한 책임론['실보오국론']이 선조 및 서인계가 김성일을 바라보는 기본적인 시각이었다고 평가하였다. 그러나 발표자도 일부 왜곡된 논의가 있기는 하였으나 서인들도 김성일의 오판을 당론으로 파악하지는 않았다고 지적하였다. 오판에 대해 비판하고 비난한 것이 보다 본질적인 입장이었던 것으로 보인다. 이런 입장은 남인계인 이익에게서도 동일하게 나타났다. 그렇다면 이 문제를 서인계의 문제로만 파악할 수 있을까? 오히려 전쟁에 대한 반성에서 도출될 수 있는 일반적인 비판은 아니었을까? 아울러 서인들도 책임론을 전면적으로 제기하지 않았다는 점도 고려할 필요가 있다. 서인들이 김성일을 평가하는 데 있어서도 오판의 문제는 부차적인 문제였던 것은 아닐까 하는 생각이 든다. 역으로 선조의 강고한 입장에도 불구하고 전면적으로 책임론을 제기하지 않은 배경과 논리를 검토할 필요가 있을 듯하다.

3. 발표자도 언급하고 있듯이 김성일의 사후에는 追增, 贈諡가 순차적으로 진행되었고, 부조묘의 특별한 은전이 내리기도 하였다. 이것은 김성일의 오판 문제가 정치적으로 사면되는 과정이었다고 할 수 있을 것이다. 다만 유성룡, 정탁, 정구 등 당대에 함께 활동했던 인물들이 인조대에 증시를 받은 것에 비하면 김성일의 증시는 늦은 감이 있다. 이 과정에서 책임론이 영향을 미쳤는지 또 김성일을 증시하는 근거는 무엇이었는지에 대해 필자의 의견을 청한다.

4. 책임론의 제기 여부와 별개로 영남 남인이나 제자, 후손의 입장에서는 김성일의 오판이 치명적인 오점으로 인식될 수 있었다. 이에 대해 김성일의 주변에서는 오판의 문제를 어떻게 합리화하고 있었는지 필자의 설명을 청한다.

「임진왜란사의 庚寅通信使 관련 역사서술의 문제」에 대한 토론문

박인호*

인물의 언행과 활동에 관련된 문제는 당사자에서 그치지 않고 당파, 집안, 후손 등이 연계되면서 매우 민감한 주제가 된다. 그 가운데 庚寅通信使의 파견과 보고는 우리나라 역사에서 매우 논쟁적 사안 가운데 하나이다. 특히 이 사행의 보고 과정에서 정사, 부사, 서장관의 보고 내용이 달랐을 뿐만 아니라 임진왜란이라는 전대미문의 참극을 겪고 이에 대한 책임문제와 맞물리면서 그 이후 어느 입장에서든 양보할 수 없는 사안이 되어버렸다.

오늘 발표는 전체 주제인 임란 직전 경인통신사행과 귀국보고를 살펴보는 가운데 통신사행에 대한 역사기술과 역사교육 문제에 초점을 맞추고 있다. 역사교육에서 이 문제를 어떻게 다루어야 할 것인가는 한번쯤을 살펴볼 필요가 있었던 주제인데 시의적절한 주제로 보이며 또한 근대 이후 기존 연구를 통시하여 정리하면서 교육적인 문제를 언급하고 있어 많은 배움이 되고 있다. 또한 해방이후 각 개설서나 교과서에 기술된 내용을 잘 정리하였기 때문에 이러한 부분에 대해서도 배운 바가 많다.

1. 발표자는 근현대의 사서와 교과서의 당파적 입장 때문에 보고를 다르게 하였다는 서술과 이에 따른 교육의 문제점을 지적하고 있다. 그런데 어떻게 교육할 것인가를 살피는 역사교육에서도 가장 중요한 것은 진실은 무엇인가라는 점이다. 그런데 발표자의 주제가 역사교육에 대한 부분

---

* 금오공과대학교 교수

272 1590년 통신사행과 귀국보고 재조명

이므로 한 걸음 비켜나 있으나 역사교육을 제대로 하려면 최소한 이 문제에 대한 진실이 무엇인가에 대한 답이 있어야 한다. 과거 400여 년 간에도 구명하지 못한 문제를 집필자에게 묻는 것은 어려운 일이지만 그러나 집필자의 논지 전개과정을 보면 그러한 부분에 대해서는 별달리 언급하지 않고, 당파심에서 그렇게 보고하였다는 해석을 수용한 역사서술과 교육이 문제라는 분석은 결과적으로는 과거의 책임은 묻어두자는 것이냐는 비판을 받게 될 것으로 생각된다. 이에 대한 입장이나 의견을 듣고 싶다.

2. 아울러 진실이 무엇인가라는 점에서 이병도의 『조선사대관』을 들어 국가존망의 중대사를 당색 때문에 다르게 보고했다는 것은 사리에 맞지 않다는 문제제기를 입론의 근거로 수용하고 있다. 발표자가 이러한 입론을 주장하시는 또 다른 근거 혹은 『조선사대관』의 문제제기를 긍정적으로 수용할 수 있는 다른 근거가 있다면 추가로 설명을 부탁한다.

3. 역사기술에서 귀국보고 왜곡의 출발점으로 해방 이후에 초점을 맞추고 있으나 이러한 인식의 연원은 이미 당대에 형성되고 이후 계속 논쟁과 역사기술에서의 논란의 대상이 되었다. 역사기술 부분에서 조선시대 역사기술의 큰 흐름은 다음과 같다고 생각한다.

어느정도 전쟁이 소강국면에 들면서 여러 책임문제가 언급되기 시작하였으며, 이 때 임란 직전 정국 부분에 있어서 경인통신사의 귀국보고 문제와 일본의 침략 의도를 명에 보고해야 하느냐의 奏聞 문제는 매우 민감한 부분 가운데 하나였다. 유성룡의 경우 奏聞 문제에서 『징비록』에서는 알리자는 입장에 섰다고 적고 있으나 『석실어록』을 비롯한 서인측에서는 유성룡이 알리지 말자는 입장에 서 있었으면서도 『징비록』에서는 오히려 알리자고 했다고 하여 책임을 '회피'하였다는 입장을 보이고 있다. 김성일의 경우 귀국보고에서 침략 가능성을 부인하였다는 혐의에 대해 유성룡은 『징비록』에서 김성일이 정사의 보고로 인한 정국 불안을 염려하였다는 등 그 '의도'에 중점을 두고 설명하고 있으나 후대의 서인계 사서에서는 김성일의 당파심에 따른 오도로 서술하고 있다. 그런데 서인계 주장을 꼭 당파적 시각에서 비난한 것이라고 해석하기 어려운 사례로는 남인계인 김시양은 『부계기문』에서 만약 한나라 때의 경우라고 한다면 처벌을 면키 어려웠을 것이라고 하고 있다. (물론 손자 유원지는 김시양의 아들 김휘에서 편지를 보내어 이에 대해 항의를 하고 있다.) 그런데 이후 조선시대에서 나온 많은 사서들을 살펴보면 대체로 일부 남인계 혹은 소론계 사서에서는 귀국 후의 보고 부분을 간단히 언급하거나 혹은 김성일의 의도를 적는데 중점이 있으나 서인 노론계 사서에는 이 부분을 김성일의 당파심으로 보고 있다. 유성룡과 김성일의 한 묶음으로 같은 '당심'에서 이렇게 '변명'한 것으로 적고 있다.

그런데 발표문의 간략하게 언급한 조선시대 자료 부분에서 "『연려실기술』은 당파적 관점에서 적었으며, 『은봉야사별록』에는 이 기술이 없다"고 하였으나 『연려실기술』은 오히려 자료로 두 입장을 모두 수록한다는 자세를 보였다면 은봉 안방준의 경우 별도의 「임진기사」에서 무례한 서계를 받아온 것에 대한 책임을 피하기 위한 김성일의 술책이라는 황진의 비난을 적시함으로써 오히려 더 심하게 김성일의 책임문제를 말하고 있다.

이러한 점에서 본다면 경인통신사의 귀국 보고에서 당파심으로 상반된 보고를 하였다는 주장은 단순히 林泰輔에서 의해 '왜곡'된 서술이 시작된 것은 아니며, 조선시대 내내 견지되어온 설명 가운데의 하나였던 것으로 보아야 하지 않는가요.

4. 상반된 보고를 "동일하면 동일한대로 혹은 상이하면 상이한대로, 왜 동일하고 왜 상이한지, 구체적이고 객관적인 근거는 무엇인지, 각각 그렇게 판단한 본래의 의도는 무엇인지 등등의 측면을 고려하여" 밝히는 것이 중요하다고 적고 있다. 가능할지 모르지만 발표자가 생각하시는 왜 그러하였는지와 그렇게 판단한 의도는 무엇인지요.

5. 임란 관련 자료들을 읽다보면 당시 조정의 인식 수준, 전쟁에 대한 대비책, 실제 전투의 정황, 피난시의 행태, 종식 노력 등등을 보면 저는 한심하다는 생각을 떨쳐버릴 수 없습니다. 우리가 임진왜란 7주갑을 맞이하여 공부하고 가르치는 것도 바로 한심한 왜란의 역사에서 잘못한 행위에 대한 교훈을 얻고자 하는 노력의 일환이 아닐까요. 그렇다면 발표자가 마지막에 언급하였듯이 왜란에 대해서는 여러 측면에서 잘잘못에 대한 역사적 교훈을 찾으려는 노력은 여전히 필요하리라 봅니다.

찾아보기

자

차

신복룡
前 건국대학교 석좌교수

한명기
명지대학교 사학과 교수

민덕기
청주대학교 역사문화학과 교수

하우봉
전북대학교 사학과 교수

김학수
한국학중앙연구원 국학자료연구실장

김돈
서울과학기술대학교 교수

1590년 통신사행과 귀국보고 재조명   값 22,000원

2013년 4월 16일 초판 인쇄
2013년 4월 26일 초판 발행
편   자 : 한일관계사학회
발 행 인 : 한 정 희
발 행 처 : 경인문화사
편   집 : 강 하 은
서울특별시 마포구 마포동 324 - 3
전화 : 718 - 4831~2, 팩스 : 703 - 9711
이메일 : kyunginp@chol.com
홈페이지 : 한국학서적.kr / www.kyunginp.co.kr
등록번호 : 제10 - 18호(1973. 11. 8)

ISBN : 978-89-499-0930-1 93910
ⓒ 2013, Kyung-in Publishing Co, Printed in Korea
* 파본 및 훼손된 책은 교환해 드립니다.